카도쉬 아카데미와 함께 하는

장로교회를 말하다

강희현

리바이벌북스

카도쉬 아카데미와 함께 하는

장로교회를 말하다

발행 초판 1쇄 2022년 5월 4일

지은이 강희현
펴낸이 박준우
펴낸곳 리바이벌북스
디자인 리폼드미니스트리·디자인별
카도쉬TV 영상편집 송다훈
판권 ⓒ리바이벌북스
주소 경기도 의정부시 승지로 4, 4층
전화 070-8861-7355
www.revival153.com
E-mail revivalbooks@naver.com
홈페이지 www.revival153.com
ISBN 979-11-978407-1-5 (03230)
등록 제2015-000012호 (2015.03.27.)

Speak of the Presbyterian Church

Kang Hee Hyun

revivalbooks

Contents

장로교회와 개혁교회

　장로교회와 개혁교회는 둘 다 칼빈에게 뿌리를 두며 장로 정치를 추구하는 개혁주의 교회로 사실상 서로는 형제의 관계나 다름없다. 그러나 호칭이 다른 이유는 칼빈에게 배운 존 낙스가 스코틀랜드에서 교회를 세울 때 '장로교회'라고 명명했고, 후자는 유럽 대륙의 네덜란드, 스위스, 프랑스 등에서 개혁교회라고 명명했기 때문이다. 또 전자는 신앙 표준 문서로 "웨스트민스터 신앙고백서"와 "웨스트민스터 대소요리문답", 또 교회법으로 『제2치리서』를 사용하지만, 후자는 교리표준으로 "하이델베르크 요리문답", "벨직 신앙고백서", "도르트 신경", 교회법으로는 주로 『도르트 교회 질서』를 개정하여 사용한다. 그 외에도 장로교회와 개혁교회 사이에는 정치 내용에서 몇 가지 차이가 존재하지만, 본서는 이를 다루지 않는다.

장로교회의 질서

　본서에서 장로교회의 '질서(Order)'는 '제도', '정치', '법'을 모두 포괄하는 용어이다. 본래 장로교회가 '정치'와 '법'을 용어상 주로 구분하고, 개혁교회가 '질서'라는 용어를 주로 쓴다. 그런데 전자는 한국의 정서상 부정적으로 들릴 수 있기에, 본서는 후자를 주로 사용한다.

의회민주주의, 근현대 민주주의

본서에서 '의회민주주의' 혹은 '근현대 민주주의'는 "의원내각제"와 "대통령 중심제"를 모두 포괄하는 용어이다. 또 1부의 내용상 의원내각제가 많이 언급된다고 해서, 대통령 중심제를 열등하게 여기는 건 결단코 아니다.

로마 가톨릭, 가톨릭

본서에서 '로마 가톨릭', 혹은 '가톨릭'은 모두 오늘날의 천주교회를 뜻한다. 교황도 역시 천주교 교황을 지칭한다.

인사말

저에게는 이 책의 출판을 앞둔 상황에서 부끄러운 마음만 가득할 뿐입니다. 교계에는 (제가 아는 분만 헤아려도) 교회 질서(정치)에 대해 훨씬 더 학술적이면서, 쉽게 글을 쓸 수 있는 선배 목사님들이 많이 계십니다. 또 저는 이 책에 기록된 교회 질서의 내용을 단독 목회로 직접 실천해 본 경험도 없는 햇병아리에 불과합니다. 그럼에도 불구하고 제가 장로교회 질서에 관한 유튜브 영상 촬영과 출판을 제의받았을 때 흔쾌히 수락했던 이유는 장로교회의 성경적 질서가 무엇인지를 한 분에게라도 더 알려야 한다는 간절한 열망 때문이었습니다.

지금 현대 교회들은 새로운 체계와 프로그램을 계속 도입하면서, 전통적인 장로교회의 질서(정치)는 점점 잊혀 가는 실정입니다. 교회의 직분도 그저 허울 좋은 호칭이 되어버렸고, 직분의 성경적 직무가 무엇인지에 관한 관심도 사라져 버렸으며, 직분 간의 관계가 무엇인지 아는 성도들도 거의 사라져 버렸습니다. 요즘은 그냥 세상의 기업체를 굴리듯이 교회도 세상의 효율적인 경영 방식을 채택하는 게 더 좋다고 여기는 이들이 많아지고 있습니다.

저는 역사적인 장로교회의 질서가 성경적인 만큼, 세상에 어떤 체계나 질서보다 더 훌륭하고 위대한 질서라는 믿음을 품고 있습니다. 교회의 왕이신 주께서 친히 제정하신 질서인 만큼, 이 질서로 잘 교회를 세운다면 음부의 권세가 이기지 못하는 교회를 세울 수 있다는 그런 믿음을 말입니다. 그리고 이러한 성경적 질서로 교회를 잘 세워간다면 반드시 그 질서가 세상을 변화시키는 강력한 힘이 되리라고 저는 확신합니다. 그러므로 독자 여러분들께서는 본서를 끝까지 잘 읽어보시고 장로교회의 질서에 관심을 조금이라도 더 기울여주셔서, 우리의 교회가 더 성경적이며 군건한 교회로 함께 회복하기 위해 애쓰는 우리 모두가 되기를 간절히 염원하는 바입니다.

이어서 졸고를 추천해주신 목사님들과 교수님들께 감사의 말씀을 전하고자 합니다. 먼저는 좋은 수업과 논문 지도로 많은 가르침을 주신 김병훈 교수님께도 감사의 말씀을 드립니다. 또 우리 교단의 어른이시고, 좋은 저서로 많은 가르침을 주셨던 이상규 교수님께도 역시 감사의 말씀을 드립니다. 또 정치사상에 대한 강의와 저서로 저에게 귀한 가르침을 주셨던 정일권 교수님께도 감사의 말씀을 드립니다. 또 매주 강단에서 은혜로운 말씀으로 영혼의 양식을 저에게 공급해주시는 김태규 목사님, 귀한 세계관 강의와 저서로 많은 통찰을 주신 김민호 목사님께도 감사하다는 말씀을 전하고 싶습니다.

또 1년 전에 이 책을 쓸 것을 제의해주셨고, 결국 완성하기까지 저를 이끌어주신 카도쉬 아카데미 대표 이재욱 목사님께도 감사의 말씀을 전합니다. 저에게는 도무지 찾아볼 수 없는 이재욱 목사님의 과감한 추진력과 용기가 없었다면, 아마 이 책은 세상에 나오지 못했을 겁니다. 또 꼼꼼하고 교정해주시고, 변덕스러운 저의 수정과 밤늦은 전화까지도 성실하게 잘 받아주신 박준우 목사님께도 깊은 감사의 말씀을 전하고 싶습니다.

또 교회를 함께 섬기며 인격적으로 동역해주시는 열린하늘문교회의 교역자분들께도 감사의 말씀을 전합니다. 만일 교회 사역이 저에게 너무 큰 짐이 되었다면, 저는 이 저서를 결단코 완성하지 못했을 겁니다. 또 연소하고 부족한 저를 존중해주시고, 기쁨으로 교회를 섬길 수 있도록 도와주시는 우리 열린하늘문교회 유년부 선생님들께도 감사의 말씀을 전하고 싶습니다. 또 제주도에서 수고로이 교회를 섬기며 저를 위해 기도해주시는 친애하는 부모님과 저에게는 제2의 가족과 같은 제주동신교회의 모든 교우분께도 감사의 말씀을 전합니다.

마지막으로 우리의 영원한 왕이신 그리스도께서 홀로 영광 받으시기를 소망합니다. 설령, 이 책이 사람들에 외면을 당한다고 할지라도, 우리의 모든 계획이 다 허사가 된다고 할지라도, 결국 우리 주님의 뜻만이 이 땅에 온전히 이루어질 것을 확신합니다.

오 주님! 주께서 다시 오실 그날,
지상의 교회가 조금이라도 더 정결한 신부로 주님을 맞이할 수 있도록
도우소서.

2022. 04. 21
서울 신림동 자택에서

추천의 글

김병훈 교수 (합동신학대학원대학교 조직신학 교수)

한국 장로교회의 상황에 절실히 필요하며 또한 아주 적절한 좋은 책이다. 장로교회의 원리와 실제에 대하여 몇 권의 책들이 번역되어 나오기도 했지만, 교인 일반이 핵심을 파악하기에 어렵지 않은 책의 필요를 매우 만족시킨다. 이 책은 원리를 바르게 제시해주고 있을 뿐만 아니라, 실제로 경험하는 여러 사례들을 예시로 들어 교정해주는 설명을 곁들이고 있어 교인 교육용으로 훌륭한 장점을 가지고 있다.

아울러 이 책은 아주 진진하게 검토해볼 만한 현실적 대안들을 조언하고 있다. 종합적으로 말해서, 이 책은 신뢰할 만한 내용을 실제적인 방향과 함께 제시해주면서도 누구라도 이해할 수 있게끔 쓰인 아주 긴요한 책이다. 아직 장로교회 정치에 대한 교육을 하기 이전이라면 바로 이 책으로 교인들과 함께 읽으시기를 권한다.

추천의 글

정일권 교수 (전 숭실대학교 기독교학대학원 초빙교수)

독일 헌법학자 칼 슈미트는 현대 국가학의 핵심적인 개념들은 세속화된 신학적 개념이라고 주장한 바 있다. 기독교 신학의 개념들이 현대 정치학의 주요 개념들로 세속화되어서 영향을 주었다는 주장이다. 21세기에 접어들면서 독일의 국가적 철학자로 평가되는 위르겐 하버마스는 현대 자유, 평등, 인권, 민주주의, 보편주의, 평등주의 등은 유대교의 정의의 윤리와 기독교의 사랑의 윤리의 직접적인 유산이라고 바르게 천명한 바 있다. 이 책은 현대 민주주의의 탄생과 발전에 결정적으로 영향을 준 유대-기독교적 전통 가운데서 특히 칼빈주의적 장로교회가 의회민주주의와 의원내각제의 탄생에 결정적인 영향을 주었다는 사실을 잘 보여주고 있다. 현대 자유민주주의의 탄생에 핵심적으로 공헌한 장로교회에 대해서 알고자 하는 지식인들에게 추천한다.

추천의 글

이상규 교수 (고신대학교 명예교수, 백석대학교 석좌교수)

한국의 5만 3천여 개의 교회 중 65% 정도가 장로교회로 알려져 있고, 우리 또한 장로교회에 속해 있지만 장로교회는 어떤 교회인가를 잘 모르는 이들이 적지 않다. 장로교회는 어떤 역사적 배경에서 생성되었고, 다른 교회나 교파와 무엇이 어떻게 다른지를 알지 못하고 있다. 이런 상황에서 장로교회가 어떤 교회인가를 간명하게 정리한 책이 출판된 것은 매우 뜻 깊은 일이라고 생각한다.

이 책의 저자도 잘 지적하고 있지만, 장로교회는 스코틀랜드에서 시작되었다고 할 수 있는데, 존 낙스는 칼빈의 영향을 받았지만 오랜 망명 생활을 마감하고 1559년 자신의 조국 스코틀랜드로 돌아가 개혁을 완성하고 1560년 스코틀랜드 장로교회 총회를 조직하였다. 그가 칼빈의 가르침을 따라 '스코틀랜드 개혁교회'(Reformed Church)라고 이름 할 수 있었지만 그렇게 하지 않고, 장로교회 (Presbyterian Church)라고 명명한 것은 인접한 잉글랜드가 영국교회(Church of English) 곧 '감독제' 교회였기 때문에 우리 스코틀랜드는 감독제와는 다른 '장로제도'를 쓰는 교회임을 선명하게 드러내기 위해 장로제도의 교회, 곧 '장로교회'

라고 명명한 것이다.

이 스코틀랜드 후예들이 미국, 캐나다, 호주, 뉴질랜드로 흩어져 이들 나라에 장로교회가 소개되었고, 다음 세기 우리나라에 선교사를 보냄으로써 한국에 장로교회가 소개된 것이다. 이런 점에서 스코틀랜드 장로교회는 세계장로교회의 원류라고 할 수 있다. 흔히 장로교회를 가리켜, 가장 성경적인 제도, 가장 사도적인 제도, 그리고 가장 민주적인 제도라고 일컬어 왔다. 이 책에서 저자는 이런 장로교회의 역사와 의의, 대의 민주주의적인 성격, 그리고 직분과 직분의 특성 등을 분명하고도 정확하게 해설하고 있다.

저자 강희현 강도사는 고려신학대학원과 합동신학대학원에서 수학하면서 장로교회의 역사와 신학, 직분과 제도에 대해 성실하게 연구했고, 실력 있는 학자로서 인정을 받았다. 그래서 장래가 촉망되는 학자이자 목회자로서 한국교회와 하나님의 나라를 위해 봉사할 귀한 인재라고 생각한다. 이 책 원고를 읽으면서 장로교회의 역사와 신학, 제도를 헤아리는 그의 안목과 통찰력을 신뢰하게 되었다. 이런 점에서 이 책은 우리 모두를 위한 소중한 선물이며 이 책이 널리 읽히기를 바라며 기꺼이 추천하는 바이다.

추천의 글

김민호 목사 (회복의교회 담임, 카도쉬 아카데미 자문위원)

교회란 무엇인가? 이 질문은 종교개혁 당시의 중요한 질문 가운데 하나였다. 개혁자들은 교회가 무엇인가라는 본질적인 질문을 던지지 않고 결코 교회 개혁을 시도할 수 없었다. 그런데 이 질문이 오늘날 개혁된 교회들의 후예라는 한국교회에게 절실한 질문이다. 왜냐하면 작금의 한국교회는 이 질문에 너무 게을렀을 뿐 아니라, 각자 자기 소견에 옳은 대로 교회를 이루고 있기 때문이다. 아마도 상당수 교회들은 하나님 앞에 교회가 아니라 사단의 회로 규정될지도 모르겠다.

이런 심각한 교회의 타락은 임종을 거의 코앞에 둔 말기 암 환자 같았던 종교개혁 당시 교회 모습과 전혀 다르지 않다. 16세기 루터가 종교개혁을 할 당시 교회의 위기는 교황 한 사람이 교회의 머리 역할을 하며 타락시켰다면, 작금의 개신교회들은 각 교회에 한 명씩 교황이 자리를 차지하고 교회의 머리 역할을 하는 양태가 되고 말았다. 이런 상황에서 우리는 다시 신앙의 선배들이 피를 토하면서 던졌던 질문, "교회란 무엇인가?"라는 질문을 던져야 한다.

이 책은 17세기 영국의 종교개혁부터 시작되는 장로교회 정치 제도에 대한 역사적 기원을 먼저 둘러보게 한다. 그다음엔 성경과 그 역사적 배경을 통해서 정립된 교회론이 어떻게 근대사회의 자유민주주의를 이룰 수 있게 됐는지 아주 논리적으로 설득한다. 이 책은 여기서 그치지 않고 장로교 정치제도가 오늘날 교회 개혁을 위해 구체적으로 어떻게 적용하며 개혁해야 할지, 우리를 옛적 선한 길로 인도한다.

이 책에서 무엇보다 좋았던 점은 칼빈의 기독교 강요에 녹아져 있는 관점, 즉 교회의 축소판은 가정이며, 교회의 확대판은 국가라는 관점이 실천 가능하게 구체적으로 적용시켜 놓았다는 사실이다. 이 책은 우리 각자의 가정과 자녀교육, 부부관계, 더 나아가 오늘날 자유민주주의 체제에 살아가는 그리스도인들의 정치 참여에 대한 고민에 구체적 대답과 방향을 잡아준다.

그러므로 이 책은 교회의 다양한 연령과 직분자들이 읽어야 할 가치가 있는 책이다. 특히 현실 교회에 대한 회의와 교회의 정치 참여에 대한 의문과 비판의식을 가지고 있는 청년들에겐 꼭 필요한 책이다. 학문적으로도 가치 있는 책이므로 신학생들과 목회자들의 필독서로도 유익하며, 가정을 성경적으로 세우고자 고민하는 평신도 부모들에게도 자녀 교육의 방향을 잡을 수 있도록 돕는 좋은 안내서다.

친절하게도 이 책은 교회학교 청소년들이나 청년들이 그룹 스터디로 활용하기에 아주 편리하게 제작되었다. 각 장마다 그룹스터디를 위한 "복습과 적용을 위한 생각해 보기"가 있어서 같이 책을 읽고 인도자의 인도를 따라 토론하기에 아주 적합하다. 이 책이 교회(특히 장로교회)의 여러 직분자들과 다양한 연령에 골고루 읽히고 가르쳐짐으로 한국 장로교회의 개혁과 부흥에 큰 도화선으로 작용하길 기대한다.

프롤로그

장로교회의 잃어버린 유산
The Lost Heritage of The Presbyterian Church

이웃 사랑의 실천?

당신은 요즘 어떻게 이웃 사랑을 실천하는가? 아침 일찍 일어나 출근하고 늦은 밤 잠자리에 들기까지 반복되는 매일의 일상에서 말이다. 아침 출근길을 한번 생각해 보자. 당신이 아침에 자동차 시동을 켜고, 도로를 열심히 달려 회사에 도착하기까지 이웃 사랑을 어떻게 실천할 수 있을까? 가는 길에 멈춰서 빗자루로 도로를 청소하면 훌륭한 이웃 사랑의 실천일까? 아니면 빨간불에 정차한 자동차들에 달려가서 아침 식사로 샌드위치를 대량으로 나눠준다면 그게 이웃 사랑의 실천일까? 물론 이런 봉사와 나눔을 제대로 실천한다면 크게 칭찬받을 일이긴 하다. 그러나 이런 실천이 현실적으로 가능할까?

과연 당신은 출근길에 멈춰서 매일 도로를 청소할 수 있는가? 솔직히 실천해도 기껏해야 하루 이틀 정도이다. 진짜 오기로 1년 이상을 지속했다고 생각해보자. 과연 출근 후 근무 시간에 제대로 집중할 수 있을까? 피로가 누적되어서 지장이 올 게 분명하다. 또 아침에 도로를 청소한다는 건 생각보다 위험한 일이다. 아무리 안전을 기해도 졸음이나 과속 운전자 때문에 사고로 이어질 가능성을 무시하지 못한다. 아침에 샌드위치 나눔도 마찬가지이다. 일단 매일 하기에는 비용이 만만치 않다. 또 도로에서의 위험 요소는 역시 다분하다. 따라서 이런 이웃 사랑은 (한두 번 정도면 몰라도) 장기적으로 하기에는 안정적이지도 못할뿐더러, 도로 운전자들에게 실질적인 큰 유익을 준다고 보기도 힘들다.

법과 질서의 준수도 이웃 사랑이다

도로에서 가장 좋은 이웃 사랑의 실천은 결국 무엇이겠는가? 답은 간단하다. 그것은 "교통법규의 준수"이다. 국내 모든 도로를 통제하는 국토교통부의 지침을 따라 모든 운전자가 교통법규를 잘 준수하면 도로는 정말 도로다워질 것이다. 한번 생각해 보라. 애초에 운전자들이 도로에 무엇을 바라는가? 깨끗한 도로? 아침 식사를 나눠주는 도로인가? 그렇지 않다. 보행자나 운전자 모두가 걱정 없이 안전하게 이동하는 도로를 원한다. 그게 도로 본연의 기능이기 때문이다. 그러므로 도로에서 참된 이웃 사랑의 실천은 안전띠를 잘 매고, 신호등을 잘 지키며 안전 속도를 잘 지키는 교통법규의 준수이다. 이것이야말로 장기적이고 안정적이며 도로를 도로답게 만드는 가장 좋은 방법이다.

이번엔 가정으로 생각해 보자. 당신이 자녀에게 기대하는 자녀의 사랑 실천은 무엇인가? 어린 자녀가 아르바이트를 열심히 해서 고가의 핸드백을 선물해 주길 원하는가? 집에서 빨래와 설거지를 해주길 원하는가? 물론 이런 일도 사랑의 실천으로 볼 수 있겠지만, 대부분 부모는 이런 걸 원하지 않는다.

자녀가 정말 부모를 위해, 또 가정을 세우는 참된 사랑의 실천은 결국 자녀로서의 본연의 직무에 충실한 삶이다. 학교에서는 학생으로서 학업에 열중하고 가정에서는 부모가 주는 음식과 옷을 즐겁게 입고 누릴 때, 부모는 자녀를 가장 기쁘게 여긴다. 이처럼 어떤 영역에서나 법과 규정, 질서를 잘 지키는 건 장기적으로나 지속적인 관점에서 가장 훌륭한 사랑의 표현이다.

오늘날 이 시대에 가정과 사회, 각종 영역에서 발생한 여러 문제도 자세히 살펴보면 이웃 사랑을 위한 어떤 특별한 행위를 하지 않아서가 아니다.

아주 기본적이며 당연하게 여겨지는 법과 질서,
또 각자에게 맡겨진 본연의 직무를 제대로 이행하지 않기 때문이다.

주님에 대한 사랑의 실천

이제는 본론으로 돌아와 교회를 생각해 보자. 왕이신 주님에 대한 참된 사랑의 실천은 무엇일까? 수십 일 동안 무리한 금식기도를 하면 기뻐하실까? 아니면 하루에 수 시간 이상 무리한 기도와 성경 묵상을 기뻐하실까? 물론 이런 경건도 주님은 기쁘게 받으신다. 그러나 이보다 더 기초적이며 근본적인 사랑의 실천을 잊거나 놓쳐선 안 된다. 그것은 성도의 의무, 집사는 집사의 직무, 또 장로는 장로의 직무에 대한 충실한 이행이다. 오늘날 한국교회의 성도들과 직분자들은 자신의 직무가 무엇인지도 모른 채, 종종 주께서 기뻐하시는 일이 무엇인지를 궁리하곤 한다. 이는 마치 학생이 학생의 의무가 무엇인지도 모른 채, 부모님을 어떻게 기쁘게 할지 고민하는 일과 다를 바가 없다. 그러므로 이제는 무엇이 주님의 참된 기쁨이며, 무엇이 정말 교회를 세우는 일인지를 진지하게 재고해야 한다.

주께서 교회의 체계를 친히 제정하셨다

오늘날 젊은이들은 새로운 교회를 정할 때, 종종 '체계'System를 따진다. 교회 부서의 조직도나 부서 내의 역할 분담 등을 말이다. 그래서 그들은 자신들이 보기에 체계가 가장 효율적이고 교회 내에 갈등이 거의 없는 교회를 좋게 여기곤 한다. 그러나 그들은 아주 중요한 사실을 간과했다. 그것은 교회의 왕이신 주께서 친히 그분의 교회에 "체계"를 정해주셨다는 점이다!

역사적 장로교회는 (다른 교파와 달리) 주께서 친히 제정하신 교회 제도에 대한 분명한 믿음을 가졌다. 그래서 성경에 철저히 근거하여 '목사, 장로, 집사'를 세웠고, 그들이 각각 어떤 직무를 이행해야 하는지, 또 그들의 직무로 교회가 어떻게 운영되며 다스려져야 하는지를 성경을 토대로 잘 정리하여 실천했다. 그러나 오늘날 현대 장로교회는 교회 체계와 운영을 실용성에 따라 임의대로 정해버렸으며, 이로 인해 주께서 제정하신 체계, 곧 전통적 장로교회의 체계는 잃어버린 유산이 되어버린 실정이다.

그리스도께서는 최고의 왕이시다.
따라서 최고의 왕은 당연히 최고의 체계와 질서로 그의 나라를 다스리신다.

물론 교회는 여전히 연약한 자들의 공동체이고, 주님이 다시 오실 그날까지 불완전함은 교회 안에 항상 존재한다. 그러나 이런 불완전함 속에서도 신앙의 선배들은 주께서 친히 정하신 체계, 곧 장로교회의 질서가 주께서 기뻐하시며 더 나은 교회를 세운다는 분명한 믿음을 품었고, 결국 이러한 장로교회의 질서는 세계 질서를 변화시키는 놀라운 결과를 낳았다(이에 대해서는 이어지는 1부에서 다룰 것이다). 그러므로 장로교회의 질서는 현존하는 어떤 교회 질서보다 가장 성경적이고 탁월하며, 세상을 참으로 변화시킬 놀라운 힘을 품은 주님의 놀라운 선물이다.

지금도 교회를 지휘하시는 그리스도

지금도 교회를 통치하시는 그리스도께서는 최고의 지휘자, 곧 마에스트로와 같으시다. 주께서는 지금도 친히 그 지휘봉을 휘두르시며, 그분께서 택하신 직분자와 성도들을 통해 교회의 아름다운 오케스트라 연주를 이어가시는 것이다. 따라서 모든 성도는 그리스도께 집중하고, 그분의 지휘에 맞게 자기 직무를 잘 이행하여 교회를 그리스도의 질서대로 세워가야 한다. 만일 한 연주자가 지휘를 무시한 채, 자기 임의대로 화려한 연주를 구사한다고 생각해 보라. 그의 연주 자체는 훌륭해도, 오케스트라 전체의 하모니Harmony는 깨져버리지 않겠는가? 그러므로 이제는 마에스트로이신 그리스도께서 친히 각 연주자(직분)에게 맡기신 본연의 연주(직무)가 무엇인지를 배우고 그분의 지휘를 온전히 따라야 한다.

당신이 만일 집사라면 주께서 맡기신 집사의 직무를 아는가? 장로라면 장로의 직무를 아는가? 또 성도라면 성도의 의무는 아는가? 당신은 지금도 살아계시고 끊임없이 휘두르시는 그분의 지휘봉을 무시한 채, 마음대로 신앙생활을 영위하지는 않는가?

교회 질서를 지키는 건 경건이다

왕이신 그리스도께서 친히 질서를 제정하셨다면, 그 질서를 따르는 행위는 곧 그분에 대한 순종이 아니겠는가? 장로교회에서 교회 질서는 주의 말씀에 순종하는 명백한 경건(Piety)이다. 오늘날 현대 그리스도인들은 교파를 불문하고 경건주의적 사고의 영향으로 무조건 기도와 찬송, 성경 읽기만을 경건으로 간주하는 경향이 있다.

"경건 생활을 어떻게 하십니까?"라고 물었을 때, 10명 중 9명은 꼭 '기도 생활'로만 답하는 현상이 이를 잘 보여준다. 이러한 경건의 협소한 이해는 교회 질서의 중요성을 약화하는 결과를 초래하고 말았다. 대다수 현대 교회는 세례를 베풀기 위한 세례 교육과 당회의 문답을 하나님 앞에서 경건하고 거룩한 일로 여기지 않는다. 또한 정기 당회로 장로들이 함께 모여 회의하는 일도 그냥 사무나 행정으로 치부해버린다. 이로 인해 철저한 세례 교육을 생략하여 쉽게 세례를 베풀다가 이단이나 세속적 사고를 품은 사람이 그대로 교회 안에 침투하는 결과를 초래했다.

당회에서도 회의를 경건으로 여기지 못하여 함부로 말하거나 욕설이 난무하는 현상이 빈번하게 일어나곤 한다. 기도와 예배, 찬송에는 엄숙하고 경건한 자세를 취하면서도, 정작 교회 질서와 관련된 직분의 직무, 회의, 교회법 준수 등은 가볍게 여기거나 사무적이고 세속적인 자세로 임하는 경우가 허다하다.

이는 결단코 가볍고 무시할 만한 것이 아니다. 교회 질서는 주께서 친히 제정하신 만큼 신성한 권위를 지녔으며, 이를 이행하는 건 교회를 세우고 주님의 말씀에 순종하는 거룩한 경건이다.

교회 질서가 회복되면 더 자유롭게 발전한다

어떤 이들은 교회의 법과 질서가 잘 세워지면 이로 인해 자유가 제한되고 교회가 더 답답해질 것으로 생각한다. 물론 이렇게 될 여지가 아에 없는 건 아니다. 만일 교회에 잘못된 법과 불필요한 규정들이 세워지면, 교회는 딱딱하고 숨막히는 공동체가 되어버릴 것이다.

그러나 장로교회의 질서는 철저히 성경적이며 수백 년의 교회사에서 검증되었으므로 이런 위험성이 전혀 존재하지 않는다. 주께서 "진리가 너희를 자유롭게 하리라"(요 8:32)라고 말씀하셨듯이 진리의 성경으로 주께서 제정하신 이 질서는 속박하기는커녕, 오히려 자유롭게 한다.

사실 교회가 질서를 분명하게 제시하지 않으면 성도의 신앙생활은 훨씬 답답해진다. 왜냐하면 신앙에 옳고 그름은 분명히 존재함에도 무엇이 옳음과 그름인지를 분간할 수 없기 때문이다.

예를 들어, 고속도로를 달리는 자동차의 내비게이션이 속도 규정에 대해 침묵하는 것과 같다. 어디서 몇 킬로까지 달릴 수 있는지를 정확히 알지 못하면, 운전자는 달리는 내내 답답함과 불안함 속에서 제대로 달리지 못할 것이다.

반면, 내비게이션이 정상 작동한다고 생각해 보라. 그러면 운전자는 내비게이션이 알려주는 속도 제한을 잘 지킴으로 평안하고 그 제한에 맞는 자유로운 운전이 가능해진다. 이처럼 교회도 장로교회란 무엇인지, 또 성도의 의무와 장로와 집사의 직무가 무엇인지를 명확히 제시하면, 회중들은 질서 안에서 자유를 누릴 수 있다. 무엇보다 교회 질서의 분명한 이해는 교회를 더 발전할 여지를 충분히 열어준다. 주께서 각 직분과 성도에게 맡기신 직무와 의무를 충분히 이해할 때, 이를 전제로 오늘날 21세기에 합당한 교회 모델을 모색할 수 있을 것이다.

그러므로 주께서 친히 제정하신 질서, 곧 장로교회의 질서는 아무리 강조해도 부족함이 없다. 특히 현대 교회는 지난날 이를 너무 무관심하게 방치하고 말았다. 그러나 이제는 이 가치를 다시금 깨닫고 성경, 교리(신앙고백서), 교회 질서(교회법)를 모두 회복하여 음부의 권세가 이기지 못하는 반석 위에 선 교회, 그리고 21세기에 현대적이며 원리적인 장로교회로 거듭나야 할 때이다.

QR코드로
유튜브 강의와 함께 책을 읽으시면
더욱 좋습니다!

각챕터마다 해당 강의 영상이 수록되어 있습니다.
스마트폰 카메라로 QR을 찍어주세요.
현장감 넘치는 유튜브 강의와 책을 동시에!

1부

장로교회와 의회민주주의

: 국가를 바꾼 장로교회의 이야기

Presbyterian Church and Parliamentary Democracy

"주여! 나에게 스코틀랜드를 주시던지, 아니면 죽음을 주소서."

(Lord! give me Scotland, or I die)

- 존 낙스 (John Knox) -

장로교회와 입헌군주제
Presbyterian Church and Constitutional Monarchy

구시대의 유물, 봉건제와 전제군주제

중세 유럽의 지배적인 정치 체제는 봉건제(Feudalism)였다. 이 제도는 국왕이 귀족들과 주종 계약을 맺고, 그들에게 영지를 부여하여 국가를 운영하는 방식이다. 그런데 이런 봉건제에는 귀족들과 국왕 간의 권력다툼이 피할 수 없었다. 귀족들은 국왕을 자신들의 뜻대로 통제하기를 원했으며, 반대로 국왕은 귀족들에 대한 왕권 강화를 원했다.[1] 양자의 이런 권력다툼이 중세 내내 반복되었다.

그러다가 15세기 후반, 유럽의 여러 국왕이 드디어 모든 귀족과 성직자를 압도하는 정치적 힘을 소유하기 시작했다. 이를 전제군주제(Despotic Monarchy)라고 부른다.[2] 전제군주제에서 왕은 모든 신하의 상소를 단독으로 판단했고, 자신의 혈통만을 고결하게 여기며 왕위를 무난히 세습했다.[3] 봉건제와 전제군주제는 과거 유럽에 팽배했던 정치 제도에 해당한다.

한편, 21세기 현대 사회에서는 과연 전제군주제를 찾아볼 수 있을까? 물론 북한이나 일부 후진국이 최고 지도자에게 절대 권력을 부여하여 그것을 세습하는 유사 전제군주제의 형태를 취하곤 한다. 그러나 이를 제외하고 대부분 세계는 의회 중심의 민주주의 제도로 국가를 운영한다.

오늘날 TV나 뉴스에서 위정자에게 '왕'(King)이나 '황제'(Emperor)라는 칭호가 붙는 경우를 보았는가? 또 위정자가 가볍게 뱉은 한마디가 법이 되는 경우를 보았는가? 물론 있긴 하겠으나, 소수 국가를 제외하고 이런 모습은 찾아보기도 힘들다.[4]

근현대 민주주의로의 변환점

세계는 중세의 봉건제와 전제군주제에서 오늘날의 민주주의로 어떻게 급변했을까? 많은 이는 민주주의의 발상지로 고대 아테네(Athens)를 지목한다. 아테네 정치의 영향으로 오늘날 민주주의가 성립됐다는 듯이 생각하는 이들도 적지 않다.

물론, 아테네 민주 정치는 현대 민주 정치와 여러모로 유사하다. 군 복무를 마친 성인에게 참정권을 부여하고 민회로 모여 투표했던 기록들, 또 드라콘(Dracon)이나 솔론(Solon)과 같은 인물에 의해 법전(Law code)이 편찬되어 법치를 시도한 기록들이 이를 잘 보여준다.[5]

반면, 아테네 민주주의에는 오늘날과 다른 점도 분명 존재했다. 아테네에서 참정권을 가진 시민은 실제로 전체 인구의 10~20%에 불과했다는 점, 또 전문 정치인을 세우지 않았다는 점,[6] 또 노예와 여성에게 참정권을 부여하지 않았다는 점이다.[7] 무엇보다 아테네 민주주의는 "마케도니아"(Macedonia, BC 808-146)에게 그리스 전체가 넘어간 뒤 "중우정"(Ochlocracy)으로 변질하고,[8] 이후 로마(Rome, BC 753-AD 476)로 유럽의 패권이 넘어가는 과정에서 그 자취를 감추게 된다.[9]

아테네 민주주의와 근현대 민주주의는 유사점이 있긴 하지만, 양자 간의 긴 역사적 공백과 내용상 차이들을 고려하면, '부모와 자식' 같은 긴밀한 관계로 보기에는 여러모로 무리이다.[10]

근현대 민주주의의 기원: 영국의 의원내각제

진정한 근현대 민주주의 제도의 출발점은 역사적으로나 내용상 웨스트민스터 체계(Westminster System)로 불리는 17세기 영국의 의원내각제(Parliamentary System)이다. 이 체계는 캐나다, 프랑스, 인도, 뉴질랜드, 미국 등 수많은 국가의 의회제도 형성에 직접적인 영향을 미쳤다.[11]

심지어 영국의 식민 지배로 인해 강제로 도입된 국가들도 탈-식민지 후 여전히 의원내각제를 유지했고, 이는 추후 국가의 여러 발전에 크게 공헌했다.[12] 오늘날 세계 정치 제도의 역사적 시발점이 영국의 의원내각제라는 주장은 이제 사실상 정설이나 다름없다.[13]

영국의 거대한 두 교회

영국은 왜 의원내각제를 도입하게 되었을까? 그 이유를 알려면, 먼저 17세기 영국의 정치적 상황을 살펴보아야 한다. 당시 영국은 '종교'(교회)와 '정치'가 긴밀하게 연결된 정교일치 국가였다. '왕과 귀족들이 어떤 교파를 지지하는가?'의 문제가 국가의 정치적 방향과 직결되었다. 따라서 당시의 영국 정치를 알려면 영국의 교회(교파) 상황까지 함께 살펴야 보아야 한다.

(1) 스코틀랜드의 '장로교회'

영국은 본래 총 4개의 "연합된 왕국"(United Kingdom)으로 각 왕국은 '스코틀랜드'(Scotland), '잉글랜드'(England), '아일랜드'(Ireland), '웨일스'(Wales)이다. 여기서 교회와 관련하여 주목할 두 왕국은 북쪽 '스코틀랜드'와 남쪽 '잉글랜드'이다.

17세기 정황에서 스코틀랜드는 장로교회(Presbyterian Church), 남쪽 잉글랜드는 "영국 국교회"(Church of England)가 각기 지배적이었다. 두 교파를 간단히 설명하면, 장로교회는 종교개혁가 칼빈John Calvin에게 배운 존 낙스John Knox가 16세기 스코틀랜드에 설립한 교파이다. 즉, 장로교회의 신학은 결국 칼빈에게 뿌리를 두고, 그 내용은 성경적이다. 칼빈은 부패한 중세 천주교회를 강하게 비판하며 성경으로 돌아가는 개혁을 주장했기 때문에, 그의 가르침을 온건히 계승한 장로교회는 교리나 교회 질서가 다른 교파보다 훨씬 더 성경에 토대를 두는 것이다.[14]

(2) 잉글랜드의 '영국 국교회'

영국 국교회는 잉글랜드의 국왕 헨리 8세[Henry VIII]가 왕비 캐서린[Catherine]과 이혼하려고 설립한 교파이다. 당시 헨리는 아들을 낳지 못하며 나이까지 많은 캐서린을 좋아하지 않았다. 그래서 둘은 오랜 기간 별거하다가 헨리는 때마침 왕비의 궁녀였던 앤 불린[Anne Boleyn]에게 마음을 빼앗기고 만다. 이때부터 헨리는 캐서린과의 결혼 무효화를 교황 클레멘트 7세[Clemente VII]에게 청원하지만, 그는 이를 허락하지 않았다. 그래서 헨리는 가톨릭으로부터 완전한 독립을 선언했고 자신이 교파를 세우는데, 그게 바로 "영국 국교회"(Church of England)이다.

국교회는 기본적으로 국왕을 (마치 교황처럼) 교회의 우두머리로 삼고, 교리와 교회 질서는 본래 천주교를 거의 그대로 답습하는 게 특징이다. 물론, 당시 잉글랜드의 여러 신학자는 국교회의 성경적 교회 개혁을 위해 여러 시도를 감행했다.[15] 그러나 가톨릭 여왕 메리[Mary]의 출현으로 많은 개신교 신학자가 순교하는 사태가 발생했다. 게다가 교회의 우두머리가 국왕이라는 점도 교회 개혁의 큰 장애물이었다.

쉽게 이해하려면, '과연 당시 국왕들이 성경적 교회 개혁에 관심이 있을까?'를 잘 생각해 보라. 애초에 헨리는 결혼을 무효로 하려고 국교회를 세웠다. 즉 잉글랜드의 국왕들은 계속 정치적 목적을 위해 국교회를 이용했을 뿐 교회가 '성경적인가? 비성경적인가?'에는 별로 관심이 없었다. 그래서 국교회는 지금까지도 종종 '애매한 개신교회'라고 불리고, 실제로 예배에 참석해도 마치 가톨릭과 개신교회를 반반 섞어놓은 듯한 인상을 풍긴다.[16]

스코틀랜드와 잉글랜드의 다른 경향

장로교회와 영국 국교회의 형성 과정을 고려할 때, 두 교회의 서로 다른 경향은 다음과 같이 정리할 수 있다.

스코틀랜드의 장로교회	잉글랜드의 영국 국교회
천주교회를 극도로 배격한다.	천주교회에 조금은 호의적이다.
성경 중심의 신앙과 정치를 추구하고,	성경적으로 개혁하다가 중단된 느낌이다.
교황과 같은 독재자를 혐오한다.	국왕 중심의 통치를 추구한다.
의회 정치를 추구한다.	

이런 두 교파의 성향은 결국 두 왕국의 정치에 그대로 반영되었다. 장로교회가 주류인 스코틀랜드는 천주교회를 극도로 반대하고 성경을 강조하였으며, 이에 따라 의회 중심의 정치를 주장했다.[17] 반면, 국교회가 주류인 잉글랜드는 천주교회에 좀 옹호적이며 국왕의 전제적 통치에 순응적이었다.

휘그당과 토리당의 등장

두 왕국의 귀족들은 17세기 말에 이런 교파적 성향에 따라 정치적 분파를 형성했다. 북쪽 스코틀랜드의 귀족들이 형성한 분파는 "휘그당"(Whig Party), 남쪽 잉글랜드 귀족들은 "토리당"(Tory Party)이다.

이전에 없던 이런 귀족 분파의 등장은 당시 찰스 2세Charles II가 북 스코틀랜드

와 남-잉글랜드의 공동 국왕이라는 점과도 관련이 깊다.[18] 만일 두 왕국의 국왕
이 서로 달랐다면, 각 국왕이 각 왕국의 귀족들과 함께 각자 원하는 정치를 나눠
서 하면 그만이다. 스코틀랜드는 스코틀랜드 왕과 귀족이 원하는 대로, 또 잉글
랜드는 잉글랜드가 원하는 대로 말이다. 그런데 두 왕국을 한 국왕이 다스리니
까, 북-스코틀랜드와 남-잉글랜드의 귀족들은 한 국왕 아래에서 하나의 정치를
추구해야 하는 난감한 상황에 마주했다. 국교회의 잉글랜드와 장로교회의 스코
틀랜드, 양국의 귀족들은 서로 다른 생각과 사상을 가졌음에도, 한 국왕 아래에
서 한 나라를 다스려야 했던 것이다.[19]

무엇보다 휘그당과 토리당 형성의 핵심 원인은 찰스 2세의 집권 말기 왕
위 계승 문제였다.[20] 찰스 2세는 청교도 혁명 이후 유배를 떠났다가 왕정복고
로 돌아온 국왕이었다.[21] 그래서 그는 복고할 때 귀족들의 요구대로 '브레다 선
언'(Declaration of Breda)을 약속했고,[22] 자신을 개신교도라고 공언하기도 했다.

그러나 왕위에 오른 뒤 그는 아주 방탕하고 게을렀으며 25년간 국가를 망신
시켰고, 심지어 뇌졸중으로 죽기 전에 신부를 불러서 자신이 로마 가톨릭 신자
임을 고백했다.[23] 또 그는 브레다 선언과 다르게 스코틀랜드 장로교도를 극심하
게 탄압했고, 이로 인해 18,000여 명의 언약도들이 순교자의 길을 걷기도 했다.[24]

그는 왕정복고 때에 열렬한 환영을 받았던 왕이지만, 임기 말에는 종교나 정
치, 품성 등 모든 면에서 귀족들에게 큰 실망만을 안겨주었다.[25] 그런데 이런 찰
스 2세가 왕위 계승자로 제임스 2세를 지목했으니 귀족들 사이에 큰 반발이 생
길 수밖에 없었다. 제임스 2세는 공개적으로 로마 가톨릭 신자임을 공언한 왕족
이기 때문이다.

특히 장로교 귀족들은 제임스 2세를 아주 극도로 반대했다. 반면, 국교회 귀

족들은 그가 완전히 마음에 들진 않아도, 다소 온건하게 반응했다. 이로 인해 귀족들 간에는 견해 차이가 극명하게 발생했고, 결국 휘그당과 토리당이라는 분파가 형성됐다.

찰스보다 더한 제임스 2세

토리당의 지지로 제임스 2세는 국왕에 성공적으로 즉위했다. 그런데 토리당의 지지에도 불구하고, 그는 모든 개신교 귀족들을 철저히 배척했고, 군대와 내각의 최고직을 모두 로마 가톨릭 신자들에게 주기 시작했다.[26] 예를 들어, 그는 아일랜드의 지사(Lord Lieutenant)를 개신교도 클라렌돈 백작Earl of Clarendon에서 가톨릭교도 티르코넬 백작Earl of Tyrconnel으로 교체했으며, 티르코넬은 1686년 9월부터 아일랜드에 있는 군대를 모조리 가톨릭교도로 충원했고, 또 가톨릭 재판관을 계속 임명했으며, 또 아일랜드 교회의 모든 수입을 가톨릭 신자의 자금으로 사용했다.[27]

1687년 2월에는 가톨릭과 퀘이커 교도들에게 예배의 자유를 허락하는 성명서까지도 발표했다.[28] 심지어 그는 장로교를 따르기로 서약한 많은 언약도 (Covenanters) 중 적어도 362명을 사법적으로 처형했고, 750명은 왕국에서 추방, 1,700명은 식민지로 추방, 추가로 2,800명을 투옥하기도 했다.[29] 그래서 역사학자 샤프Philip Schaff는 그를 찰스 2세보다 더 악한 왕으로 평가했고, 그를 네로Nero에 빗대기도 했다.[30]

귀족들의 혁명 계획

어제의 적이 오늘의 동지가 된다는 말이 있듯이, 토리당과 휘그당 귀족들은 제임스 2세를 더는 두고 볼 수 없었다. 심지어 제임스 2세가 아들을 낳자, 귀족의 마음은 더 조급해졌다. 이대로 왕권이 유지된다면 영국은 영원히 가톨릭 국가가 될 것만 같았다. 그래서 토리당과 휘그당 귀족들은 손을 잡았고 제임스 2세를 대적하여 그를 폐위시킬 혁명을 모략하기 시작했다.

정치와 종교가 긴밀했던 당시 유럽에서 교파는 곧 국가 간의 동맹을 의미했다. 개신교 국가들은 그들끼리의 친밀한 동맹을 형성했고 가톨릭 국가끼리도 마찬가지였다. 그래서 가톨릭교도인 국왕을 끌어내리기 위한 혁명을 계획하는 영국의 귀족들은 도움을 요청하기 위해 적절한 개신교 국가를 물색했다. 그리고 그들은 아주 적절한 인물을 발견했다. 바로 메리 2세의 남편, 곧 개혁교회가 뿌리 깊게 자리 잡은 네덜란드 연방의 총독(Stadholder) 윌리엄 3세William III였다.

전쟁 준비와 네덜란드 의회의 승인

클레이돈Tony Claydon은 영국의 귀족들이 윌리엄 3세를 지목한 세 가지 근거를 다음과 같이 제시한다.[31] 첫째로, 그는 개혁교회가 굳건히 자리를 잡은 네덜란드의 총독이었다. 그래서 그의 신앙은 의심의 여지도 없었다.[32] 둘째로, 그는 제임스 2세의 사위이고, 그의 아내 메리Mary는 영국의 정통 왕위 계승자였다. 혁명이 성공하면, 메리를 통해 다음 왕위 계승 문제를 수월하게 해결할 수 있다. 마지막으로 윌리엄은 영국의 정치인과 과거에도 지속적인 소통을 유지했다. 그래서 귀족들은 그가 혁명에 도울 인물이라고 확신했고,[33] 그들은 1688년 훗날 "윌리엄에게 보내는 초대장"(Invitation to William)이라고 불리는 밀서를 보냈다.[34] 그 밀서에는 아래와 같은 내용이 적혀있었다.

… 우리가 드릴 수 있는 최선의 조언은 전하께 현재 이곳 상황과 우리에게 나타나는 모든 어려움을 알리는 겁니다. 첫 번째에 대해 말하자면, 국민은 종교, 자유, 재산과 관련하여 정부의 현재 조치에 대해 매우 불만족스러워하고, 그들은 매일 더 상황이 나빠질 것으로 기대하고 있습니다. 전하께서 20명 중 19명이 영국 전역에서 변화를 원한다고 확신하실 수 있을 겁니다.[35]

윌리엄은 이 제안을 수락했다. 그러나 혁명의 준비가 결단코 순탄치 않았다. 당시 네덜란드는 윌리엄이 총독으로서 함대의 출정을 승인해도 암스테르담의 부유한 은행가, 상인, 무역상들이 지배하는 의회의 승인 없이는 전쟁을 할 수 없기 때문이었다.[36] 대의명분보다 실리를 추구하는 기업가들에게 전쟁을 설득하는 건 쉽지 않은 일이었다. 그런데 이때, 윌리엄의 이런 고민을 해결해준 한 사람이 있었다. 놀랍게도 그는 프랑스의 루이 14세Louis XIV였다.

당시 프랑스는 가톨릭 국가였다. 그래서 프랑스와 네덜란드는 이전부터 사이가 좋지 않았고, 루이는 과거에도 여러모로 네덜란드를 괴롭혔다. 그중 첫째가 군사적 행동인데, 루이 14세가 공격할 때마다 네덜란드 국민이 의지했던 인물은 윌리엄 3세였고, 그가 총독의 자리까지 올라올 수 있었던 이유도 프랑스의 공격으로부터 네덜란드를 잘 지켜냈기 때문이다.[37] 둘째로 프랑스는 이전부터 무역 방해 공작을 벌여 왔다. 그래서 네덜란드의 무역상과 상인들은 프랑스의 방해로 막대한 피해를 계속해서 입는 상황이었다. 그런데 루이는 윌리엄의 침공 의도를 눈치챈 뒤로, 네덜란드에서 청어의 프랑스 수입 금지령을 내려 어업을 더 극심하게 마비시켰고, 9월 말에는 프랑스 항구에 있는 모든 네덜란드 선박에 대해 나포 명령까지 내렸다.[38]

8월 30일에는 프랑스 대사를 통해 영국에 어떤 침략을 할 경우, 네덜란드와 프랑스 사이의 평화를 깨는 행위로 간주할 것이라고도 경고했다.[39] 그런데 이런 그들의 도발로 네덜란드 의회는 절대 겁먹지 않았다. 프랑스의 루이는 윌리엄이 영국 침공을 계획하기 이전에도 원래 그들을 괴롭혔던 존재이다. 침공을 안 해도 그들은 계속 괴롭힐 게 뻔했고, 오히려 네덜란드 의회는 이참에 영국과 프랑스의 가톨릭 동맹을 반드시 끊어내야 한다고 확신했다.[40] 그래서 1688년 9월 26일, 네덜란드 의회는 결국 영국 침공을 공식적으로 승인하게 되었다.[41]

윌리엄의 출항과 명예혁명

윌리엄은 승인이 떨어지자 출항을 신속히 준비했고, 10월 19일에 승선하여 네덜란드 함대는 브리엘(Brielle) 근처에서 바다로 출항했다. 그때 윌리엄은 영국의 국기를 들었고, 그에게는 "영국의 프로테스탄트 종교와 자유를 위하여"(For the Protestant Religion and Liberties of England)라는 위대한 문구가 새겨졌으며, 그 밑에는 나사우 가문(House of Nassau)의 좌우명, "나는 지켜낼 것이다."(Je Maintiendray)라는 말귀가 새겨져 있었다.[42]

그들의 항해는 역시 순탄치 않았다. 함대는 출항한 뒤 가을 폭풍의 변덕으로 상륙에 많은 어려움을 겪었다. 그러나 가끔 불어오는 "개신교 바람"(Protestant Wind)의 도움으로 그들은 영국에 무사히 상륙했고,[43] 윌리엄은 당시 영국군에 다음과 같은 선언문을 발표했다.

여러분! 우리는 당신들의 종교를 보존하고, 당신의 자유와 재산을 회복하기 위해 이곳에 왔습니다! 따라서 우리는 모든 참된 영국인이 이 나라들을 교황제도와 노예 제도로부터 보호하려는 우리의 열망에 동의한다는 사실에 의심하지 않습니다. 여러분들은 분명하게 알아야 합니다. 나라를 노예로 만들고 개신교 종교를 파멸시키는 도구로 이용되고 있다는 사실을 말입니다. 그렇게 되면 스스로 판단할 수 있을 겁니다. … 명예에 대한 그릇된 생각에 의함이 아니라, 전능하신 하나님께 빚진 것을 먼저 생각하시고, 다음으로 여러분의 조국과 여러분 자신과 여러분의 후손을 생각해 보시기 바랍니다![44]

이 내용은 영국 병사들 사이에 전염병과 같이 번졌고, 제임스 2세가 윌리엄의 상륙 소식에 당황하여 공격 명령을 내리지 못하고 망설이는 찰나에 병사들은 하나둘씩 탈영을 시작했다.[45] 더욱이 영국의 귀족들은 윌리엄이 개신교를 구원하고 자유 의회를 설립하기 위해 왔다는 선언을 믿었고 그에게로 돌아섰으며, 노팅엄(Nottingham)과 요크(York), 레스터(Leicester), 칼라일(Carlisle)과 글로스터(Gloucester)와 같은 도시들은 개신교 종교와 자유를 주장하는 윌리엄에 대한 지지를 선언했다.[46]

제임스 2세는 이런 상황에서 퇴각하여 왕궁에 도착했는데, 그의 작은딸 앤Anne은 형부 윌리엄에게 도망친 뒤였다. 원래 앤은 독실한 성공회 신자였는데,

지나치게 가톨릭을 장려하는 아버지 제임스를 전부터 두려워했고, 적에게 투항을 결심한 것이다.[47] 결국 제임스 2세는 이런 상황으로 전쟁을 일찍 포기해버렸다. 양측 사상자는 10명 내외라는 놀라운 결과를 낳았고, 사실상 윌리엄은 영국에 무혈입성(無血入城)했다. 그래서 이 전쟁은 이렇게 피를 거의 흘리지 않았다는 사실에 근거하여 오늘날 "명예혁명"(Glorious Revolution)이라고 불린다.

명예혁명 이후 권리장전

명예혁명이 성공한 뒤, 제임스 2세는 왕위를 내려놓고 그의 원대로 프랑스로 망명길에 올랐다. 그리고 토리당과 휘그당의 협의를 거쳐 윌리엄과 그의 아내 메리를 영국에 공동으로 즉위시켰다.

물론, 당시 양당의 견해 차이는 존재했다. 토리당은 윌리엄이 네덜란드 사람이기에 왕위 승계에 관한 세습의 원칙을 어겼다고 강하게 반대했으며, 휘그당은 그에게 지극히 합법적인 왕위 승계의 권리가 있다고 주장했다.[48] 특히 이들의 찬반은 근본적으로 교파와도 관련이 크다. 윌리엄은 네덜란드 출신의 개혁교회 신자이므로, 무난히 그가 정권을 장악하면 국교회가 힘을 잃을 가능성이 존재했기 때문이다.

그래서 토리당과 휘그당 사이에는 이에 관한 논쟁이 이어졌고, 이런 과정에서 1689년 국왕의 권력을 제한하는 권리장전(Bill of Rights)을 제정했다. 국왕도 이제는 정해진 규정을 반드시 지키고 이행해야만 한다는 것이다. 그래서 이후 영국은 의회를 중심으로 나라가 운영되었고, 군주도 헌법을 준수해야만 하는 입헌군주제(Constitutional Monarchy)의 시대가 열렸다.

1840년 영국사 교과서를 쓴 시릴 랜섬 여사Mrs. Cyril Ransome는 '영국 역사의 새로운 시대의 시작이며, 그날 이후로 아무도 영국의 왕들이 의회 직함 외에 다른 어떤 것에 의해 통치하거나 의회가 영국 정부의 최고 권위가 아니라고 주장할 수 없었다.'[49]라고 말했으며, 또 역사학자 트레벨리언Trevelyan은 단순히 명예혁명 이후로 두 정당을 중재하는 수준을 넘어 잉글랜드가 서로 조화를 이루는 입법부와 행정부를 갖게 되었다고 평가하기도 했다.[50]

개신교회의 질서와 입헌군주제

영국의 귀족들은 왜 이런 입헌군주제를 시행했을까? 국왕의 힘을 제한할 다른 방법도 얼마든지 있을 텐데 말이다. 사실 당시 가톨릭 국가였던 프랑스의 절대왕정을 고려하면, 영국의 입헌군주제가 개신교회의 질서(정치)와 긴밀한 관련성은 다소 분명하다. 예를 들어, 가톨릭교회는 교회 질서상 가장 최종권위를 교황(Pope)이 소유한다. 그들은 지금까지도 허울 좋은 말로 성경이라고 말하면서도 실질적으로는 교황이 최종 권위자이다. 왜냐하면 그들은 교황만이 오류가 없는 성경의 유일한 해석가로 간주하기 때문이다.

교황이 어떤 성경 말씀을 해석하면 가톨릭교도들은 그 해석을 오류가 없는 것으로 받아들여야 한다. 한 예로 예수님 외에 마리아도 하나님과 사람 사이에 중보자라는 주장은 성경적 근거가 없으나 교황의 억지 해석에 따라 그들은 진리처럼 수용한다.

가톨릭은 교황이 가지는 이런 유일한 성경 해석의 권한으로 인하여 최종권위가 성경이 아닌 교황(사람)에게 부여된다. 반면, 개신교회는 교회 질서상 최종적 권위를 오직 성경으로만 인정하기에 성경 해석에 대해서도 교황과 같은 단일 직분의 일방적 해석에 의존하지 않으며, 오직 성경 해석의 오류 없는 규범은 성경 그 자체에 있다고 이해한다.[51] 그래서 개신교회의 성도를 비롯한 모든 직분은 성경의 권위 아래에 종속된다. 간단히 말하면, 가톨릭의 질서 형태는 전제군주제와 유사하고, 개신교회의 질서는 입헌군주제와 유사하다. 이를 표로 정리하면 아래와 같다.

	천주교회	개신교회	전제군주제	입헌군주제
최종권위	교황(사람)	오직 성경(문서)	법(문서)보다 위에 있는 왕(사람)	왕(사람)보다 위에 있는 법(문서)

더욱이 당시 국가들이 정교일치였음을 고려하면, 입헌군주제가 개신교회의 질서로부터 영향을 받아 형성되었다는 이해는 결단코 비약이 아니다. 그래서 코완Henry Cowan 은 메리 여왕 앞에서 성경의 권위를 강조했던 낙스John Knox 를 입헌군주제가 확립되도록 저항했던 인물로 묘사하기도 했으며,[52] 워필드B. B. Warfield도 영국의 투쟁이 왕-고위성직자(prelate)와 의회-청교도(Puritan)의 구도로 형성되었으며, 제기된 세속적 문제는 주로 왕의 절대주의와 대의 정부에 관한 것이었고, 결국은 대의 정부와 입헌군주제의 승리로 결론이 맺어졌다고 서술하기도 했다.[53] 이처럼 영국의 입헌군주제는 로마 가톨릭의 영향이 사라지고, 귀족들과 국왕을 통해 개신교의 영향력이 확고해진 상황과 밀접한 관련이 있는 것이다.

가정과 세상에서 법(Law) 아래로 내려가기

개신교 질서와 입헌군주제의 관련성을 고려할 때, 이는 가정과 세상에도 여러모로 적용할 여지가 있다. 오늘날 그리스도인들은 자신도 모르는 사이 여러 영역에서 전제군주제(혹은 절대왕정)를 표방하는 경우가 허다하다.

가령, 어떤 부모가 자녀에게 "애야 앞으로 욕하지 마라."라는 규칙을 정해주었다고 치자. 그런데 부모가 그런 규칙(법)을 정했으면서 정작 자신은 감정을 조절하지 못하고, 아이가 보는 앞에서 막 욕설을 퍼붓는다. 그러면 자녀는 과연 욕하지 말라는 규칙을 지켜야 한다는 의무감을 지킬 수 있을까? 자녀는 아마 부모의 행동을 비합리적이라고 느끼며, 의무감을 쉽게 상실할 것이다. 이처럼 부모가 법 위에 군림하는 전제군주가 되어 자녀를 양육하는 건 실질적으로도 효과적이지 않으며 성경적이지도 않다.

간혹 어떤 이는 자녀에 대해 독재적 양육을 성경적이라고 생각하곤 한다. 그러나 이는 오히려 로마 가톨릭적이고, 성경과 개신교의 사고와는 거리가 멀다. 도리어 성경적으로는 권위를 갖는 올바른 규칙을 정하고, 모두가 그 법칙에 순종하며 지도하는 방식이다. 그래서 비키^{Joel R. Beeke}도 부모의 성향과 관심사가 아닌 규칙을 세워서 다스려야 하나님의 권위를 반영한다고 주장한다.[54] 개신교 회가 질서상 하나님의 말씀인 성경을 최종권위로 인정하듯이, 가정과 사회에서도 분명한 법과 규칙에 권위를 두고, 모두를 공평하게 다스리도록 노력할 때, 훨씬 더 성경적이며 아름다운 공동체를 세워나갈 수 있는 것이다.

복습과 적용을 위해 생각해 보기

1) 16-17세기 영국의 주요 개신교회의 두 교파와 그 특징을 각각 말해 보시오.

2) 입헌군주제와 전제군주제가 개신교회와 천주교회(로마 가톨릭)의 권위 이해와 어떤 유사성이 있는지를 말해 보시오.

3) 앞서 입헌군주제를 가정에 적용했듯이, 이번에는 직장이나 사업터에 어떻게 적용할 수 있는가를 말해 보시오.

장로교회와 의원내각제
Presbyterian Church and Parliamentary System

윌리엄과 메리의 죽음

윌리엄[William]과 메리[Mary]가 국왕이 되었을 때, 영국의 귀족들에게는 가톨릭에 대한 걱정거리가 완전히 사라졌다. 왜냐하면 귀족들은 권리장전으로 가톨릭 국왕이 세워질 가능성을 완전히 차단했으며, 또 윌리엄과 메리는 개신교 신앙이 확고했기 때문이다.[55] 또 토리당은 윌리엄을 좋게 여기지 않았으나 국교회의 열렬한 신자이며 스튜어트 왕족인 메리가 토리당과 계속 대화했고 이를 통해 양당의 균형과 화평을 잘 유지했다.[56]

그러나 시간이 흘러 5년 만에 안타까운 사건이 일어났다. 1694년에 윌리엄의 아내인 공동 국왕 메리[Mary]가 천연두, 1702년에는 윌리엄까지 폐렬로 세상을 떠났다.[57] 여기에 설상가상으로 둘 사이에는 후사가 남아 있지 않았다.[58] 이로 인해 영국의 귀족들은 다시 왕위 계승의 문제로 고심하는 상황에 직면하고 말았다.

여왕 앤과 그녀의 죽음

의회의 귀족들은 여전히 가톨릭 국왕을 절대적으로 반대했다. 그들은 가톨릭 국왕을 거의 혐오하다시피 했다. 그래서 제임스 2세와 함께 프랑스에 망명을 떠났던 제임스 F. 에드워드James Francis Edward Stuart가 있었지만, 모든 귀족은 가톨릭 신자인 그가 국왕이 되는 걸 결사반대했다. 이에 따라 귀족들은 영국에 있는 제임스 2세의 딸이자 메리 2세의 여동생 앤Anne에게 왕위를 계승하기로 결정했다.

1702년, 앤이 여왕으로 즉위할 때 영국의 분위기는 아주 좋았다. 특히 그녀가 즉위하고 5년 후 스코틀랜드와 잉글랜드는 한 국가로 합병하여 정식으로 영국 (Great Britain)이라는 나라로 거듭났다. 그래서 당시 영국은 정말 한 나라로서 단합된 모습을 보일 것 같은 분위기를 물씬 풍겼다.[59]

그러나 아쉽게도 그 분위기는 말 그대로 그냥 '분위기'로 그쳤을 뿐, 그로부터 1년 후에 그녀의 남편이 급작스럽게 사망했고, 앤은 우울증과 함께 건강도 상당히 안 좋아졌다. 사실 앤은 원래 상당히 비만이었고 많은 자녀를 유산하여 건강이 좋지 못했는데, 이로 인해 더 악화된 것이다. 그래서 그녀는 대부분의 즉위 기간을 앓기만 하다가 1714년에 세상을 떠났다.[60]

그러나 그녀의 12년 통치 기간에 영국이 유약했다고 착각해선 안 된다. 당시 앤의 영국은 무적함대를 꺾은 엘리자베스 1세보다 더 강력했다.[61] 이게 가능했던 이유는 입헌군주제로 인해 의회(Parliament)가 단순히 왕을 견제하는 수준을 넘어 하나의 정부(Government)가 되었고, 또 민주적 참여가 점차 이루어지며 국민 통합이 이루어졌기 때문이다.[62] 여왕의 통치 능력을 떠나서, 의회 중심의 정치가 영국을 바꾸고 있었다.

독일 출신의 영국 왕

앤Anne의 사망 후, 영국에는 또다시 왕위 문제가 발생했다. 이제는 정말로 스튜어트 왕가에 왕위를 이을만한 인물이 없었다. 앞서 언급했던 제임스 에드워드가 있기는 했지만, 귀족들은 눈에 불이 나도 그를 왕으로 추대할 생각이 없었다. 그래서 그들은 독일의 하노버 왕가이며, 루터파 신자(Lutheran) "조지 루이"(George Louis, 1660-1727)를 신임 왕으로 추대했다. 영국 역사상 최초 독일인 국왕이 탄생한 것이다. 그래서 귀족들의 뜻대로 조지 1세는 영국의 왕으로 즉위했고, 영국의 정권은 다시 개신교회의 토대를 견고하게 유지했다. 이는 가톨릭 왕이 즉위할 가능성을 완전히 차단하기 위한 귀족들의 과감한 결정이었다. 그런데 항상 새로운 시도에는 예기치 못한 문제가 종종 있기 마련이다. 사실 조지 1세의 즉위에는 예기치 못한 문제가 있었다.

영어를 못하는 조지 1세

조지 1세를 영국의 국왕으로 즉위시키는 건, 영국 귀족들과 독일의 하노버 왕가 모두에게 기분 좋은 일이었다. 왜냐하면 당시 유럽 정세는 가톨릭 국가들과 개신교 국가들에 치열한 대립 관계가 극도로 유지된 상태였기 때문이다. 특히 수십 년 전에는 인류 역사상 가장 끔찍한 개신교와 가톨릭 간의 전쟁, 곧 '30년 전쟁'(1618-1648)이 있기도 했다.[63] 이런 정황들을 고려할 때, 독일과 영국이 같은 왕조로 국왕을 세워 개신교 동맹을 강화하는 건 서로에게 환영할 만한 일이었다.

그런데 양국의 환영하는 분위기라도, 조지 1세가 국왕이 되는 걸 별로 원하지 않았던 한 사람이 있었다. 바로 조지 루이 장본인이다. 물론, 조지 1세가 자기 입으로 왕이 되는 걸 원치 않았다고 말하거나 그런 기록을 남긴 건 아니다. 분명한 역사적 자료가 없으므로 그의 마음속을 알 길은 없다. 다만 왕으로 즉위한 이후 그의 몇몇 행동들이 이를 암묵적으로 보여 준다. 솔직히 영국에서 그의 여건을 하나씩 따져보면 그는 여러모로 그 왕좌를 별로 탐탁지 않았음을 짐작할 수 있다.

먼저 조지 1세는 영국의 국왕으로 즉위했을 때 그의 나이는 50대였다. 100세 시대를 사는 우리에게는 50대도 창창하게 보일 수 있다. 그러나 당시 50대는 인생 노년에 가깝다. 무엇보다 조지 1세는 일단 독일인이 아닌가? 그는 영어를 잘 구사하지 못했다.[64] 왜냐하면 당시에는 오늘날처럼 영어가 세계적인 공용어가 아니었기 때문에 그가 영어 공부를 어렸을 때부터 오늘날처럼 열심히 했을 리가 만무했다. 그렇다고 지금 와서 공부하자니 50대에게 좀처럼 의욕이 생길 리가 만무했다. 이에 따라 그는 정무를 돌보기보다 카드놀이에 더 관심이 많았고, 기회가 된다면 가능한 독일에 가서 오랫동안 쉬고 오기 일쑤였다.[65]

정권을 얻은 휘그당

외국인 국왕인 조지 1세는 토리당과 거리를 두는 편이었다. 왜냐하면 토리당은 영국 정치에 있어서 보수적인 성향이 있을 뿐 아니라, 그는 그들 중 '자코바이트 운동'(Jacobite Movement)과 관련된 인물이 있다고 생각했기 때문이다. 자코바이트 운동이란 네덜란드의 윌리엄 3세나 독일의 조지 1세의 '외국인 왕권'을 부정하고, 설령 가톨릭 신도라고 해도 반드시 스튜어트 왕가의 정통 영국 왕족을 왕으로 세워야 한다고 주장하는 운동이다. 무엇보다 토리당은 원래 보수적 성향이 있었으므로 조지 1세를 좋게 여기지 않았는데, 이는 조지 1세도 마찬가지였다. 그래서 조지 1세는 오히려 휘그당을 가까이했고, 정권은 결국 그들에게 자연히 넘어가고 말았다.[66] 특히 정치에 관심도 없고 영어 실력도 없는 조지 1세가 런던 회의에 자주 불참하게 되자, 휘그당을 주축으로 하는 의회는 왕으로부터 독립성과 높은 지위를 얻게 되었다.[67] 그리고 이런 과정에서 휘그당의 로버트 월폴Robert Walpole은 영국의 최초 총리(Prime Minister)가 되었고, 21년(1721-1742)간 재위로 영국의 정치를 점점 바꾸기 시작했다.

의원내각제의 확립

앞서 말했듯이, 토리당은 영국 국교회, 휘그당은 장로교회 귀족들로 구성되었다. 이에 따라, 양자는 '왕'과 '의회'의 관계에 대한 서로 다른 견해를 가졌다. 먼저 전자는 왕이 의회보다 더 강한 권력을 가져야 한다고 주장했다. 반면, 휘그당은 왕보다 의회가 더 큰 권력을 가져야 한다고 믿었다.[68]

요컨대, 전자는 '왕 > 의회', 후자는 '왕 < 의회'였다.

만일 휘그당의 정권이 지속되지 못하고 토리당으로 빠르게 정권교체가 되었다면, 그들의 생각이 실현되었을지도 모른다. 그러나 휘그당의 정권은 60년이라는 긴 시간 동안이나 지속되었고, 월폴의 21년간 총리 재위 이후에도 총리는 계속 휘그당에서 선출되었다.[69] 이에 따라 영국의 정치 변화는 결국 토리당이 아닌 휘그당의 뜻대로 변화되었고, 결과적으로 국왕은 정치 실무에서 완전히 물러나게 되었고, 비로소 의회를 중심으로 국정이 운영되는 의원내각제(Parliamentary Syetem)가 확립되어 오늘날에 이르게 되었다.[70] 그래서 양당에 해당하는 토리당은 오늘날 "보수당", 휘그당은 오늘날 "자유당"이 되었다.

장로교회와 의원내각제

왜 토리당과 휘그당은 서로 다른 생각을 품었을까?

왜 토리당은 '왕 > 의회', 휘그당은 '왕 < 의회'를 주장했을까?

앞장(Chapter)에서 이미 언급했지만, 당시는 교회와 세속 정치가 밀접한 관련을 맺던 시대이다. 토리당 귀족들이 속한 영국 국교회는 왕을 필두로 종교개혁을 이루어서 왕이 교회를 다스리는 교회 정치를 취한다. 이에 따라 그들은 세속 정치에서도 국교회와 같이, 왕이 큰 힘을 갖고 의회를 지배하는 형태를 원했다.

반면, 휘그당 귀족들이 속한 장로교회는 장로들의 회의로 다스리는 교회 정치를 취한다. 이에 따라 그들은 세속 정치에서도 장로교회와 같이, 귀족들의 회의가 큰 힘을 갖고 국가를 지배하는 정치 형태를 원했던 것이다. 간단히 말해,

양당 귀족들은 애초에 자신이 속한 '교회의 정치'를 '세속 국가 정치'에 실현하려는 이상을 품었다. 이에 대해 영미권 역사의 중요한 자료인 『케임브리지 미국 문학사』(Cambridge History of American Literature)는 다음과 같이 말한다.

국교회(Anglican), 장로회(Presbyterian), 독립파(Independent)의 교회적 영역에 세 정당 토리당(Tory), 휘그당(Whig), 민주당(democrat)은 현재 정치적 이상을 반영했다. 토리당은 원칙적으로 군주제였고, 절대주의의 교회적 표현이었다. … 휘그당은 원칙적으로 귀족적이었고, 이는 토지를 소유한 의원의 수단을 통해 재산에 의한 정부에 관한 이상을 표현했다. 시골의 지주와 번영한 런던 시민들은 그들이 통제할 수 있는 교회 정치를 원했고, 그들이 장로교에서 발견한 이 정치는 교구의 치리권을 장로들에게 넘겨주었고, 전체의 이익을 위해 책임감 있는 의원으로 구성되었다. 독립파는 원칙적으로 민주적이었고, 사회 하위층의 새롭게 깨어난 열망의 표현이었다. 하층민은 주교나 신사들에 의해 통치를 원치 않았지만, 같은 계급의 동지들과 모임을 가져서 민주적인 노선을 따라 독립적 교회를 설립하는 걸 선호했다.[71]

이들 중 휘그당이 60년간 정권을 독주하며, 영국 정치는 장로교회의 정치 형태와 거의 흡사한 의원내각제가 정립되었고, 이는 오늘날 세계 주요 정치 형태가 된 것이다. 그래서 많은 학자는 종교개혁과 장로교회 제도가 근현대 민주주의와 밀접하게 연결된다는 점을 지적한다.

먼저 셀예 주니어[Seelye jr]와 셀비[Selby]가 편집한 『북미의 형성』(Shaping North America)

에서는 "장로교회 제도에서 권위의 절차와 분배는 종종 민주적인 국가들이 사용하는 시민 정부의 '의원내각제'(the parliamentary system)를 반영한다."라고 주장한다.[72] 또 스티븐슨Stevenson은 현대 민주주의가 칼빈과 같은 종교개혁자들에 의해 의도되지 않았음을 강조하면서도 그는 현대 민주주의가 종교개혁의 공로라고 분명하게 말한다.[73] 또 호튼Michael S. Horton은 존 낙스의 장로교회가 대의 정부를 추구했으며, 이후 장로교 신학자 러더포드Samuel Rutherford의 『법과 군주』(Lex Rex), 또 청교도 혁명의 주역 크롬웰Oliver Cromwell도 대의 정부를 원했던 신실한 청교도임을 연이어 언급하며, 결국 "(대의) 민주주의가 초기 식민지 역사의 종교개혁 전통과 일치할 뿐만 아니라 자연스러운 산물"이라고 주장한다.[74] 또 마지막으로 쉐퍼Francis A. Schaeffer는 러더포드의 『법과 군주』가 미국의 대륙 회의의 참석자이자 독립선언문의 서명자였던 장로교 목사 위더스푼John Witherspoon, 또 삼권분립의 창시자로 불리는 존 로크John Locke, 심지어 미국의 3대 대통령 토마스 제퍼슨Thomas Jefferson에게 아주 큰 영향을 미쳤다고 주장했다.[75]

여기서 오해하지 말 점은 여기서 로크나 제퍼슨, 또 앞서 언급했던 영국의 휘그당 귀족들이 전부 신실한 장로교인이었다는 뜻은 절대 아니다. 실제로 로크는 기독교의 가르침을 세속화시켰고, 제퍼슨은 합리주의에 물든 이신론자였으며, 휘그당 출신의 영국 초대 총리였던 월폴도 윤리적으로 많은 문제가 있었다고 평가를 받곤 한다.[76] 그러나 그들의 신앙이 좋고 나쁨을 떠나서, 처음 칼빈이 성경적으로 종교개혁을 하고, 그의 가르침을 받은 낙스가 스코틀랜드에 장로교회를 세웠으며, 또 그의 후예였던 러더포드가 『법과 군주』를 쓰고, 또 장로교회를 지지하는 귀족들이 휘그당을 형성하여 정권을 장악하는 이 모든 과정을 전부 고려할 때, 장로교회가 의원내각제, 곧 근현대 민주주의에 토대라는 점은 너무나 분명하다. 물론 양자의 세부적인 제도가 완전히 일치하지는 않지만, 선거를 통해 대표자를 세워서 회의로 교회와 국가를 운영하는 방식 자체는 분명 일치한다. 간단한 도식은 다음과 같다.

장로교회	근현대 민주주의
당회를 구성하여 교회를 치리 ↑ 장로 ↑ 선거 ↑ 회중(성도)	국회를 구성하여 회의로 국가를 치리[77] ↑ 국회의원 ↑ 선거 ↑ 국민

성경이 가르치는 장로교회 질서

영국의 의원내각제는 17세기부터 구체적인 형태를 갖추기 시작했어도, 의회 제도가 이전 역사에 아예 없었던 건 아니었다. 역사적으로 추적해 보면 11세기나 그 이전에도 이미 귀족들의 의회는 서구 사회에서 종종 존재했었다. 즉, 16세기 종교개혁자 칼빈에 의해 장로교회의 제도가 구체적으로 형성되었음을 고려한다면, 역사상 장로교회보다 국가의 의회가 더 근본이라고 주장할 여지가 아예 없는 것은 아니다.

그럼에도 칼빈은 그의 저작에서 장로교회(혹은 개혁교회)의 제도와 고대 아테네의 민회(Ecclesia)와의 유사성을 지적하지만, 그들에게 기원을 두었다고 말하지 않는다.[78] 왜냐하면, 교회 정치 제도와 관련하여 칼빈의 관심은 오직 성경이 어떤 형태의 교회 정치를 지지하는가에 있었기 때문이다.[79] 이런 점에서 칼빈이 주장한 장로교회 제도는 분명하게 성경에 뿌리를 둔다. 실제로 칼빈은 장로교 제도(Presbyterianism)가 가장 성경적인 정치 제도라고 확신했다.[80]

그래서 웨스트민스터 신앙고백서는 "예수님께서 자기 교회의 왕과 머리이시므로 교회 직분들의 손에 '정치'(government)를 정해주셨다."(30.1)라고 고백한다.[81] 또 개혁교회의 벨직 신앙고백서는 "참된 교회는 우리 주께서 그의 말씀에 가르치신 대로 영적 질서(Spiritual Order)에 따라 운영되어야 한다고 믿는다."(30)라고 고백한다.[82] 그러므로 장로교회는 하나님께서 정하신 정치 방식을 성경에서 찾아냈을 뿐, 세속 국가의 정치 제도를 모방한 건 아니다.[83]

세상을 변화시킨 장로교회의 질서

종교개혁과 장로교회를 거쳐 세계에 자리 잡은 작금의 의회민주주의 제도는 과연 이 세상을 유토피아(utopia)로 만들 수 있을까? 그렇지 않다. 이 제도를 아무리 완벽하게 구사해도, 사람은 어쩔 수 없이 연약한 죄인이기 때문이다.

주께서 다시 오실 때까지 이 땅은 계속 불완전할 것이고, 사람이든지 제도든지 무엇이든지 인간의 정치 제도는 분명한 한계치가 존재한다. 그러나 역사상 인류의 역사를 고려하면, 과연 지금보다 더 나은 정치 제도가 등장한 적이 있었을까? 현재에 누리는 경제적 풍요, 치안과 안보 등 모든 부분에서 지금보다 더 나은 삶의 질(Quality)을 이전 세대가 누려본 적이 있었는가?

실제로 근현대 민주주의 제도를 통해 이전 세대가 상상할 수 없었던 많은 유익을 누렸다는 건 너무나 분명하다. 그런데 이러한 근현대 민주주의는 앞서 보았듯이, 영국의 휘그당, 러더포드, 낙스, 칼빈 등이 주장한 장로교회의 제도에 토대를 두었다. 즉, 장로교회의 질서가 국가에 영향을 끼쳐 작금의 현대 사회를 이루었고, 이를 통해 장로교회 질서의 탁월성은 역사적으로 증명된 것이나 다름없다. 그런데도 이렇게 훌륭한 장로교회의 성경적 질서에 대한 현대 교회의 무관심은 참으로 안타까운 일이 아니겠는가?

복습과 적용을 위해 생각해 보기

1. 토리당과 휘그당이 원했던 정치적 이상은 무엇이었는가? 또 조지 1세 때에 누가 정권을 잡아서, 영국의 의원내각제가 확립되었는가?

2. 장로교회의 질서와 의원내각제는 어떤 유사성이 있는지를 설명해 보시오.

2부

장로교회 질서의 개요

Outline of Presbyterian Church Order

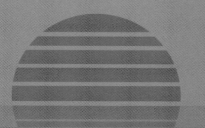

"사람은 그리스도가 그의 교회에 주신 것 중 어떤 것도 빼앗을 힘도 없으며

그와 비슷한 것들을 추가할 힘도 없다 … [그리스도만이 교회의 머리이기에]

교회가 스스로 새로운 법을 제대로 만들지 못할 것이다.

교회는 오직 그리스도의 뜻을 명확하게 알아내고 그의 규례를 바르게 지키며

가장 큰 교화를 이뤄내는 데만 신경을 써야만 한다."[84]

-청교도, 윌리엄 에임즈(William Ames, 1578-1633)-

장로교회 질서의 원리들
Principles of Presbyterian Church Order

장로교회 질서는 어떤 원리로 작동할까? 본 장(Chapter)에서는 이 원리들을 다섯 가지로 간단하게 살펴보고자 한다.[85]

첫째, 그리스도는 교회의 머리이시며, 모든 권위의 근원이시다

웨스트민스터 표준 문서에 해당하는 『장로교회의 정치 형태』(The Form of Presbyterial Church-Government, 1645)의 서문은 다음과 같이 고백한다.

예수 그리스도는 그 어깨에 정사(the government)를 메셨고, 그의 이름은 전능하신 하나님, 영원하신 아버지, 평화의 왕자라고 불리신다. 그의 나라 위에 앉아서 명령하시고, 심판과 정의를 세우시는 분은 끝이 없으시다. 그의 통치와 평화의 증가도 끝이 없으시다. 그는 다윗의 왕좌에 앉으시고, 이후로부터 영원토록 그 왕국을 다스리며, 세우실 것이다. 죽은 자 가운데 일으키신 아버지께서 하늘과 땅의 모든 권세를 그에게 주셨고, 예수님을 그의 우편에 세우시며, 모든 공리와 힘과 능력, 그리고 모든 이름 위에 뛰어난 이름이 되게 하시고, 이 세상뿐 아니라 장차 오는 세상에서 모든 것을 그의 발아래에 두게 하시고, 만물 위에 교회의 머리로 그를 주셨고, 교회는 그의 몸이며, 만물을 충만하게 하는 이의 충만이시다. 그는 모든 하늘 위로 승천하셨지만, 모든 것을 채우셨으며, 그의 교회에게 은사를 주시고, 그의 교회의 교화(edification)를 위해 필요한 직분들을 주시며, 그의 성도를 완전하게 하신다.[86]

교회 질서를 서술하는 본 서문의 핵심은 한 마디로 그리스도께서의 왕이심을 공포한다. 이처럼 장로교회 질서의 원리 중 가장 핵심은 오직 예수님이 왕이요, 모든 권위의 원천이라는 점이다. 이는 당연하면서도 너무 쉽게 간과되는 원리이다.

장로교회가 유난히 이 원리를 강조하는 이유는 로마 가톨릭과 관련이 깊다. 그들은 지금도 교황(Pope)이라는 제왕적 직분을 세워놓고, 그를 "그리스도의 대리자"(Vicarius Christi)라고 주장하기 때문이다.[87] 그들은 예수님이 승천하셨기 때문에 지상에서 그분의 빈자리를 교황이 채워야 한다고 주장한다.

그래서 교황은 사실상 지상교회에서 예수님과 동등한 권세를 행사하는데, 교황 무오설(Papal Infallibility)이 대표적인 예이다. 교황은 특정 상황에서 예수님과 같이 실수가 없는 교리(Dogma)에 대한 선포가 가능하다.[88] 그들은 이를 토대로 사실상 교황의 권위를 성경 위로 올려버리고 말았다.

실제로 교황은 어떤 하고픈 일이 있을 때, 무오한 성경 해석의 권세를 가지고 대충 성경 구절을 짜깁기하여, 말도 안 되는 교리를 수없이 공포했다. 한 예로, '마리아의 원죄 없는 탄생'의 교리가 여기에 해당한다.[89] 누가 봐도 이는 억지 해석이 분명하지만, 교황 무오설로 인해 그들은 이를 맹목적으로 수용해야만 한다.

반면, 장로교회와 개혁교회는 종교개혁 이후, 오직 예수님만을 유일한 왕으로 삼고, 예수님 외에 누구도 교회의 수장이나 머리로 삼지 않았다.[90] 예수님께서 친히 말씀하셨듯이, '선생은 하나요, 너희는 다 형제'이다(마 23:8). 로마 가톨릭은 예수님의 승천을 핑계 삼아 대리자가 필요하다고 주장하지만, 예수님은 왕적 통치를 쉬려고 승천하신 게 아니다. 예수님은 지금도 만왕의 왕이시며 성령으로 만물을 다스리고 계신다. 주님은 '휴무하는 왕'이 아니라 '시무하는 왕'이다. 예수님은 한시도 쉬지 않으시는 영원한 왕이시기에 그분의 대리자는 전혀 필요가 없으며, 교회는 오로지 예수님만을 유일한 왕으로 삼아야 한다. 그래서 장로교회는 오직 예수님만을 왕으로 삼고 그분이 모든 권위의 원천이며 모든 성도는 자연히 동등한 관계가 된다. 주의 말씀과 같이 성도는 다 '형제'와 '자매'로서의 관계이다.[91]

둘째, 유일한 왕 그리스도는 성경으로 권위를 행사하신다

왕이신 예수님의 육신(Body) 자체가 지금 지상의 교회와 함께하는 건 아니다.[92] 지금 주님이 친히 육성(肉聲)으로 그분의 뜻을 매번 하달하시면서 교회를 다스리시지 않는다. 주님은 그분의 완성된 계시의 말씀인 성경으로 교회를 다스리신다. 그러기 때문에 성경은 왕이신 그리스도의 말씀으로서 최종권위를 갖는다. 그래서 교황, 세상 위정자, 그 외에 어떤 권위자라 할지라도, 결단코 성경의 권위를 초월하지 못한다.

셋째, 예수님께서는 일차적으로 교회에게 권위를 위임하셨다

지금까지 제시한 원리들을 도식적으로 나타내면, 권위의 서열상 제일 위에는 왕이신 예수님께서 위치하신다. 주님이 최고의 권위자이시다.

그런데 그 예수님께서 지금 승천하셨기에, 그분의 다스림은 지금 성경을 통해 실질적으로 이루어진다. 그러나 잘 생각해 보면, 성경이 최종권위를 가져도 성경책 자체가 교회를 다스리는 건 아니다. 성경책은 말 그대로 책(book)이기 때문이다. 즉, 성경을 누군가가 읽어야 하고, 해석하여 다스려야 한다.

이런 작업을 이행할 인격체인 사람이 필요하다. 그리고 이런 작업을 행할 권위를 부여받은 사람이 누구냐면, 일차적으로는 교회, 곧 모든 성도이다. 역사적으로 중세 로마 가톨릭은 평신도가 성경을 해석할 권위가 없다고 주장하며 성경 읽기를 아예 금해버렸다. 그래서 당시 평신도들은 성경의 진리를 알지도 못한 채, 매주 아무 생각 없이 교회의 예배 예식만을 형식적으로 참여할 뿐이었다.

그러나 종교개혁 이후 개신교회는 성경의 자국어 번역으로 모든 성도가 성경을 읽을 수 있도록 했고, 성경을 각자가 읽고 해석하여 말씀에 순종하는 삶을 살 수 있도록 허용했다. 모든 성도는 성령의 조명으로 각자 성경을 읽고 해석하며,

말씀에 다스림을 받는 삶을 살아갈 수 있는 권위를 그리스도로부터 위임받았다.

물론 그렇다고 개인의 모든 자의적인 해석이 다 옳다는 뜻은 아니다. 그래서 종교개혁자 츠빙글리^{Zwingli}의 제자이며 스위스의 종교개혁자 불링거^{Heinrich Bullinger}가 쓴 제2 헬베틱 신앙고백서(The Second Helvetic Confession, 1560)는 하나님께서 외적 설교가 없이도 성령의 내적 조명을 원하시는 자에게 원하시는 때에 일으키실 수 있으나(1.6), 우리는 누구나 마음대로 성경을 해석할 수 있다고 생각하지 않으며, 성경 전체에서 나온 성경 해석만이 정통적이고, 참되며, 신앙과 사랑의 규범에 일치하고 하나님의 영광과 인간의 구원에 크게 공헌하는 성경 해석이 정통적이며 참되다고 주장한다(2.1).[93]

넷째, 예수님께서는 이차적으로 교회의 직분에게 권위를 맡기셨다

개신교회는 모든 성도가 성경을 읽고, 개인이 해석할 권위를 근본적으로 부정하지는 않는다. 하지만 성경의 해석을 전적으로 개인에게만 맡겨버리면 당연히 문제가 생긴다. 왜냐하면 성경은 왕이신 주의 말씀이지만, 해석에 따라 이해가 천차만별로 갈라지기 때문이다. 성경을 개별적으로만 읽도록 하면 똑같이 읽어도 잘못된 해석으로 오류에 빠질 우려가 크다. 그래서 교회에는 최종권위인 성경을 올바르게 해석하여 성도를 주님의 한 몸으로 지도할 누군가가 필요한데, 그 누군가가 바로 교회의 직분들이다.

오해하지 말아야 할 사실은 직분이 인위적으로 세워진 대표자가 아니라는 점이다.[94] 신약 성경은 성경의 말씀대로 교회를 지도하고 섬기는 '목사, 장로, 집사' 라는 직분을 분명하게 가르친다. 그리고 이런 직분들은 최종권위인 성경을 올바르게 해석하고, 그 말씀의 다스림을 잘 받을 수 있도록 성도를 지도해야 하기에, 이에 마땅한 직무상 권위를 갖는다.

직분은 성경으로 교회를 이끌어야 하기에, 이에 합당한 권위를 그리스도로부터 위임받은 자들이다. 그러므로 앞선 내용까지 정리하면, 왕의 말씀인 성경을 성도 개인은 얼마든지 읽고 해석하며, 그 말씀에 다스림을 받는 삶을 살 수 있다. 그러나 그 말씀을 해석하고 순종하는 과정에 있어서 오류가 발생할 수 있으므로 성도는 직분의 지도를 받아야 한다. 이런 의미에서 권위는 일차적(actu primo)으로 모든 성도에게 있지만, 이차적(actu secundo)으로 직분에게 있다.[95] 또 바우만 Clarence Boumann 은 그리스도께서 말씀과 성령으로 교회를 직접적으로(Immediately) 모든 신자에게, 간접적으로(mediately) 세우신 직분을 통해 다스리신다고 설명하는데, 앞선 내용과 같은 의미이다.[96]

다섯째, 교회의 모든 권위는 파생적이며, 봉사적이다

벌코프는 교회 직분의 권위를 다음과 같이 명쾌하게 진술한다.

그리스도께서 직분을 통하여 교회 안에 그의 권위를 행사하시는 건 사실이지만, 이 말은 그가 자신의 권위를 자신의 종들에게 전달하는 뜻으로 이해할 수는 없다.⋯그가 교회를 다스리실 때, 교회의 직분들을 그의 기관들(organs)로 사용하실

뿐이다. 그들은 절대적이거나 독립적인 권세가 없다(no absolute or independent). 단지 파생적이고, 봉사적인 권세만이 있을 뿐이다(a derived and ministerial power).[97]

앞선 내용에서 모든 성도에게는 일차적 권위, 직분자에게 이차적 권위가 있다고 할 때, 사람들은 '누가 더 권위에 우위인가?'를 따지기 십상이다. 그러나 장로교회 질서는 이를 따지지 않는다. 더 정확하게는 이를 따질 필요가 없다. 왜냐하면 교회 안에 주어진 모든 권위는 왕이신 그리스도의 뜻으로 귀결되기 때문이다. 교회 안의 모든 권위는 주의 뜻을 교회에 실행하고, 또 주의 뜻대로 서로를 섬기기 위함이다.

제2 헬베틱 신앙고백서는 직분의 권위가 "통치보다 섬김"(a service than a dominion)에 가깝다고 분명하게 고백한다.[98] 장로교회의 권위는 주님께 위임받은 권위라는 점에서 파생적이고, 주의 뜻대로 섬긴다는 점에서 봉사적이다. 그래서 성도 간에 "내 권위가 더 높고, 너의 권위는 낮으니까, 넌 내 말을 들어야 해"라는 식의 주장은 성립되지 않는다.[99]

왕이신 그리스도의 말씀대로 섬기는 원리

장로교회 질서의 원리는 한 문구로 "왕이신 그리스도의 뜻대로 섬기는 원리"이다. 호튼의 진술과 같이 교회의 권위를 로마 가톨릭은 다스리는 권위로 이해하지만, 종교개혁 이후 개신교회는 섬기는 권위로 이해한다.[100] 그런데 이 원리는 당연한 일처럼 보여도, 교회 안에서 현실적으로 잘 실행되지 않는다.

사실 잘 실행되지 않는 이유는 이 원리를 토대로 직분의 자격과 직무, 또 직분과 성도와의 관계, 또 성도의 의무 등과 같은 세부적 요소들을 잘 정리하지 못했기 때문이다. 입술로는 "예수님만이 우리의 왕입니다!"라고 흔히 고백하면서도, 실천적으로는 이 고백을 잘 이행하지 않는다.

어느 날 교회의 장로가 A라는 성도에게 큰돈을 빌려달라고 요구했다고 가정해 보자. 사적인 부분인데 나름 급하다는 걸 강조하면서 말이다. 그러면 A는 장로의 말이기에, 그 말에 순종해야 하는가? 전혀 그렇지 않다. 왜냐하면 돈을 빌려주는 건 성경 말씀도 아니며 장로의 직무와도 무관하기 때문이다. 장로는 그리스도께서 그 직분에 맡기신 직무와 다른 부분에 대해서는 아무런 권위가 없다. 따라서 장로는 자기 직분 외의 문제를 가지고 권위를 함부로 내세워서는 안 된다. 또한 현대 교회에서 종종 일어나는 직분자의 성적 일탈도 마찬가지이다. 여신도는 성적 행위를 요구하는 직분자의 말에 순종할 필요가 없다. 아울러, 그 요구에 직분으로서의 권위가 있다고 받아들여서도 안 된다.

반면, 목사의 설교는 목사 직분의 직무, 곧 그리스도께서 목사에게 맡기신 직무이고, 또 성경에 합당한 설교를 한다면, 그 설교에 있어서는 분명한 그리스도의 권위가 있는 것이다. 그래서 성도들은 그 설교에 대한 목사의 권위를 인정하고, 설교 말씀에 온전히 순종해야 한다.

따라서 모든 직분은 그리스도의 말씀대로 그 직분에 맞는 직무를 이행할 때, 그 직무에 합당한 권위가 파생된다. 장로교회 질서의 원리는 왕이신 그리스도의 말씀대로 섬기는 원리이다. 이 원리를 이행하기 위해 성도와 각 직분에는 합당한 권위가 그리스도로부터 부여된다. 그런데 만일 이 원리를 벗어나게 되면, 그 권위는 장로교회에 합당하지 않다.

왕의 일꾼으로서 자녀 양육

장로교회 질서의 원리는 세상에 어떻게 적용될 수 있을까? 대표적으로 가정에 적용하여 생각해 보자. 예를 들어, 자녀가 무슨 큰 잘못을 저질렀다. 그러면 부모는 그 자녀를 어떻게 대해야 할까? 어떤 부모들은 속상한 마음에 자기감정대로 자녀를 훈육한다. 한 마디로 '화풀이 훈육'을 한다. 반대로 현대 부모는 아예 훈육을 안 해버리는 경우도 많다. 왜냐하면 현대 사회의 분주하고 복잡한 일상 때문에 자녀의 잘못까지 섬세하게 신경 쓰기를 피하거나, 또 어떤 부모는 아이에게도 인권이 있다는 이유로 훈육의 행위 자체를 반대하곤 한다.

반면, 장로교회 질서의 원리가 세워진 가정에서는 잘못을 저지른 자녀를 왕이신 그리스도의 뜻대로 교정해야 할 대상으로 여긴다. 장로교 원리에 따르면, 부모는 왕이신 그리스도의 말씀대로 자녀를 섬기는 직분자이다. 따라서 부모는 잘못을 저지른 자녀를 훈육하긴 하지만, 그 훈육은 부모의 감정을 해소하거나 혼내는 것 자체에 목적을 두지 않는다. 도리어 자녀의 잘못을 잘 교정해서 왕이신 그리스도의 뜻대로 성장하도록 이끄는 것이 훈육의 목적이다. 부모는 이를 위해서 자녀에 대한 권위를 행사한다.

또 가정에서 부모가 자녀에 대한 권위를 파생적이며 봉사적으로 이해할 때 자녀와의 관계 개선에도 여러 유익이 있다. 부모는 단순히 자녀 위에 군림하는 존재가 아니다. 군림하는 권위는 로마 가톨릭이나 전제군주들이 취하는 개념이다.[101] 그러나 장로교 권위는 그리스도로부터 위임받고 그분을 위해 섬기기 위한 권위이므로 부모는 언제나 주님의 뜻을 고려한 자녀와의 관계를 유지한다.

자녀는 부모가 마음대로 다루어도 되는 그런 대상이 아니다. 자녀는 왕이신 주의 말씀으로 양육하도록 주께서 부모에게 맡기신 귀한 성도이다. 따라서 부모와 자녀는 둘 다 왕이신 그리스도를 섬기는 주의 백성이라는 점에서 일차적으로 수평적이지만, 동시에 왕이신 그리스도께서는 부모를 가정의 직분으로 세우셨기 때문에, 부모와 자녀는 이차적으로 수직적이다.

그리스도를 중심으로 부모와 자녀가 수평적이면서도 수직적이라는 이중적 관계는 자녀와 부모 사이에 친밀하면서도 부모에 대한 권위가 존중되는 균형적 관계를 형성한다.

복습과 적용을 위해 생각해 보기

1) 장로교회 질서의 원리에서 핵심적 원리 한 가지는 무엇이었는가? 왜 그 원리를 핵심적으로 강조하는가?

2) 왕이신 그리스도께서는 지금 승천하여 계신다. 그러면, 지금 지상교회는 어떻게 다스려지는가?

3) 훗날 교회의 직분을 얻었다고 상상해 보라. 어떤 자세로 교회를 다스리는 것이 장로교회의 원리에 합당한가? 또 이 자세를 세상에 어떻게 적용할 수 있는가?

장로교회의 선거
Election of Presbyterian Church

성경이 가르치는 직분의 선거

장로교회의 주요 제도 중 하나는 직분을 투표로 선출하는 선거이다. 아마 장로교회를 오랫동안 출석한 성도들은 한 번쯤은 투표에 참여해 봤을 것이다. 그런데 장로교회는 직분자를 왜 투표로 뽑을까? 오늘날 많은 성도는 장로교회가 세속 국가의 선거와 같은 "민주주의"를 채택하기 때문에 교회도 투표한다고 생각한다. 하지만 앞서 다루었듯이, 장로교회 질서는 세속 정치의 모방물이 아니다. 오히려 장로교회의 선거는 성경이 가르치는 제도로서 성경에 뿌리를 둔다.

그렇다면 교회의 직분 선거를 성경의 어떤 구절이 가르칠까? 이에 관한 구절은 다음과 같다.

> (사도들은) 각 교회에서 장로들을 택하여 금식 기도하며 그들이 믿는 주께 그들을 위탁하고 (행 14:23)

한글 성경(NKRV)에 번역된 "택하여"는 원어로 "χειροτονήσαντες"(케이로-토네-산테스), 어원상 "손을 내밀다"(stretch out the hand)로 투표(voting), 선택(choosing), 임명(appointment)을 뜻한다.[102] 단어 자체만 따질 때, 사도들은 장로를 투표했는지 직접 지명했는지가 불분명하다.

그러나 주석학자 폴힐[Polhill]은 설령 사도들이 직접 지명했다고 해도, 그들이 반드시 회중의 투표로 그 지명을 확인했을 것이라고 제안한다. 왜냐하면 본 절의 에베소 교회에게 사도들은 외국인이기 때문에 자신의 지도력을 확고히 하기 위해서라도 일방적 지명보다 회중의 투표를 거쳤을 가능성이 더 크다는 것이다.[103]이 단어는 문맥이나 정황상 단순한 "임명"보다 "투표를 통한 임명"에 가깝다. 특히 칼빈이 이 단어에 근거하여 사도들이 하나님의 권위로 그리스(Greeks)의 관습과 같이 회중의 거수로 의사를 확인한 뒤에 장로를 임명했다고 해석했다.[104]

칼빈의 후예인 장로교회는 이 단어에 근거하여 오늘날까지 선거 제도로 직분을 세운다. 이처럼 장로교회의 선거는 성경에 토대를 둔다.

'민주주의'가 아니라 '신주주의'

장로교회의 선거에서 유의할 점은 교회의 선거가 민주주의(民主主義)가 아닌 신주주의(神主主義)라는 사실이다. 즉 직분의 선거는 엄밀하게 '회중이 원하는 직분자'를 뽑는 시간이 아니라, 오직 '그리스도께서 택하시고 부르신 직분자'를 확인하는 시간이다. 이해가 잘 안 된다면 장로교회 질서의 원리를 재고해 보라. 즉,

왕이신 그리스도께서 권위의 근원이시므로 주께서는 친히 택하신 성도에게 권위를 위임하여 직분을 주시는 것이다. 따라서 직분자 선거에 참여하는 올바른 태도는 자신에게 유익이 될 후보자에게 투표하는 게 아니라 그리스도께서 부르신 후보자가 누구인지를 진지하게 고민하며 기도하는 마음으로 투표해야 한다.

벨직 신앙고백서(Belgic Confession)는 "목사들, 장로들, 집사들"에서 이에 대해 다음과 같이 진술한다.

우리는 하나님의 말씀을 맡은 목사들, 장로들, 그리고 집사들이 하나님의 말씀이 가르치는 질서에 따라 주의 이름으로 기도하며 교회의 합법적 선거에 의해 그들의 각각 직분들이 선출되어야 한다고 믿는다. 그러므로 모든 성도는 부정한 방법으로 자신을 주장하지 아니하고 하나님의 부르심을 정중히 기다려야 한다. 그렇게 함으로 성도들은 그의 소명을 깨닫게 되고 주께서 부르셨다고 확신하게 된다.[105]

또 제2 헬베틱 신앙고백서(The Second Helvetic Confession, 1560)는 18장 "교회의 교역자들, 이들의 제정 및 이들의 직무에 관하여"에서 다음과 같이 진술한다.

그러나 교회의 교역자들(the ministers)은 합법적이고 교회적인 선거와 소명(vocation)으로 부르심을 받고 선택받도록 해야 한다. 또 교회에 의하여 종교적으로 (religiously), 어떠한 혼란이나 소요나 논쟁 없이 적절한 순서로 선택되게 해야 한다.[106]

여기서 두 신앙고백서 모두 "소명"(calling, vocation)이라는 표현이 있음을 주목하라. 벌코프Berkhof도 투표가 직분들의 내적 소명을 확인하는 방편일 뿐이라고 지적한다.[107] 이렇게 장로교회의 선거는 회중의 뜻이 아닌 그리스도의 뜻, 곧 그분의 부르심을 확인하는 방편이다. 장로교회는 회중을 주인으로 삼는 민주주의 선거가 아니라 하나님을 주인으로 삼고 그분의 뜻을 확인하는 신주주의 선거를 추구한다.

소명을 은사로 확인

그리스도께서 부르신 직분자를 어떻게 분별할까? 앞서 보았듯이, 왕이신 주께서는 친히 부르신 직분자에게 봉사적 권위를 위임하신다. 직분들은 원리상 그 직분에 합당한 봉사를 위해 권위를 위임받는다. 장로는 장로의 직무를 위해, 집사는 집사의 직무를 위해, 목사는 목사의 직무를 위해서 말이다.

주님은 각 직분을 부르실 때 그들이 그 직무를 감당할 수 있도록 적절한 은사와 자격을 허락하신다. 그래서 제2 헬베틱 신앙고백서는 "모두가 선출되는 것이 아니라 특히 성경이 말하는 바 적임자이고(fit), 충분한 학습이 있고(sufficient learning), 경건한 웅변(godly eloquence)과 지혜로운 소박함(wise simplicity)을 갖추어야 한다."라고 고백한다(18).[108] 또 헨더렌J. van Genderen과 펠레마W. H. Velema는 "개혁파 교회 정치가 선거로 직분을 선출하며, 이는 신앙공동체가 직분에 요구되는 은사들을 분별한다는 것을 나타낸다."라고 설명한다.[109] 이처럼 장로교회의 회중은 선거 때에 직분 후보자에게 그 직분에 합당한 자격과 은사가 있는가를 적절히 판단하여 투표함으로 그리스도의 부르심을 확인한다.

쉬운 이해를 위해 가상의 사례를 들어보자. 어떤 장로교회에 A와 B가 둘 다 장로 후보로 나왔고, 조만간 선거가 열릴 예정이다. 그러면 이때 교회의 성도가 가져야 할 기본적인 생각은 무엇일까? 'A가 헌금을 많이 했으니까 장로가 되어야 해', 'A가 똑똑하니까 A를 뽑아야지.'라는 종류의 생각은 적절치 못하다. 직분 후보자를 판단하는 기준이 주께서 맡기신 그 직분의 직무에 합당한 자격이나 은사와 무관하기 때문이다. 애초에 이런 생각은 선거에 있어서 그리스도의 뜻을 전혀 고려하지 않은 것이다.

반면, 'A가 장로의 직무에 합당한 은사가 있어! 주님께서 부르신 직분자가 분명해!', '장로는 이런 자격을 갖춰야 하는데 A는 적절히 잘 갖추었어!'라고 생각한다면, 이는 적절하다. 주님은 장로로 부르신 성도에게 장로에 합당한 자격과 은사를 주신다. 따라서 성도는 이렇게 자격과 은사로 누가 그리스도께서 부르신 직분인지를 확인해야 한다.

직분 낙선으로 인한 갈등의 해결책

오늘날 한국교회에서는 직분 선거에서 낙선할 때, 실족하는 경우가 상당히 다분하다. 이미 교계 뉴스로도 심심치 않게 이런 소식이 들려온다. 그런데 왜 선거에서 떨어질 때, 성도들은 실족할까? 또 이에 대한 해결책은 무엇일까?

(1) 신주주의 선거 회복

일단 원인 중 하나는 교회의 선거에 대한 민주주의식 이해이다. 즉 회중이 직분을 뽑는 주체라고 인식해버리면, 선거에서 낙선할 때 회중에게 배신감을 느끼게 된다. 특히 교회에 많은 시간과 노력을 들였다면, 이런 배신감이 더 클 수밖에 없다. 따라서 직분 선거로 인한 갈등의 해결책 중 하나는 신주주의 선거의 회복이다.

실제로 미국에서 20년간 장로로 봉직한 벌고프Gerard Bergheof의 말처럼, 교회는 신주정치이지 민주 정치가 아니다. 교회는 만왕의 왕에 의해서 통치되며, 그분의 홀은 영감된 말씀이요, 그분의 대행자들은 그 말씀을 따라 임명된 가르치는 장로, 다스리는 장로와 집사이다. 그러므로 회중이 아니라 그리스도께서 자신을 직분자로 부르지 않으셨으며, 이에 순종해야 한다는 사실을 올바로 이해하면 이를 크게 불편하게 여길 성도는 많지 않다. 쉽게 말해, 민주주의 선거는 '교회의 성도들이 나를 직분자 선거에서 떨어뜨렸다.'이고, 신주주의 선거는 '그리스도께서 나를 직분자로 부르지 않으셨다.'이다. 여기서 양자는 같은 결과이면서도 체감되는 느낌이 완전히 다르다.[110]

(2) '명예직'이 아닌 '봉사직'

직분 선거로 인한 갈등의 두 번째 해결책은 직분을 '명예직'이 아니라 '봉사직'으로서 확실하게 인식하는 것이다.[111] 이는 작금의 한국교회에 상당히 시급한 사안이다. 오늘날 대부분의 한국 장로교회는 직분을 오랜 신앙생활에 대한 상급이나 감투로 주어지는 '명예직'으로 이해한다.

장로직의 경우는 '안수 집사'에서 승급할 때 받는 직분이라는 계급적 이해가 완전히 토착화된 상황이다. 그래서 한국교회의 현 상황상 장로 선거에 낙선할 때, 그 실망감은 너무나 클 수밖에 없다. 왜냐하면 장로직을 얻지 못했다는 사실이 곧 집사에서의 승급 실패와 장로라는 명예를 얻지 못한 불명예처럼 여겨지기 때문이다.

그러나 역사적 장로교회에서 모든 직분은 본래 명예직이 아니라 봉사직이다. 직분은 열심히 일한 성도를 명예롭게 해주려고 주는 게 아니다. 그 직분에 맞는 직무로 봉사하라고 주는 게 직분이다. 집사는 집사의 직무로, 장로는 장로의 직무로, 목사는 목사의 직무로 말이다. 그래서 직분을 봉사직으로 확실하게 이해하면, 직분자 선거에 낙선해도 실족할 이유가 없다.

어떤 성도가 장로 선거에 낙선했다면, 그 성도는 '주님이 장로의 직무로 봉사하지 말고 쉬라고 하시는구나.'라고 받아들이면 된다. 장로직을 얻지 못했다고 해서 불-명예롭거나 명예가 남보다 부족한 게 아니다. 애초에 장로교회의 직분은 명예직이 아니다. 오직 모든 명예는 왕이신 그리스도만이 소유하신다.

모든 직분은 그리스도의 종이고, 일꾼으로서 그분께서 맡기신 직무로 봉사할 뿐, 그 이상도 이하도 아니다. 물론 자기 직무를 잘 감당하는 직분자는 성도로부터 합당한 존경을 받고 그에 따른 명예를 얻기도 한다. 그러나 그 명예는 그리스도께서 맡기신 직무 이행에 대한 존경일 뿐이며, 근본적으로 장로교회의 모든 직분은 그리스도의 일꾼이다.[112]

(3) '임기제'와 '윤번제'

직분 선거로 인한 갈등의 세 번째 해결책은 '임기제'와 '윤번제'의 도입이다. 이는 좀처럼 생각하기 어려워도, 가장 실용적인 해결책이다. 한국교회는 초기부터 지금까지 직분의 임기를 종신제, 혹은 65세나 70세에 은퇴하는 정년제로만 채택해 왔다. 그러나 만일 임기제와 윤번제를 도입한다면, 초기에는 여러 시행착오가 있을지 몰라도 장기적으로는 여러 유익을 기대해 볼 수 있다. 특히 임기제는 대륙의 개혁교회들이 채택해 왔던 제도라는 점에서 더욱 그러하다.

지금 한국교회에 보편적으로 자리 잡은 직분 정년제의 한계를 생각해 보자. 어느 교회에 재적이 100명인데, 그 재적에 맞게 여건을 고려하여 장로 5명을 세웠다. 그러면 세워진 다섯 명 이후로 다음 장로는 언제 세워질 수 있을까? 경우의 수는 일단 크게 두 가지이다. 첫째는 '총 교인의 재적이 늘어나서 장로의 총수도 늘어나는 경우', 둘째는 '기존의 장로가 퇴임하는 경우'이다.

첫째의 경우로 직분자를 더 세우는 건 분명한 한계가 있다. 왜냐하면 교인의 수적 성장은 결국 어느 수준에 도달하면 정체되기 때문이다. 애초에 지역 사회의 인구가 무한으로 증가하지 않듯이, 그 지역에 속한 교회도 마찬가지이다. 교인의 총수가 정체되면 직분자의 총수도 동결된다.

둘째의 경우도 생각해보자. 만일 5명의 장로가 50대라면 그들이 은퇴하기까지 최소 10년 이상을 기다려야 한다. 정년제나 종신제에서는 어떤 성도가 장로의 자격과 은사를 다 갖추었음에도 일평생 장로 선거에 나갈 기회를 얻지 못할 가능성도 있다. 이런 점 때문에 정년제나 종신제에서 직분자 선거에 낙선할 때 아쉬움이 클 수밖에 없고, 이것이 결국 갈등의 실마리를 제공한다.

반면, 임기제를 채택하면 직분자 선거에서 한번 낙선한다고 해도 아쉬움이 그렇게 크지는 않다. 왜냐하면 보통 임기제에서 장로직은 3-5년 정도이기 때문이다. 일정 기간 이후에 장로 선거는 다시 돌아온다. 그러면 낙선됐던 성도들도 다시 장로로서의 부르심을 확인할 기회를 얻는다. 또한 임기제는 앞서 말한 직분의 명예직 현상을 제거하는 데도 상당한 유익을 제공한다. 왜냐하면 직분의 임기가 정해져 버릴 때 성도들의 머릿속에는 그 직분을 감투로 생각하기보다 임기 동안 맡겨진 일이 있는 일꾼이라는 인식이 더 커지기 때문이다. 이런 점에서 직분의 임기제는 여러 유익이 있고, 무엇보다 낙선으로 인한 갈등을 줄이는 데에 효과적이다.

만일 임기제가 한국교회의 현 상황에 도무지 무리라면 윤번제도 좋은 대안이다.[113] 윤번제란 직분자의 총수를 기존보다 더 많이 확보하고, '휴무 직분'과 '시무 직분'을 함께 두어, 이를 교대로 회전시키는 방법이다. 앞선 예로 설명하면, 정년제에서 재적이 100명인 교회에 장로가 5명이라면, 윤번제는 그보다 더 많은 약 8명 정도의 장로를 선출한 뒤, 5명은 '시무 장로', 3명은 '휴무 장로'로 두어서, 일정 기간을 간격으로 '휴무 장로'와 '시무 장로'를 교대한다. 이렇게 윤번제는 기본적으로 직분자를 더 많이 선출하는 게 특징이다. 무엇보다 현대 교회는 고령화로 인해 장로 선거에 출마할 후보자는 많아도 모두 당선되지 못하는 애매한 상황이 많은데, 윤번제는 이에 좋은 대안이기도 하다.[114]

장로교회의 선거를 세상에 적용하기

(1) 자격과 직무를 보는 투표

장로교회의 선거는 그 직분의 자격과 직무에 합당한 은사가 있는가를 확인하는 시간이다. 장로교회의 올바른 선거가 몸에 밴 성도는 사사로운 감정, 학연과 지연, 분위기, 선동 등에 휩쓸려서 투표하지 않는다. 원래 장로교회 성도는 그런 투표를 못 하는 사람이 되어야 한다. 왜냐하면 교회에서 직분 선거를 할 때 후보자의 태도, 직무적 은사, 자격을 검토하여서 그리스도의 부르심을 받았는지 정확하게 확인하려는 작업을 반복해왔기 때문이다.[115]

장로교회의 올바른 선거는 성도가 세상 국가의 총선과 대선을 대하는 태도에 지대한 영향을 미친다. 가까운 이웃의 얕은 정보, 학연, 지연, 선동에 휩쓸리지 않고, 후보자들이 어떤 공약을 내세우는지와 그 외에 합당한 자격들을 유심히 살펴보게 된다. 그리고 선거 당일이 되면 자연스럽게 위정자가 될 만한 자격과 직무의 수행 능력을 갖춘 후보자에게 소중한 한 표를 건네게 된다.

그 외에 장로교회의 올바른 선거는 직장과 사업에도 마찬가지이다. 식당에서 요리사를 뽑는다면 어떤 사람을 뽑아야 하는가? 당연히 요리사로서 자격과 좋은 요리 능력을 갖춘 사람을 뽑아야 한다. 만일 요리사를 뽑는데 자격과 능력은 무관하게 외모, 학연, 지연, 혈연을 따져서 뽑는다면 그것은 장로교회에 합당한 방식이 아니다. 또 회사에 임원을 뽑을 때도 장로교회의 올바른 선거에 익숙한 성도는 순간적인 분위기나 감정에 휩싸여서 임의로 뽑기보다 직무의 능력과 자격을 철저히 검토하여 선거에 임해야 한다. 이렇게 장로교회의 올바른 선거는 세상을 바꾸는 강력한 힘이다.

(2) 신주주의 투표

세상 사람들은 어떤 선거든지, 민주주의 정신으로 임한다. 하지만 장로교회의 선거는 민주주의가 아니라 신주주의 선거이다. 따라서 장로교회의 성도들은 교회에서 신주주의 선거에 익숙해져야 하고, 또 세상에서도 자연스럽게 신주주의의 자세로 모든 선거에 임해야 한다. 국가 위정자를 선출하는 대선과 총선, 회사의 중요한 임원 등 모든 영역에서 말이다.

성도는 민주주의, 곧 국민의 뜻에 합당한 후보자에게만 투표하지 않는다. 그보다 먼저는 신주주의, 곧 하나님의 뜻에 합당한 후보자를 분별해야 한다. 물론 여기서 세상에서의 신주주의 투표가 무조건 예수님을 믿는 사람에게만 투표하라는 의미는 아니다.

세상에는 그리스도인이라 자칭하면서도 그리스도인답지 않은 사람이 많다. 투표의 대상이 되는 후보자가 교회를 출석하는지에 대한 유무는 그다지 신뢰할 만한 정보가 아니다. 오히려 그 선거에 나온 후보자의 자격과 직무 능력을 먼저 파악하고, 그 자격과 직무 능력을 성경적 방향으로 잘 사용할지에 관한 부분을 확인하는 게 훨씬 더 중요하다.

병원에서 의사를 채용할 때 무엇을 보아야 하는가? 가장 중요한 건 병을 고치는 그의 직무 능력이다. 따라서 의사를 채용할 때 신주주의 투표를 한다고 가정하면, 그냥 의사가 '예수를 믿는가?'에 대한 막연한 정보는 별 도움이 되지 못한다. 입으로는 믿는다고 말하면서 삶은 다를 수 있기 때문이다. 차라리 병을 고치는 그의 직무를 성경적으로 하는가를 검토하는 게 훨씬 더 합리적이고 올바른 접근이다.

(3) 경건하며 진지한 투표

장로교회의 선거는 사람이 임의로 만든 게 아닌 성경이 가르치는 제도이다. 장로교회는 주께서 제정하신 투표라는 제도를 통해 그분께서 친히 일꾼을 세우신다고 믿는다.[116] 그래서 성도는 교회의 직분 선거에 진지하게 임해야 하고, 이는 자연스럽게 세상 선거에 임하는 태도에도 영향을 미친다. 올바른 장로교회의 선거에 익숙해진 성도는 국가 위정자를 선출하는 대선과 총선, 그 외에 여러 세상의 선거에서 무관심하거나 가벼운 태도가 아니라 진지하고 진중한 태도로 임한다. 무엇보다 장로교회의 선거 태도는 앞서 언급한 신주주의 정신과도 밀접하게 연결된다.

장로교회에서 투표는 주님께서 정하신 제도이면서, 그분의 일꾼을 확인하는 수단이다. 성도는 세상 투표에서도 하나님께서 정하신 위정자나 대표자를 확인한다는 인식 속에 진지하고 경건한 태도로 임해야 한다.

복습과 적용을 위해 생각해 보기

1) 역사적으로 장로교회는 직분을 왜 투표로 선출했는가? 또 세상의 투표와 다른 점은 무엇인가?

2) 장로교회에서 직분의 선거를 할 때, 어떤 사람에게 투표해야 하는가?

3) 본 장의 내용을 가지고, 오늘날 '한국교회의 세습' 문제를 논해 보시오.

장로교회의 회의
Conference of Presbyterian Church

성경은 교회 치리의 도구로 '장로의 회의'를 말한다

성경은 어떻게 교회를 다스리라고 말할까? 구약은 왕의 통치, 곧 왕정을 가르친다. 그래서 어떤 이들은 오늘날에도 다윗이나 히스기야 같은 선왕(善王)의 등장을 통한 교회의 회복을 꿈꾼다.

물론, 이런 상상이 잘못된 건 아니다. 앞선 교회 질서의 원리에서 다루었듯이, 그리스도께서는 지금도 위대한 왕으로 교회를 다스리시기 때문이다. 이런 점에서 교회의 치리는 여전히 왕정이다.[117] 그러나 그리스도께서 지금 교회의 왕이라도 실상 그 다스림이 직접적인 건 아니다. 왜냐하면 주님은 지금 승천하신 상태로 계시기 때문이다. 주님은 지상교회가 중대한 결정을 내릴 때마다 직접 찾아오셔서 답을 주시지 않는다. 그렇다고 승천하신 주님이 하늘에서 음성으로 매번 지시사항을 내려주시지도 않는다.

그렇다면 승천하신 왕 그리스도께서는 어떻게 교회를 다스리실까? 이에 관한 답은 초대 교회의 치리를 암시하는 사도행전 15장에서 확인할 수 있다. 해당 본문을 간단히 살펴보면 다음과 같다.

어떤 사람들이 유대로부터 내려와서 형제들을 가르치되 너희가 모세의 법대로 할례를 받지 아니하면 능히 구원을 받지 못하리라 하니 바울 및 바나바와 그들 사이에 적지 아니한 다툼과 변론이 일어난지라 (행 15:1-2)

당시 초대 교회에는 할례와 구원의 문제로 적지 않은 다툼이 발생했다. 그들은 이를 해결하기 위해 "사도와 장로들이 이 일을 의논하러 모여"(행 15:6), 한 사람이 도맡아서 해결하거나 모든 성도의 전체 회의가 아니라 사도들과 장로들의 의논으로 이를 해결했다.[118] 그래서 칼빈은 이러한 사도와 장로의 회의가 하나님께서 정하신 방법이라고 주장했다.[119] 성경은 이렇게 신약 교회의 치리가 제왕적 단일 직분에 의해서가 아니라, 장로들의 회의를 통해 이루어진다고 가르친다. 그 외에 성경에서 디모데가 "장로의 회"(πρεσβυτερίου)에서 안수를 받았다는 구절도 이에 관한 또 하나의 증거이다(딤전 4:14).[120]

성경에 근거하여 교회의 치리 수단을 회의로 이해한 건 장로교회뿐이 아니었다. 고대부터 이미 교회들은 성경을 따라 장로들의 회의로 교회를 다스렸다. 그런데 중세에 이르면서 교황이라는 전제(專制) 직분이 등장했고, 직분이 점차 수직화되면서 결국 장로의 회의는 교회 안에서 사라졌다. 그러나 종교개혁이 성경적 장로의 회의를 회복했고, 이를 바탕으로 세워진 교회가 장로교회이다.

종교개혁자 칼빈은 이에 관해 아래와 같이 진술했다.

통상적이고 관례적인 절차는 교회의 치리권이 장로 회의를 통하여 시행되는 것이었다. … (그런데) 교회 전체에 주어진 권세를 한 사람이 자기의 것으로 만들어서 폭정의 만용으로 나아가는 길을 열었고, 또한 교회에 속한 것을 교회에게 빼앗아 스스로 차지하고 그리스도의 영께서 친히 제정하신 장로 회의를 억누르고 해체시켰으니, 이는 그야말로 지극히 사악한 처사가 아닐 수 없었다.[121]

또 그는 장로의 회의가 교회의 정통 치리 수단임을 다음과 같이 말했다.

제롬은 디도[Titus]에게 보내는 편지에서 다음과 같이 말했다. "감독(Bishop)과 장로(presbyter)는 하나이고 같다. 악마의 유혹으로 종교에 분쟁이 일어나 '나는 바울에게 나는 게바에게 속한 자'(고전 1:12; 3:4)라는 말이 사람들 사이에 나오기 이전에 말이다. 본래 교회들은 장로들의 공통 회의로 다스려졌다."[122]

그러므로 앞 장의 내용까지 정리하면, 초대 교회와 고대 교회는 투표로 하나님께서 부르신 직분을 확인하여 세웠고, 세워진 직분(장로)들은 회의로 교회를 다스렸다. 이렇게 장로들의 회의는 성경과 교회 역사에 나타난 교회 치리의 수단이다.

회의는 성령의 뜻을 확인하는 경건한 도구

사도행전의 예루살렘 회의에는 세 사도의 발언, 곧 '베드로'(행 15:7-11), '바울과 바나바'(행 15:12), 야고보의 발언(행 15:13-20)이 나타난다.

베드로는 '고넬료 사건'(행 10:23-43)에 근거하여, 또 바울과 바나바는 수많은 이방인에게 복음을 전했던 경험을 토대로 할례를 받지 않은 이방인에게도 성령께서 임하신다는 점을 지적했다. 그리고 야고보는 그들의 경험이 선지자의 글(암 9:11-12)과 같음을 지적하고, 최종적으로 이방인의 무할례가 옳다고 결론지었다. 이러한 발언과 결론을 고려하면, 이 회의는 사도들의 경험과 성경적 지식을 토대로 진행된 인간적인 회의로만 보인다. 그런데 이 회의의 결론을 각 교회에 보내는 편지에 주목해야 한다. 편지에는 다음과 같은 흥미로운 표현이 나타난다.

> …성령과 우리는 이 요긴한 것들 외에는 아무 짐도 너희에게 지우지 아니하는 것
> 이 옳은 줄 알았노니 우상의 제물과 피와 목매어 죽인 것과 음행을 멀리할지니라
> 이에 스스로 삼가면 잘되리라 평안함을 원하노라 하였더라 (행 15:28-29)

그들은 편지에서 회의의 결론을 '사도와 장로'들뿐 아니라 '성령'께서도 함께 내리셨다고 말한다. 즉, 에루살렘 회의는 언뜻 사람의 지식과 경험만을 의존한 듯 보였으나, 실상은 성령의 인도하심으로 하나님의 뜻을 확인하는 도구였다. 그래서 장로교회는 이에 근거하여 장로의 회의를 단순히 인간적으로만 여기지 않고, 성령의 인도하심을 통해 왕이신 그리스도의 뜻을 확인하는 교회 치리의 도구로 이해한다.[123]

이런 점에서 장로교회의 회의는 단순한 사무나 행정이 아니다. 이는 성령의 뜻을 확인하는 거룩하고 신성한 회의이다. 그래서 장로교회의 선배들은 장로의 회의로 결정된 사안이 성경의 진리에 부합할 때, 신적 권위(Jus Divinum)를 지닌 하나님의 뜻으로 여겼다.[124]

회의의 종류: '치리회'와 '교회 회의'

이번에는 장로교회 회의의 종류들을 살펴보도록 하자. 전통적으로 장로교회는 치리회(곧 교회를 다스리는 회의)에 해당하는 세 가지 회의를 운영한다. 첫째는 개교회의 치리회, 곧 "당회"(The Session)이다. 둘째는 지역교회의 치리회인 "노회"(The Presbytery)이다. 셋째는 국가 내 모든 지역교회의 치리회인 "총회"(The General Assembly)이다. 물론, 이 치리회는 앞서 본 성경이 가르치는 장로의 회의로 다스리는 직분인 목사와 장로만이 여기에 참여한다.[125]

한편, 오늘날 장로교회에는 치리회 외에 통상적인 교회 회의도 운영한다. 그것은 "제직회"(Officers Meetings)와 "공동의회"(Congregational Meetings)이다. 일단 이러한 두 가지 회의는 교회의 치리회가 아니라는 점을 유념해야 한다. 그래서 치리 직분인 목사와 장로 외의 인원도 참여한다. 제직회는 말 그대로 '직분을 맡은 모든 인원이 참석하는 회의'로서 집사(권사)가 여기에 참여하고, 공동의회는 '모든 성도가 참석하는 회의'로서 세례를 받은 성도는 모두가 참여한다.

그렇다면 장로교회가 치리회 외에 이런 교회 회의를 운영하는 이유는 무엇일까? 쉽게 말하면, 이 회의들은 당회원 장로들 외에 다른 성도들의 의견도 물어봐야 할 안건을 다루기 위함이다.

예를 들어, 삼위일체 교리가 논란이 됐다고 생각해 보자. 그러면 이 문제는 반드시 치리회에서만 다루어져야 한다. 왜냐하면 성도들은 성경의 지식이 부족할 뿐 아니라, 옳고 그름에 민감하지 못하기 때문이다. 모든 성도의 회의에서 이 문제를 다루면 자칫 이단적인 결정을 초래할 수도 있다.

반면, '건축을 위해 큰돈을 지출할 것인가?', '소풍을 어디로 갈 것인가?'와 같은 안건은 꼭 치리회에서만 다루어질 필요가 없다. 이런 안건은 당회원 뿐 아니라 다른 성도의 견해까지 함께 수렴할 때 더 나은 결과를 얻을 수도 있다. 그 외에 직분 선거도 모든 성도의 투표를 위해 치리회가 아닌 공동의회로 모인다. 이처럼 교회 회의는 치리회 안에서만 결정할 수 없거나 치리회 외에 성도들의 의견도 반영해야 할 때 모이는 교회의 넓은 회의이다.[126]

회의에서의 여러 갈등과 해결책

현대 장로교회에서는 회의가 잘 이루어지고 있을까? 물론 능숙하게 회의를 잘하는 교회도 있겠지만, 그렇지 않은 경우도 허다하다. 이따금 교계 뉴스로 들리는 총회나 노회의 불미스러운 사건들, 심한 사례는 과격한 물리적 충돌까지 이어지기도 한다.[127] 또한 현재 한국 장로교회의 교단 분열은 이미 이해가 가능한 한계치를 훨씬 넘어섰다. 교단의 대다수 분열이 서로 생각하는 신학의 다름이 아니라, 총회나 노회에서의 여러 갈등으로 인한 경우가 부지기수(不知其數)이다.[128] 교회 이름은 "대한예수교장로회"이면서도 정작 "장로회"(장로 회의)는 잘 진행되지 않는다. 그러면 오늘날 장로교회의 회의에서 발생하는 여러 갈등을 극복하고 참된 회의를 회복할 방안은 무엇일까?

(1) 성경적 이해로 경건한 태도 회복하기

먼저는 장로 회의에 대한 경건한 태도의 회복이다. 앞서 다루었듯이, 회의에 참석하는 장로들은 치리회(당회, 노회, 총회)가 교회를 다스리도록 그리스도께서 친히 제정하신 도구이며, 그분의 뜻을 확인하는 시간임을 분명히 인식해야 한다. 그래서 설령 세상 회의에서는 거친 언어, 합리성, 금전적 유익만을 우선시했다고 하더라도, 교회의 회의에서는 부드러운 언어와 성경 중심의 사고방식으로 회의에 임해야 한다. 교회 회의를 예배 시간과 비등하게 여기는 경건한 태도가 필요하다.

오늘날 한국교회가 당회, 노회, 총회 전에 진행하는 경건회나 성찬식은 경건한 태도를 유지하는 좋은 방편이기는 하다. 그러나 근본적으로는 참여하는 직분자들이 회의를 성경적으로 잘 이해해야 경건한 회의를 확실하게 진행할 수 있다. 이런 점에서 교회는 회의에 관한 설교와 가르침을 정기적으로 반복하여서 교회의 회의가 경건한 시간이라는 성경적 이해를 전 교인이 굳건히 다질 필요가 있다.

(2) 성경, 교리(신앙고백서), 헌법(교회 질서)을 함께 공부하기

성공적인 회의를 반복하려면 모든 회의자가 같은 방향성을 가져야 한다. 예를 들어, 어느 교회의 회의에 참석한 A는 '참 교회는 교인의 숫자가 많아야 한다.', B는 '참 교회는 참 교회의 표지(설교, 성례, 권징)가 올바로 시행되어야 한다.'라고 생각한다고 가정해 보자.[129] 그러면 A와 B는 참 교회의 기준이 완전히 서로 달라서 교회에 대한 안건을 다룰 때 충돌을 피할 수 없게 된다. A는 회의에서 설교와 성례, 권징을 약화하더라도, 어떻게든 사람을 많이 끌어오는 견해만을 펼칠 것이다. 반면, B는 사람만 끌어 모으려는 A를 불편하게 여기고, 교회의 표지를 반드시 지켜야 한다고 주장할 것이다. 이렇게 회의자들이 교회에 대한 방향성이 서로 다르면 회의는 수월하게 진행되지 못하고 좋은 결론을 얻기도 힘들다.

그러기 때문에 교회의 장로들은 정기적으로 성경, 교리, 헌법을 함께 공부하여 신학적으로 교회에 대한 같은 방향성을 갖도록 하는 작업이 반드시 필요하다. 성경, 교리, 헌법을 중심으로 신론, 기독론, 구원론, 성령론, 구원론, 교회론, 종말론이 일치할 때, 회의에서 여러 안건을 다루어도 대화가 잘 통하게 되고, 또 성경적이며 장로교 신학에 맞는 좋은 결론을 얻을 수 있다. 또 성경, 교리, 헌법을 함께 공부하여 얻는 또 하나의 유익은 개인의 역량에 따라 모든 내용을 다 기억하지 못해도, 최소한 표준 문서의 권위를 확실히 각인시킬 수 있다는 점이다.

예를 들어, 회의에서 누군가 "그 주장은 웨스트민스터 신앙고백서와 일치하지 않아요!" 혹은 "헌법에는 이렇게 하라고 나와 있어요!"라고 발언했을 때, 이 문서들을 읽거나 공부해 본 장로는 최소한 이에 대한 권위를 이해하고 수긍할 수 있게 된다. 실제로 오늘날 신앙고백서나 헌법 조항을 근거로 내세워도 그 권위를 가볍게 무시해버리는 경우가 허다한데, 이는 이에 대한 무지와 관련이 크다. 모든 회의자가 이런 표준 문서들의 권위를 제대로 인식하지 못한다면, 그 회의는 뚜렷한 기준도 없이 자기주장만 난무하게 되고, 시간이 흘러 결국은 가장 영향력이 큰 회의자의 말이 기준이 되는 제왕적 회의로 전락하기 쉽다.

(3) 시간이 걸리더라도 인내하기

장로교회의 회의를 통한 치리 방식은 아주 비-효율적으로 보인다. 때로는 간단한 안건조차 회의로 처리하다 보면, 시간이 지연되기 때문이다. 장로교 신학자 루카스$^{S. M. Lucas}$는 미국의 침례교회 성도가 장로교회로 옮겼을 때 가장 불가사의하게 여기는 것 가운데 하나가 매번 회의로 답답하게 진행하는 장로교회의 질서라고 말하기도 했다.[130] 특히 빠른 행정 처리에 익숙한 현대인에게는 답답함을 더 크게 느끼기 쉽다.

그러나 회의를 거치는 방식이 답답하더라도 장로교회에 있어서 회의란 그리스도께서 친히 제정하신 치리 도구이다. 따라서 모든 성도는 회의에 대해 인내하는 태도가 필요하다. 이는 회의로 결정되길 기다리는 성도들뿐 아니라, 회의에서 논의하는 장로들도 마찬가지이다. 한국교회는 세계 어느 교회보다 열심히 기도하기로 유명한데, 이런 열심의 태도를 교회의 회의에서도 똑같이 가져야 한다.

교회의 회의는 하나님의 뜻을 확인하는 시간이므로 기도만큼 거룩하고 경건한 시간이다. 따라서 성도가 매일 같이 시간을 내어 하나님께 기도하듯이, 교회 회의로 매번 모이는 시간을 아까워해선 안 되고, 또 회의에서 의논할 때도 마치 기도로 하나님과 대화하는 듯이 경건하고 온화하게 임해야 한다.

(4) 자주 회의하며 연습하기

한국 장로교회에서 회의가 잘 이루어지지 않는 또 하나의 이유는 애초에 회의하는 습관과 교육이 미흡하기 때문이다. 한국의 공교육은 어릴 적부터 토론보다 주입식 교육에 집중한다. 그래서 단순 암기나 문제 풀이는 능숙해도, 특정 주제로 타인과 주고받는 대화에는 미숙한 편이다. 그러다 보니 정작 회의를 열면, 어떤 이들은 아무 말도 하지 않고, 어떤 이들은 동문서답을 한다. 또 어떤 이들은 자기 의견을 반대할 때 감정적으로 듣고 화를 내기도 한다. 이로 인해 한국 장로교회는 자주 당회로 모이기를 포기하고, 형식상으로 가끔만 모이는 경우가 허다하다. 실제로 한국 장로교회의 여러『헌법』은 당회로 모이는 주기를 "1년에 1회 이상"이라고 규정한다.[131]

그런데 생각해 보라. 개교회를 다스리는데 1년에 한 번만 모이는 회의로 가능할까? 사실상 이는 당회가 제대로 운영되지 못하고, 형식적으로 모이는 교회를 위한 배려의 규정이나 다름이 없다.[132]

역사적으로 개혁교회와 장로교회는 당회로 아주 빈번하게 모였다. 대표적인 예로 1619년『도르트 교회 질서』(Church Order of Dort)는 다음과 같이 규정한다.

> 모든 회중(congregation)에게는 말씀 사역자들과 장로들로 구성된 당회(consistory)가 있어야 하고, 적어도 일주일에 한 번은 말씀의 사역자가 (두 명 이상 있는 경우) 교대로 주재하며, 회의를 관장해야 한다. (37)[133]

물론 17세기 규정을 오늘날에도 그대로 적용하라는 뜻은 아니다. 다만, 개혁교회의 선배들이 얼마나 자주 당회로 모여 교회를 회의로 다스리려고 힘썼는지를 잘 생각해 봐야 한다. 또 이러한 17세기 교회 질서를 현대에 맞춰 개정한『캐나다 개혁교회들의 교회 질서』(The Church Order of the Canadian Reformed Churches)는 38조 "당회"(consistory)에서 다음과 같이 규정한다.

> 모든 교회에는 말씀의 사역자들과 장로들로 구성된 당회(consistory)가 원칙적으로 있어야 하며, 적어도 한 달에 한 번 이상은 모여야 한다. 원칙적으로 말씀의 사역자가 주재한다. 교회에 둘 이상의 목사가 섬기는 경우는 교대로 주재한다.[134]

캐나다 개혁교회는 다소 완화된 "적어도 한 달에 한 번 이상"으로 규정한다. 아마 현대인의 분주한 일상을 고려하여 매주 모이는 규정을 완화한 것으로 보인다. 그런데 여기에 '적어도'라는 표현에 주목하자. 이 의미는 그냥 한 달에 한 번만 모이라는 게 아니다. 본래는 더 자주 모여야 하지만 여건이 마땅치 않으면 최소한 한 달에 한 번 모이라는 뜻이다.[135]

상식적으로도 장로교회와 개혁교회는 장로의 회의로 교회를 다스리므로 회의를 자주 하는 건 너무나 당연하다. 그러므로 캐나다 개혁교회의 교회 질서를 토대로 볼 때, 한국 장로교회의 회의 갈등에 일차적 해결책은 일단 자주 회의하는 것이다. 물론 회의를 많이 한다고 해서 꼭 능숙해지는 건 아니다. 오히려 더 어색해지거나 관계가 더 악화될 가능성도 있다. 하지만 꼭 회의가 아니더라도 장로들이 함께 모여 신학책을 읽거나 성경 혹은 교리 공부를 하는 것도 하나의 대안이다. 이렇게 함께 공부하면 자연스럽게 서로의 생각이나 견해를 말하면서 회의와 유사한 분위기가 조성된다. 또 장로들뿐 아니라 젊은 성도들이 교회 안에서 서로 회의하는 습관을 기르도록 하는 것도 중요하다. 왜냐하면 그들도 공동의회나 제직회와 같은 교회 회의에 참여할 뿐 아니라, 훗날 장로의 직분으로 부름을 받아 당회원으로 시무할 수도 있기 때문이다.

젊은 성도들이 교회의 각 부서에서 봉사할 때, 부서의 안건을 항상 회의로 결정하는 습관의 형성도 하나의 대안이다. 교회 안에 회의가 자주 열려서 그 회의를 통해 자신의 주장을 온화한 말투로 잘 표현하고, 또 자신과 다른 견해를 넓은 마음으로 들을 줄 아는 성도로 모두가 세워져야 한다. 장로교회는 원리상 회의로 다스리는 교회이기에 당연히 장로교회 성도는 좋은 회의자가 되어야 한다.

가정을 회의로 다스리기

오늘날 가정을 어떻게 다스리는 게 성경적일까? 장로교회 질서에 근거하면, 당연히 "회의"를 통한 치리이다. 그렇다고 어린 자녀까지 모두 회의에서 매번 참석하도록 하여서 매번 같이 견해를 반영하도록 하라는 건 아니다. 이런 방법은 장로교회보다 회중교회(Cogregational Church) 방식에 가깝다. 앞서 보았듯이, 장로교회는 '모든 회중의 회의'가 아니라, '장로의 회의'로 교회를 다스린다. 따라서 장로교다운 방식은 부모의 회의를 중심으로 가정을 다스리는 것이다. 간혹 어떤 이는 남편이 아내와 상의도 없이 일방적으로 가정의 모든 안건을 결정하는 게 성경적이라고 생각하곤 한다. 그러나 이는 오히려 교황의 단독 통치를 구사하는 로마 가톨릭의 질서에 가깝다.

장로교회에서 회의가 하나님의 뜻을 확인하는 도구로서 경건이라는 점은 가정에서 부부간의 회의도 마찬가지로 이해될 수 있다. 남편과 아내는 하나님께 기도하듯이 부드러운 말투와 온화한 감정을 담아서 서로 대화하며 회의하기를 힘써야 한다. 때로는 가정의 장로들인 부모들끼리만 결정할 사안도 있지만, 자녀들에게 물어볼 사안도 분명 존재한다.

'휴가 때 여행을 어디로 갈 것인가?', '주말에 어디서 외식을 할 것인가?', 이런 건 자녀의 의견도 물어볼 필요가 있다. 그러면 남편과 아내로 구성된 당회는 온 가족이 모이는 공동의회를 열어서 온 가족이 함께 모여 회의를 할 수도 있다. 이때도 회의는 성경적 수단임을 고려하여 서로 화를 내거나 함부로 짜증을 내어선 안 된다. 장로교회 성도에게 회의는 거룩한 수단임을 가슴에 새기고, 경건한 회의로 가정을 다스리기 위해 노력해야 한다.

모든 영역에서 '좋은 회의자'로 살아가기

훌륭한 장로교 성도는 예배, 기도, 찬송, 성경 묵상도 잘해야 하지만, 회의도 잘해야 한다. 장로교 질서상 좋은 성도는 좋은 회의자이다. 성도는 세상의 여러 영역에서 성경을 읽고 기도하며 찬송을 부르듯이, 회의도 잘하는 삶을 추구해야 한다. 일터에서 동료와 함께 회의하게 되었을 때 무심코 참여하기보다 좋은 회의자가 되어야 한다는 사명감을 품도록 하자.

오늘날 좋은 회의가 부재한 한국 장로교회의 정황 속에서 회의를 잘하려는 성도의 노력은 정말 중요하다. 장로교회는 회의로 교회를 다스리기 때문에, 한 명의 특출한 직분자의 등장으로 교회를 회복하는 게 가장 좋은 답안은 아니다. 특출한 직분자를 세움도 중요하지만, 결국 참된 해답은 모든 성도가 좋은 회의자로 거듭나는 것이다. 당회를 시작으로 노회와 총회가 회복되고, 또 제직회와 공동의회가 참되게 회복되는 것, 이게 원리적인 장로교회의 참된 회복이다.

복습과 적용을 위해 생각해 보기

1) 역사적 장로교회는 왜 장로의 회의로 다스리는가?

2) 한국 장로교회가 회의를 하지만, 여러 갈등이 일어나고, 이로 인해 회의를 아예 안 하는 교회도 상당히 많다. 이에 대한 해결책은 무엇일까? (본 장에 제시된 내용 외에도 자유롭게 생각해 보라.)

3) 장로교회는 성경에 근거하여 '당회'(장로의 회의)를 중심으로 다스리지만, 미국의 교파 중에는 온 회중의 회의와 다수결로 다스리는 회중 교회(Congregation Church)도 있다. 그런데 회중교회는 언뜻 훨씬 더 민주적인 듯하지만, 엄청난 문제점이 있다. 그 문제점은 무엇일까?

3부

직분의 특성

Characteristic of Officer-Bearer

"교회는 다른 누구도 아닌 그리스도께서 기뻐하시고 임명하신 사역자와 청지기에 의해 반드시 통치되어야 한다. 그리고 오직 그분이 만드신 법에 따라서만 통치되어야 한다. 그러므로 지상에서 교회 위에 군림하거나 혹은 권위 자체에 도전할 만한 권세는 이 땅 위에 없다. 누구든지 그분의 말씀 안에 드러난 그리스도의 뜻과 규례에 따르지 않고, 그들이 원하는 대로 자신의 의지와 규율에 따라서 그리스도의 일들이 시행되어야 한다고 하면, 이 외에 다른 무엇이 그리스도를 그분의 보좌에 끌어내리려는 끔찍한 신성모독인가?"[136]

- 웨스트민스터 총회의 별이라고 불리는 조지 길레스피(George Gillespie, 1613-1648) -

직분의 동등성
Equality of Office-Bearer

베드로가 최초의 교황?

로마 가톨릭이 주장하는 교황(Pope)직의 근거는 무엇일까? 그들은 교황을 '베드로의 후계자'로 이해한다. 예수님은 베드로에게 "너는 베드로라 내가 이 반석 위에 내 교회를 세우리니"(마 16:18)라고 말씀하셨는데, 그들은 이 구절을 왜곡하여 베드로에게 교회를 단독적으로 맡긴다는 뜻으로 해석한 것이다. 그들은 일부 성구에서 베드로의 이름이 먼저 거명된다는 이유로 그를 '모든 사도 가운데 우두머리'(Princeps and caput Apostolorum)라고 해석했다.[137]

그들은 최초의 교황(교회의 왕)이 베드로이고, 그의 후계자가 교황직을 지금까지 계승한다고 주장한다. 그러나 이런 가톨릭의 해석은 조금만 생각해도 오류임을 쉽게 알 수 있다. 설령 예수님이 베드로에게 교회를 단독으로 맡기셨다고 쳐도, 베드로의 권한을 후대에 계승하라고 말씀하신 적이 없다.[138] 예수님은 이 반석 위에 "내 교회"를 세운다고 하셨지, "베드로의 교회"를 세운다고 말씀하시지 않았다. 베드로가 다른 제자보다 더 높은 수제자로서 최초의 교황이라는 가톨릭의 주장은 말 그대로 억지가 분명하다.[139]

예수님은 제자들의 "동등성"을 말씀하셨다

예수님께서는 천국에서 누가 큰가를 다투는 제자들을 꾸짖으셨다(마 18:1-3; 눅 9:46-48). 또 "너희 선생은 하나요 너희는 다 형제"(마 23:8)라고 말씀하셨다. 주님은 베드로를 수제자로 삼으셨거나 제자들 사이에 어떤 서열을 암시하신 적이 없다.[140] 오히려 제자들 간의 형제로서 동등한 관계를 말씀하셨다.

훗날 교회가 세워진 뒤에 바울이 베드로를 대면하여 책망한 사건도 이 관계를 잘 나타낸다(갈 2:11).[141] 바울은 사도 중에 가장 늦게 부름을 받았다(고전 15:7-9). 그런데도 바울은 (가톨릭이 초대 교황이라 주장하는) 베드로의 외식 행위를 지적하기를 금치 않았다(갈 2:11-14). 이처럼 신약의 어떤 본문을 보아도 열두 제자의 관계는 전혀 수직적이지 않으며 오히려 수평적이고 동등한 장면만이 나올 뿐이다.

교회 질서가 말하는 '직분의 동등성'

역사적 장로교회와 개혁교회의 질서들은 하나같이 직분의 동등성을 언급한다. 『캐나다 개혁교회들의 교회 질서』는 제25조 "유지되어야 하는 동등성"(Equality to be Maintained)에서 "집사들과 장로들 사이에서 동등성은 그 직무들과 관련하여 유지되어야 하며, 가능한 그 밖의 사항에서도 마찬가지이다. 당회는 이를 판단해야 한다."라고 진술한다.[142]

『호주자유개혁교회의 질서』도 80항에 "교회는 어떤 방식으로든지 다른 교회를 주관하지 않아야 하고, 직분자도 다른 직분자를 주관하지 않아야 한다."라고 분명하게 규정한다.[143] 이외에 『도르트 교회 질서』나 장로교회의 『제2치리서』도 모두 마찬가지이다.[144] 역사적 장로교회들은 이렇게 직분의 성경적 관계를 동등함으로 이해했다.

예수님이 유일한 왕이시기 때문에 직분은 동등하다

직분의 동등성은 '예수님이 유일한 왕이시며 모든 권위의 원천'이라는 이 원리를 실현하는 중요한 토대이기도 하다. 예수님만이 유일한 "선생"이며 "지도자"이시므로 그의 제자들은 당연히 "형제"로서 동등해야 한다(마 23:8-10).

이를 구체적인 사례로 한번 생각해 보자. 가령 어느 장로교회에서 당회가 열렸는데, "예배당에 마리아 동상을 놓을 것인가?"에 대한 논의가 이루어졌다. 물론 장로교 신학에 근거할 때 이는 결단코 허용할 수 없는 일이다. 그래서 목사는 장로들에게 아무런 설명도 없이 "무조건 안 됩니다."라고 말한 뒤, 그 안건을 결론지었다. 그러면 과연 이 회의는 올바로 이루어졌다고 볼 수 있을까?

물론 결론 자체는 올바르지만, 정작 회의는 동등한 관계로 이루어지지 않았다. 왜냐하면 다른 장로들이 전혀 이해하지 못했는데, 한 사람에 의해 일방적으로 회의의 결론이 맺어졌기 때문이다. 장로들은 마리아 동상을 놓는 게 주님의 뜻인지 아닌지를 알지도 못한 채 회의가 끝나버렸다. 이렇게 되면 이 회의는 사실상 주님의 뜻을 확인한 회의가 아니라 힘 있는 목사의 뜻을 결정한 회의가 되어버린다.

반면, 같은 안건을 논의하는 또 다른 당회가 직분의 동등성을 유지하며 회의를 진행했다고 가정해 보자. 그러면 이 당회에서 결론이 맺어지기 위해서는 모두를 이해시키려는 시도가 이루어지고 이는 결국 주의 뜻임을 이해시키는 시도가 된다. 이처럼 직분의 동등성이 유지될 때, 회의는 모든 직분이 (가령 교황과 같은) 힘 있는 한 명의 직분 안에서 하나가 되지 않고, 오직 왕이신 그리스도 안에서만 하나가 된다는 점을 분명하게 드러낼 수 있다.

한국교회의 직분 계급화

한국 장로교회에서 직분의 계급적 이해는 이미 보편화된 상황이다. 성도들 사이에는 직분을 받을 때, "승진"했다는 말을 주고받는 경우가 흔하다. 무엇보다 '서리집사 → 안수집사 → 장로'의 계단식 직제는 이러한 계급화를 잘 반영한다. 이를테면, 성도가 집사직을 거치지 않고 곧바로 장로직을 맡거나 장로직을 끝마치고 집사직을 맡는 사례가 전혀 없다. 반드시 앞서 말한 직제의 계단을 순서대로 올라가야 장로직이라는 최종 단계에 도달한다. 사실상 '이등병 → 일병 → 상병 → 병장'과 유사한 계급적 형식을 띠어버린 것이다. 지금 이런 한국교회의 현실에서 직분의 동등성은 매우 낯설고 이질적인 개념이 되어버리고 말았다.

(1) 목사직의 계급화

직분의 계급화 현상은 목사직 사이에서도 나타난다. 현대 장로교회에는 담임 목사(Senior Pasotor)와 부목사(Assistant Pastor)를 나누지만, 본래는 어디까지나 직무상 행정적 구분에 해당하며 계급적인 의미는 아니었다.[145] 담임목사와 부목사는 기본적으로 둘 다 목사의 직무를 감당하지만, 전자는 개교회를 전담하는 담임의 직무, 후자는 담임을 돕고 지원하는 보조의 직무를 수행한다.[146] 그런데 한국의 부목사는 지교회에서 주일 공 예배 인도, 성례의 집례, 당회의 참석 등 목사로서의 기본적인 직무도 수행하지 못한다. 즉 목사직 사이에서 직분의 동등성을 전혀 구현하지 못하는 게 한국교회의 실정이다.[147]

(2) 목사와 장로 간의 어설픈 계급화

한국교회의 직분 계급화는 장로와 목사의 관계까지 애매하게 만들어 버렸다. 왜냐하면 직분의 계급화 현상이 성도들과 교역자들 사이에 각기 이중적으로 형성되었기 때문이다. 앞서 말했듯이, 성도들은 '서리집사 → 안수집사 → 장로'. 사역자는 '전도사 → (강도사) → 부목사 → 담임목사'라는 직분의 계단을 오른다. (좋은 현상은 아니지만) 직분의 계급화로 '성도들 사이에서 관계'와 '교역자들 사이에서 관계'만큼은 그나마 선명하다.

반면, 성도와 교역자 사이의 관계가 아주 애매하다. 특히 각 계단의 정상에 선 장로와 담임목사의 관계는 더더욱 그렇다. 아마 독자 중에도 교회에서 여러 봉사를 맡아봤다면 이런 경험이 있으리라 생각한다. 어떤 안건을 허락받을 때, 담임목사는 허락했으나 장로가 허락하지 않거나, 혹은 그 반대인 경우이다. 이렇게 되어버리면 어떤 일을 처리하기가 아주 난감해진다.

흔한 사례로 담임목사의 허락을 받아 안건을 추진하다가 장로가 자기에게 허락받지 않았다고 질타하는 예도 종종 나타난다. 그런데 이런 모든 상황의 근본 원인은 한국 장로교회의 직제가 어설프게 계급화되어서 애매해진 장로와 목사의 관계와 관련이 크다.

연로하고 경험 많은 직분에 대한 존경

자칫 직분의 동등성은 모든 직분자가 마치 친구와 같은 관계가 되어야만 한다는 뜻으로 오해하기 쉽다. 그러나 직분의 동등성이란 직분의 직무에서 동등함을 의미하며 관계 자체를 완전히 수평화한다는 뜻은 아니다. 나이와 경험이 많은 직분자에 대해서는 마땅히 지켜야 할 예의, 명예, 존경심을 표하는 건 지극히 당연하다.

장로교회의 『제2치리서』도 직분의 명예와 존경을 다음과 같이 지켜주라고 규정한다.

> 하지만 교회의 직무를 맡은 자들이 나이, 질병, 혹은 다른 사고들로 인하여 그들의 직무를 이행하기에 부적합하게 되었다는 이유로 그들을 물러나게 해선 안 된다. 이런 때에도 그들의 명예는 남아야 하고, 교회는 그들을 유지해야 하며, 다른 회중이 그들의 직무를 수행하도록 해야 한다(7.17).[148]

『도르트 교회 질서』도 이를 아래와 같이 명시한다.

어떤 교역자(ministers)가 나이, 질병, 또는 다른 이유로 사역을 수행할 수 없게 되었
어도, 그들은 사역의 명예와 칭호를 유지하여야 하며, 그들이 섬긴 교회(교역자의
미망인이나 고아도 마찬가지로)의 도움을 받아야 한다.[149]

후자는 교역자만을 규정하지만, 이는 의미상 모든 직분자가 마땅히 가져야
할 명예와 존경심을 지켜줘야 한다는 점을 암시한다. 현역으로 시무하는 어떤
직분이라 할지라도, 성도들은 그들의 섬김을 명예롭게 인정해주어야 한다. 또
같은 직분자 사이에서도 나이가 있거나 경험이 많은 직분자에 대해서는 배려하
며 존중하려는 태도를 보여야 한다.

직분의 동등성을 위한 제도적 대안들

지금 한국교회의 굳어진 직제를 개혁하는 건, 현실적으로 무리하게 보일지도
모른다. 그러나 장로교회의 미래를 위해 제도적 개혁은 당장 실패하더라도 지
속적인 시도는 이루어져야 한다. 이런 점에서 지금 장로교회의 직제를 허물고
직분의 동등성을 회복할 수 있는 직제는 다음과 같다. 물론 여기서 제시할 내용
은 필자의 고안물이 아니라, 역사적 장로교회와 개혁교회가 채택했던 제도이
다.

(1) 직분의 임기제

앞서 언급했지만, 직분의 임기제는 동등성을 회복하기 위한 좋은 대안이다. 만일 집사직과 장로직의 임기제가 도입되면, 직분을 계단식으로 승진하는 이해는 확실히 사라지게 된다. '성도 → 서리집사 → 안수집사 → 장로'의 일방적 직분 변화가 사라지고, "장로 → 집사" 혹은 "성도 → 장로"와 같이 유연한 변화가 등장하게 된다. 직분의 임기제는 직분의 계급화 현상을 완화하는 적절한 대안 중 하나이고, 역사적 교회들이 많이 시행했던 제도였다.[150]

(2) 동사목사(Co-pastor) 제도

동사목사란 한국 실정에 맞게 표현하면, 한 마디로 '공동 담임목사'이다. 본래 역사적 개혁교회에서 목사가 둘 이상 섬길 때는 언제나 동사(同事)로 있을 뿐이었다. 모두 공동의회의 투표를 거쳐 청빙하고, 공 예배나 당회장 등을 교대로 맡으며 직분의 동등성을 유지하도록 했다. 그래서 개혁교회 세 일치 신조 중 하나인 벨직 신앙고백서는 다음과 같이 고백한다.

> 말씀의 사역자들은 이들이 어느 곳에 있든지 모두 동등한 권세와 권위를 가지고 있다. 왜냐하면 이들은 모두 교회의 유일한 머리요 보편적인 유일한 감독이신 예수 그리스도의 사역자들이기 때문이다(31)[151]

그 외에 프랑스 신앙고백서(French Confession of Faith, 1559)와 제2 헬베틱 신앙고백서도 아래와 같이 고백한다.

우리는 모든 참된 목사들이 어디에 있든지 같은 권위와 동등한 권세를 가지고 있는데 이는 이들 모두 하나의 머리이시며 유일한 왕이시고, 우주적인 감독이신 예수 그리스도 아래에 있기 때문이다. 따라서 그 결과 어떤 교회도 다른 교회에 대해 어떤 권위를 주장하거나 혹은 군림할 수 없다(30).[152]

교회의 교역자들에게 주어진 권세와 기능은 모두 같다. 초창기에도 감독들 혹은 장로들도 동동한 일치와 섬김으로 교회를 다스렸다. 누구도 자기를 다른 이보다 높이거나, 누구도 동료 감독들보다 위에서 더 큰 권위 혹은 권세를 행사하지 않았다. 왜냐하면 이들은 '너희 중에 크고자 하는 자는 섬기는 자가 되어야 하리라'(눅 22:26)라는 주의 말씀을 기억했기 때문이다. 그들은 겸손으로 그들 자신을 지켰으며, 교회를 다스리고 보존하는 일에 서로를 도왔다(18).[153]

현재 한국 장로교회의 상황에서 불가능하게 보일지 모르지만, 한국교회 역사의 먼 미래를 내다보고, 직분의 동등성을 위해 동사목사를 더 연구하고 시도하는 도전은 필요하다. 물론 지금도 시도는 이어지지만, 실패하는 경우가 허다하다. 그러나 실패했다고 완전히 포기하기보다 이 제도가 더 성경적이고 신앙의 선조들이 시행했던 제도임을 기억하며, 도전의 끈을 놓치지 말아야 한다.

직분의 동등성을 위한 현실적 대안들

앞선 제도적 대안은 이미 말한 바와 같이 현실적으로 적용하기에 어려운 요소가 많다. 이번에는 제도적 변화가 아니라, 더 현실적이고 근원적인 대안을 생각해 보도록 하자. 설령 제도적 변화는 미래 세대에게 맡기더라도 지금 현세대부터 시행할 수 있는 현실적인 대안들을 말이다.

(1) 직분에 대한 지속적인 설교와 교육

오늘날 교회에서는 흔히 '제직 헌신 예배', '장로 헌신 예배' 등으로 직분과 관련된 설교를 듣곤 한다. 물론 직분에 관한 말씀이 선포되는 건 좋은 일이다. 그러나 단순히 '직분들은 열심히 교회를 섬깁시다.'라는 식의 메시지가 전해진다면, 근본적으로 직분의 회복을 일으키기에는 역부족이다. 도리어 이런 시간을 활용하여 장로교회의 질서나 직분의 직무와 특성을 분명하게 가르칠 필요가 있다.

장로교회는 성경에 근거한 질서를 가졌기 때문에, 성경 본문으로 얼마든지 장로교 질서에 관한 설교가 가능하다. 아울러 설교 시간이 아니라도 정기적인 '제직 세미나', 혹은 '직분자 교육'을 시행하는 것도 좋은 대안이다. 결국 직분이 회복되려면 무엇이 올바른가를 분별할 지식이 쌓여야 하고, 교회 안에서 이를 위한 가르침과 교육이 지속해서 이루어져야 한다.[154]

(2) 왕이신 그리스도를 인식하기: '내 생각'이 아닌 '주의 뜻'

직분의 동등성을 회복하는 가장 근본적인 대안은 그리스도께서 유일한 왕이심을 인식하고 그분의 뜻대로 행하려는 자세이다. 언뜻 당연하게 보이지만, 이는 상당히 중요한 대안이다.

예를 들어, 어느 교회의 장로가 성도의 신앙생활을 심방으로 지도한다고 가정해 보자.[155] 이때 장로가 성도에게 꾸준한 성경 묵상과 기도 생활을 권면했다. 그런데 만일 그가 자기 경험과 생각만으로 이를 권면했다면 성도는 어떻게 느끼겠는가? 물론 권면 자체는 정당하지만, 자칫 성도는 상급자가 하급자에게 지시하는 듯한 인상을 받기 쉽다.

반면, 장로가 성경 말씀과 신앙고백서에 근거하여 권면하면 성도는 그 권면이 장로의 뜻이 아닌 그리스도의 뜻임을 깨닫고 순종하게 된다. 왕이신 그리스도의 뜻을 전할 때, 장로는 직분의 권위를 나타내면서도 성도와의 동등성을 유지한다.

교회 안에서 모든 사역은 왕이신 그리스도를 민감하게 인식하고 그분의 뜻만을 전하며 행하고자 할 때 직분의 동등성은 자연히 실현된다. 그래서 직분자에게는 '내가 성도를 섬기고 가르친다'라는 인식보다 '내가 왕이신 그리스도의 뜻대로 성도를 섬기고 그분의 뜻을 가르친다.'라는 분명한 그리스도 중심의 인식이 필요하다.

직분의 동등성을 가정에 적용하기

부부 사이에 남편이 높은가? 아내가 높은가? 젠더(Gender) 갈등이 큰 이슈(issue)인 오늘날에는 민감한 질문일지도 모른다. 그런데 사실 장로교회의 직분의 동등성을 토대로 보면, 가정에서 부부의 동등성을 말하는 건 틀린 말은 아니다. 주님께서 친히 너희는 다 형제라고 말씀하셨기 때문에 부부는 주 안에서 서로 동등하다. 이런 점에서 부부 관계가 계급화되어서 부부가 '맹목적인 순종'의 관계로 형성되는 건 성경적이지 못하다.

한편 교회에서 모든 성도는 동등하지만, 권위의 원천이신 그리스도께서 직분자에게 권위를 위임하셔서 그들로 교회를 다스리신다. 성도와 동등한 직분자는 자기 권위로 교회를 다스리는 게 아니라 종(Servant)으로서 주의 다스림을 교회 안에 실현한다. 그래서 성도는 그리스도의 뜻대로 교회를 다스리는 직분자에게 순종해야 한다. 물론 엄밀하게 그 순종은 직분자에 대한 순종이라기보다, 그를 통해 교회를 다스리시는 그리스도에 대한 순종이다.

직분자와 성도의 관계는 동등하면서도 다스림과 순종이 발생하고, 이를 통해 모두는 왕이신 주님을 섬긴다. '동등', '순종', '다스림', 이 세 가지 개념이 모두 공존하는 게 장로교회의 질서이다. 이에 따라 장로교회의 성도 부부는 서로 동등하면서도 순종과 다스림이 발생한다.

현대 그리스도인들은 "아내들이여 남편에게 순종하라"를 듣기만 해도, 거부 반응을 일으킨다. 그런데 이는 계급적 순종이 아닌 동등함이 전제된 순종이다. 아내와 남편은 근본적으로 모두 왕이신 그리스도의 종으로서 동등하다. 그리고 왕이신 그리스도의 뜻대로 남편은 아내를 다스리면서 섬기고, 아내는 그리스도의 뜻대로 남편에게 순종하며 섬긴다. 그래서 부부간의 순종과 다스림은 맹목적이지 않고, 언제나 왕이신 그리스도의 뜻에 합당한가를 설명하고 확인하는 작업이 선행되어야 한다. 또 이를 위해 남편과 아내는 앞서 다루었듯이 항상 대화하며 회의를 해야만 한다.

그러므로 장로교회의 질서상 직분의 동등성은 성경적이면서도 상호 동등과 순종, 다스림이 조화를 이루며 건강하고 균형적인 가정을 세우는 데도 효과적이다.

복습과 적용을 위해 생각해 보기

1) 직분의 동등성이란 무엇인지와 또 어느 성구에 근거하는지를 간단히 설명해 보시오.

2) 오늘날 한국 장로교회는 직분이 계급화된 경향이 크다. 독자가 생각하는 해결책은 무엇일까? 배운 내용을 응용하여 말해 보시오.

3) 직분이 동등하다고 해서, 모든 직분의 관계가 완전히 친구와 같이 되어야만 할까? 실제로, 직분의 계급화에 대한 반감으로 다른 직분에 무례하게 대하는 사례가 종종 있다. 이에 대한 해결책이 무엇인지를 설명해 보시오.

직분의 복수성
Plurality of Office-Bearer

사도들은 교회의 직분을 복수(Plural)로 세웠다

직분의 복수성은 말 그대로 교회의 직분자가 복수로 있다는 말이다. 아마도 어떤 이들은 "당연한 소리를 왜 하냐?"라고 반문할지도 모르겠다. 하지만 직분자가 여럿이 있다는 건, 명백히 성경에 근거한 직분의 특성이다. 이에 대한 근거 구절을 살펴보면 아래와 같다.

형제들아 너희 가운데서 성령과 지혜가 충만하여 칭찬받는 사람 일곱을 택하라 우리가 이 일을 그들에게 맡기고 (행 6:3)

사도들은 이때 집사(Deacon)라는 직분을 신약 교회에 최초로 세웠는데, 한 사람씩 차근차근 세우지 않았다. 오히려 그들은 일곱 명을 동시에 택하여 세웠다.[156] 그 외에도 사도들은 장로를 세울 때, 각 교회에서 장로들을 항상 복수로 투표하여 세웠다(행 14:23). 이렇게 성경은 신약의 교회가 직분자를 복수로 세워서, 교회를 집단으로 함께 협력하며 다스리고 세우도록 가르친다.[157]

장로교회의 질서는 '복수 정치 체계'이다

로마 가톨릭도 여러 직분을 세우지만, 그들의 직제는 수직적이다. 이에 따라, 그들의 정치는 집단적이지 않고, 단일 운영 및 통치 체계이다. 말하자면, 그들은 전제군주제와 같은 피라미드 구조를 띤다. 마치 북한의 김정은이 독단적으로 국가의 전반을 통솔하듯이 말이다. 이런 점에서 로마 가톨릭은 직분의 복수성이 온전히 실현되었다고 보기 힘들다.

반면, 장로교회는 앞서 다룬 동등성과 복수성이 동반되어 복수적 운영 및 통치 체계를 구성한다. 그래서 교회 내의 모든 일이 제왕적 직분에 의한 단독이 아니라, 당회나 제직회, 공동의회 같은 여러 사람의 회의를 거쳐서 이루어진다. 역사적 장로교회는 성경에 근거하여 이렇게 복수적 운영 및 통치 체계를 구성했다는 점에서 직분의 복수성을 가장 잘 실현한다고 볼 수 있다.[158]

직분의 복수성이 주는 유익

(1) 연약성을 극복한다

직분의 복수성이 주는 유익은 무엇일까? 첫째로 직분의 복수성은 인간의 연약성을 극복하게 한다.[159] 신자는 성령으로 중생해도 여전히 그 안에 연약한 본성이 내재한다. 그래서 모든 직분은 왕이신 주께서 맡기신 일을 완벽하게 수행하지 못한다. 직분의 섬김은 왕이신 그리스도의 섬김을 나타내야 하는데, 때때로 범하는 실수와 잘못은 주의 영광을 가리기가 쉽다.

그러나 직분의 복수성은 이런 연약성을 조금이나마 극복하도록 돕는다. 한 명의 직분자가 실수하더라도 다른 이가 그것을 보완할 수 있기 때문이다. 직분의 복수성은 이렇게 여러 직분자의 상호 협력과 보완으로 교회를 향한 주님의 섬김을 잘 실현하도록 실질적인 유익을 준다.

(2) 무거운 짐을 나눈다

둘째로, 직분의 복수성은 서로 무거운 짐을 나누도록 한다. 장로교회의 복수 정치 체계는 어떤 결정 사항에 대한 책임을 특정 직분자가 단독으로 부담하지 않는다. 원리상 당회를 거쳐서 장로들과의 상의로 결정하기 때문에, 이에 대한 책임과 부담을 당회원들이 함께 짊어진다.

어느 교회의 당회가 "다음 주 무슨 요일에 어디로 나들이를 갑시다."라고 결의

했다고 가정해 보자. 그러면 이를 결정하기까지 장소나 비용, 시간 등 여러 요소가 당회에서 함께 논의되어서 결과적으로 당회원 다수의 동의를 얻어 결정되었을 것이다. 그러면 이 결정은 여러 직분의 결정이며, 이에 따라 책임도 여러 직분이 함께 져야 한다. 이처럼 직분의 복수성은 책임과 부담을 함께 나누는 유익을 준다.

(3) 겸손과 인내, 신중함을 기른다

직분의 복수성이 주는 셋째 유익은 겸손과 인내, 신중함을 더한다는 점이다. 앞서 말했지만, 장로교회의 복수 정치 체계는 항상 회의를 거쳐야 하는 번거로움이 있다.

비슷한 예로, 한 성도가 "우리 교회에서 다음 주에 나들이를 가는 건 어떨까요?"라고 건의했다. 그러면 단일 정치 체계에서는 단일 직분자가 그 자리에서 곧바로 답변을 줄 수 있다.

반면, 장로교회의 복수 통치 체계에서는 당회가 열리기까지 기다려야 하고, 또 당회에서 논의될 때 당회원들을 설득해야 하는 과정까지 거쳐야 한다.[160] 그런데 이런 과정을 거치는 게 꼭 단점만은 아니다. 회의가 열리기까지 기다려야 하고, 또 회의를 거치면서 어떤 안건이든 신중하게 결정하기 때문이다. 또 직분자는 다른 직분자와의 회의에서 그들의 견해도 존중해야 하므로 당연히 겸손한 태도까지 요구된다. 이처럼, 직분의 복수성은 성경적일 뿐 아니라, 잘 실현될 때 교회 안에 여러 유익을 끼친다.

"목사는 만능이 되어야 한다?"

흔히 한국교회에는 종종 이런 말이 돈다. "목사는 모든 일을 다 잘해야 한다." 물론 모든 걸 다 잘하는 게 나쁘다는 건 아니다. 하지만 이 말에는 잘못된 전제가 놓여 있다. 무엇이냐면, "목사가 모든 걸 다 해야 한다."라는 전제이다. 쉽게 말해, 중소형 교회의 목사는 건물 관리부터 행정, 사무, 심방, 교육 등 교회의 모든 업무까지 다 하는 경우가 허다하다. 그런데 목사가 이렇게 모든 일을 감당하면, 결국 모든 일에 대한 책임도 단독으로 져야 한다. 이로 인해, 목사들이 극심한 심리적 부담과 스트레스를 받게 되고, 급기야 탈진 현상으로 고통을 겪기도 한다.[161]

그러면 과연 목사가 이렇게 교회의 업무를 다 감당하는 게 성경적일까? 이런 현상이 일어나는 이유는 직분의 복수성이 제대로 실행되지 않았기 때문이다. 실제로 한국의 중소형 교회에는 여건이 아무리 어려워도 교회 내에 직분자가 아예 없는 건 아니다. 분명 집사직과 장로직을 맡은 직분자들이 존재한다. 그런데도 목회자에게 업무가 과도하게 부담되는 이유는 복수적으로 존재하는 직분자들에게 직무에 맞는 책임이 분산되지 않기 때문이다. 물론 교회 내 직분자들의 무책임한 태도로 책임이 목회자에게 몰릴 수 있겠지만, 실상은 이보다 목회자 중심의 교회 운영에 익숙한 한국교회의 분위기와 관련이 크다. 목회자가 직접 일을 처리하지 않아도, 모든 사소한 사안까지 직접 검토하고 결정하는 풍토가 이런 결과를 일으키는 것이다. 교회 안의 모든 일을 목회자가 일일이 신경을 쓰면 심리적으로 아주 큰 부담은 필연적이다.

왕이신 주님의 교회를 함께 세워가기

교회의 여러 일 중에는 성경적 진리와 무관한 중립적인 일도 존재한다. 예를 들어, '주보 디자인', '교회 차량의 종류', '건물 관리' 등이다. 만일 '주님께서 기뻐하시는 차량의 종류가 있다'라고 생각하는 성도는 없을 것이다. 이런 문제들은 얼마든지 인간적인 편의에 맞춰서 구매하면 된다. 또 '건물 관리'와 같은 지속적인 일도 교회 내의 일부 성도들이나 집사들을 중심으로 부서나 위원회를 구성하여 그들을 통해 책임 있게 운영하는 것도 좋은 방법이다.

모든 일에 대한 책임을 단일 직분자(특히 목회자)가 과도하게 부담하는 것은 장로교회의 원리에 합당하지 않다. 원리적으로 장로교회는 직분자가 복수로 동등하게 있는 만큼, 주께서 원하시는 교회를 모든 성도가 함께 세워가야 한다. 때로는 무거운 짐을 함께 나누고 서로가 각자 맡은 바에 소임을 다하면서 말이다.[162]

직분의 복수성을 가정에 적용하기

장로교회의 직분의 복수성은 가정에서도 그대로 적용된다. 하나님께서는 가정의 부모로 '한 사람'이 아니라 남편과 아내로 '두 사람'을 세우셨다. 즉 가정에서도 부모는 단일이 아니라 복수적 운영과 통치를 해야 한다. 이를 통해 부모는 앞서 본 '직분의 복수성이 주는 세 가지 유익'을 가정에서도 그대로 얻을 수 있다.

(1) 서로 의지하며 연약함을 극복한다

첫째로 부부는 서로를 통해 자신의 연약성을 보완하고 극복한다. 알다시피, 왕이신 그리스도 외에 모든 사람은 불완전하다. 이에 따라 하나님께서는 남편에게 아내를, 또 아내에게는 남편을 주셨고, 서로 한 몸을 이루며 돕는 삶을 살도록 하셨다(창 2:24). 남편과 아내는 자신의 연약성을 솔직하게 인정하고, 서로를 의지하며 가정을 세워가야 한다.

(2) 서로 무거운 짐을 나눈다

장로교회의 직분자들이 복수성에 따라 무거운 짐을 나누듯이, 부부도 짐을 서로 내려놓고 의지해야 한다. 장로교회의 질서가 성경적인 만큼, 직분의 복수성을 통해 서로 짐을 나누는 것도 성경적임을 기억하라. 부부가 서로를 의지하지 않고 어려운 문제와 부담을 혼자 짊어지고 해결하려는 태도는 좋지 않다. 도리어 어려운 일에 대해 서로에게 솔직하게 고백하고, 함께 책임과 부담을 나누어서 문제를 해결하려는 태도가 필요하다. 아울러 자녀들에게도 힘든 일이 없는지를 물어보고 그들의 짐도 함께 나눌 수 있어야 한다.

(3) 겸손하고 인내하는 사람으로 다듬어진다

부부는 가정을 통해 겸손하고 인내하는 사람으로 다듬어진다. 왜냐하면 단독이 아닌 복수로 가정을 세워야 하기 때문이다. 무슨 일이든지 서로 대화하고 설득하며 양보하는 작업이 병행되어야 한다. 혼자 살면 이런 번거로운 작업을 거칠 필요가 없다. 혼자서는 하고 싶은 모든 걸 혼자 결정해서 다 해버리면 그만이다. 오늘날 젊은 세대들이 결혼을 피하는 이유도 이와 관련이 있음을 부정할 수 없다. 그러나 복수 인원으로 가정을 세워가는 부부는 이런 번거로움이 있더라도, 이런 과정에서 겸손과 인내를 갖춘 사람으로 다듬어져 간다. 이런 점에서 직분의 복수성은 가정에서도 분명한 유익을 끼친다.

복습과 적용을 위해 생각해 보기

1) 직분의 복수성에 대한 성경적 근거는 무엇인가?

2) 오늘날 한국교회에는 (심지어 외국 장로교회보다) 직분자가 훨씬 많음에도, 목회자의 탈진 현상이 더 자주 일어난다. 그 이유는 무엇이며, 또 해결책은 무엇인가?

직분의 고유성
Particularity of Office-bearer

그리스도께서는 각 직분에 고유한 직무를 맡기셨다

직분의 고유성은 각 직분에게 맡겨진 고유한 직무가 있음을 뜻한다. 쉽게 말해, 장로에게는 그리스도께서 장로에게만 맡기신 직무가 있고, 집사에게도 마찬가지이다. 그래서 장로교회의 질서상 각 직분에게는 합당한 직무가 있고, 다른 직분이 함부로 간섭하거나 지배하지 못한다. 더욱이 이 특성은 '그리스도께서 유일한 왕'이라는 장로교 질서의 원리로 비춰볼 때도 자연스러운 결과물이다.

만일 장로가 집사의 직무를 빼앗아 자기가 대신한다고 가정해 보자. 집사가 해야 할 일을 장로가 다해버리는 경우를 말이다. 그러면 인간적으로 집사는 일거리가 없으니 편하다고 느끼겠지만, 본래 직분의 직무는 사람이 아니라 왕이신 그리스도께서 친히 맡기신 일이다. 사람이 임의로 직분의 직무를 바꾸거나 조정하면 그리스도의 뜻을 멸시하는 행위가 되어버린다. 이렇게 직분의 고유성은 결국 모든 직분이 왕이신 그리스도의 종(servant)임을 고려할 때, 필연적인 특성이다.

직분의 고유성에 관한 성경의 근거

직분의 고유성은 역시 신약 성경에 근거한다. 앞서 말했듯이, 장로교회의 질서는 모두 성경에 토대를 둔다. 직분의 고유성에 관한 근거 구절은 아래와 같다.

> 그가 어떤 사람은 사도로, 어떤 사람은 선지자로, 어떤 사람은 복음 전하는 자로, 어떤 사람은 목사와 교사로 삼으셨으니 이는 성도를 온전하게 하여 봉사의 일을 하게 하며 그리스도의 몸을 세우려 하심이라. … 그에게서 온 몸이 각 마디를 통하여 도움을 받음으로 연결되고 결합되어 각 지체의 분량대로 역사하여 그 몸을 자라게 하며 사랑 안에서 스스로 세우느니라 (엡 4:11-12, 16)

바울은 지금 교회를 "그리스도의 몸"(τοῦ σώματος τοῦ Χριστοῦ)에 비유하고, 각 지체가 "분량대로 역사"(ἐνέργειαν ἐν μέτρῳ)를 한다고 말한다. 칼빈은 이에 근거하여 각 지체의 고유한 기능으로 상호 협력하여 교회를 세워야 한다고 가르친다.[163] 또 보스Geerhardus Vos는 이와 더불어 예수님께서 친히 열두 제자의 특정한 이름을

지명하셨다는 점도 지적하며(눅 6:13), 이것이 직분의 고유성을 뜻한다고 주장한다.[164]

그 외에 여러 학자도 비록 이 구절이 정확히 어떤 직분을 지칭하는가에는 이견이 있지만, 주께서 고유한 은사를 각 성도에게 주신다는 의미라는 점에서는 대부분 일치한다.[165] 또 직분의 고유성은 성경에서 사도들이 집사의 직분을 최초로 세우는 사건에서도 잘 나타난다. 이에 관한 구절은 아래와 같다.

> 그 때에 제자가 더 많아졌는데 헬라파 유대인들이 자기의 과부들이 매일의 구제에 빠지므로 히브리파 사람을 원망하니 열두 사도가 모든 제자를 불러 이르되 우리가 하나님의 말씀을 제쳐 놓고 접대를 일삼는 것이 마땅하지 아니하니 형제들아 너희 가운데서 성령과 지혜가 충만하여 칭찬받는 사람 일곱을 택하라 우리가 이 일을 그들에게 맡기고 우리는 오로지 기도하는 일과 말씀 사역에 힘쓰리라 하니 (행 6:1-4)

사도들은 예배나 기도 생활을 잘하는 성도에게 상(prize)처럼 주려고 집사직을 만들지 않았다. 집사직은 사도들이 "기도하는 일과 말씀 사역"이라는 고유 직무에 집중하려고 구제라는 고유 직무를 맡기기 위해 만든 직분이다.[166] 그러므로 신약에서 직분은 이렇게 그에게 맡겨진 고유한 직무에 정체성을 둔다. 맡겨진 고유한 직무가 있으므로 직분의 직책과 호칭도 주어진다. 성경은 이러한 직분의 고유성을 분명하게 가르친다.

직분의 고유성은 동등성과 짝을 이룬다

직분의 고유성은 앞서 본 동등성과 불가분의 관계이다. 즉 직분의 동등성이 없으면 고유성도 없고, 그 역도 마찬가지이다. 그래서 교회 질서를 연구하는 학자들은 흔히 직분의 고유성을 동등성과 함께 언급하곤 한다.[167] 왜 양자가 짝을 이루는지는 예를 들어 생각해 보자.

어느 한 사무실에서 '철수, 영희'라는 두 친구가 함께 청소하기로 했다. 그래서 철수는 "빗자루", 영희는 "책상 정리"로 각각 직무를 나누었다. 이때 두 사람의 동등성이 잘 유지되려면 어떻게 청소해야 할까? 철수가 영희에게 "책상 정리는 그렇게 하는 게 아니야. 무조건 내가 시키는 대로 닦아!"라고 말하며 다른 직무에 자꾸 간섭하고 통제한다고 가정해 보자. 한두 번도 아니고 일년 내내 말이다. 그러면 영희는 매번 청소할 때마다 자신에게 맡겨진 고유 직무인 책상 정리를 주도적으로 행하지 못할 것이다. 그리고 시간이 흐를수록 그는 철수의 지시에만 의존하며 수동적으로 청소할 확률이 높다. 급기야 철수는 통제가 익숙해질 때, 영희의 직무를 박탈할 우려도 있다. 가령 철수가 영희의 책상 정리의 직무를 빼앗거나, 혹은 다른 사람에게 맡기는 식으로 말이다. 이렇게 되면 사실상 철수와 영희는 동등이 아니라 상급자와 하급자의 관계, 곧 상하관계나 다름없다. 직무의 고유성이 깨지면 결과적으로 동등성까지 함께 무너진다.

역사적 교회법이 가르치는 직분의 고유성

역사적 장로교회와 개혁교회의 질서들은 직분의 동등성과 함께 고유성을 암시했다. 앞서 말했듯이 양자는 불가분의 관계이기 때문에, 함께 언급되는 건 너무 당연하다. 이를 강조한 문서로 네덜란드 개혁교회가 작성한 『엠덴 교회법』(1572)은 아래와 같이 규정한다.

어느 교회도 다른 교회들 위에, 어떤 말씀의 봉사자나, 어떤 장로나 어떤 집사도 다른 직분자 위에 지배권을 행사해선 안 된다. 지배하려는 모든 불신과 미혹 대신 동등함이 주어져야 한다.[168]

여기서 언급된 지배권이 곧 직무의 고유성에 대한 침범을 함의한다. 이렇게 직분의 고유성은 동등성과 짝을 이룬다.

그 외에도 『제2치리서』에서 직분의 직무를 언급할 때, "그들의 기능에 따라"(according to their functions)라는 문구,[169] 또 최근까지 개혁교회들의 질서들도 "직분자는 다른 직분자들을 주관하지 않아야 한다."라는 규정들도 모두 직분의 고유성을 함의한다.[170] 이처럼 역사적 장로교회와 개혁교회들은 성경에 근거하여 직분의 동등성과 고유성을 보편적으로 수용해 왔다.

직무 없이는 직분도 없다

장로교회의 질서상 왕은 오직 그리스도뿐이다. 그리스도만이 교회의 유일한 주인이시고, 교회는 오직 그분의 뜻대로만 세워져야 한다. 이에 따라 장로교회의 직분들은 말씀에 근거하여 그리스도께서 맡기신 직무를 이행하며 교회를 세우는 종들이고, 이를 위해 그리스도로부터 권위를 부여받는다. 직분의 권위는 그리스도께서 맡기신 직무를 감당하기 위함이고, 직무 없이는 권위도 없다. 또 권위 없이는 당연히 직분도 없다.

칼빈은 이를 다음과 같이 잘 말한다.

그들(목사들)은 교회를 교회 위에 한가로운 한량(sinecure)이 아니라, 그리스도의 교리로 백성에게 참된 경건을 가르치고 성스러운 비밀을 베풀며 올바른 권징을 지키고 행하기 위해 세움을 받았다. 교회에 파수꾼(watchmen)으로 임명된 모든 사람에게 주님은 선언하셨다. 만일 그들의 태만으로 인하여 무지(ignorance)로 멸망한다면, 그는 "그들의 손에 피를 요구하리라"(겔 3:17-18)라고 하셨다. 또 "내가 복음을 전하지 아니하면 내게 화가 있을 것이요"(고전 9:16-17)라고 그 자신에게 말한 것도 모두에게 적용된다.[171]

또 1647년 런던에 있는 여러 목사에 의해 기록됐다고 알려진 장로교회 질서에 관한 해설서, 『교회 정치의 신적 권위』(Jus Divinum Regiminis Ecclesiastici)에는 다음과 같은 내용이 나타난다.

말씀 전하는 일은 목회직의 한 부분으로, 실제로 가장 중요한 직무다. 그런데 자신의 주요한 직무를 소홀히 한 자에게 두 배의 존경을 표하는 것이 합당키나 한 일인가? 절대로 그렇지 않다. 이런 자는 교회 안에서 그러한 직분의 명칭을 받을 자격이 없다. 성도들을 목양하지 않는데 왜 목사라고 부르는가? 아니면, 성도들을 가르치지 않는데 왜 교사라고 하는가?[172]

물론, 위 인용의 저자들이 목회에 꾸준히 힘을 쏟다가 기력이 빠져서 더는 다스리거나 가르칠 수 없게 된 목사들의 경우, 이전에 교회를 섬긴 일에 대해 두 배의 존경을 받을 만하다고 말했다.[173] 또 앞서 인용한 바와 같이 『제2치리서』나 『도르트 교회 질서』는 기타의 사고나 노령, 질병으로 부득이하게 직무를 이행하지 못하는 직분자의 명예를 유지하도록 규정한다.[174] 그러나 이런 특이한 경우를 제외하고, 통상에서는 직무가 없이 직분의 권위만이 존재하는 건 본래 허용되지 않는다. 만일 직무 없는 직분이 발생하게 되면 그 직분에는 자칫 명예와 권위만이 남고, 이렇게 되면 직분은 계급화 될 우려가 농후하다.

직분의 고유성은 동등성과 불가분의 관계이기에 직무가 사라져 고유성이 상실되면 자연히 동등성도 깨진다. 독재 국가들을 떠올려 보라. 이런 국가에서는 통치자가 백성을 위해서가 아니라, 도리어 백성들이 통치자를 위해 존재한다. 백성의 안위를 돌보는 직무를 위해 통치자의 권위가 존재하지 않고, 이 직무가 없이도 명예와 권위가 여전히 남는다. 이렇게 되면 통치자는 백성들보다 완전히 계급적인 존재, 말 그대로 "전제군주"(Tyrant)가 된다.

따라서 그리스도만이 교회의 유일한 왕이시고, 모든 직분이 그의 종이라는 점이 유지되기 위해서는 고유한 직무를 통해 그 직분의 정체성이 선명하게 나타나야 한다.

'지배'가 아닌 '친절한 훈계와 조언'이 필요하다

직분의 고유성을 자칫 오해하면 방관에 치우치기 쉽다. 예를 들어, 신임 직분자가 자기 직무에 너무 힘들어하거나, 혹은 큰 잘못을 범했는데도 고유성을 핑계로 그냥 내버리는 경우이다. 그러나 언제나 교회 질서는 근본적으로 왕이신 그리스도의 뜻대로 교회를 세우는 데에 목적을 둔다는 걸 기억해야 한다.[175] 직분의 고유성은 다른 직분의 직무를 함부로 지배하거나 간섭하는 일을 절대적으로 배격하지만, 직분이 그리스도의 뜻에 합당한 직무 이행자가 되도록 돕는 친절한 훈계와 조언과 관심은 오히려 적극적으로 권고한다.

애초에 직분의 고유성이 갖는 의미를 잘 생각해 보라. 어떤 직분자의 직무 수행에 심각한 결점이 있는데도 그를 내버려 둔다면, 그것을 직분의 고유성이라고 말할 수 있을까? 오히려 결점을 알려주고 교정하여 올바르게 직무를 수행하도록 돕는 게 직분의 고유성의 참된 실현이 아니겠는가? 이런 점 때문에 개혁교회의 질서들은 직분의 상호 조언과 친절한 훈계를 명시한다.

대표적으로『도르트 교회 질서』는 이를 아래와 같이 규정한다.

> 말씀의 교역자들, 장로들, 집사들은 그들 가운데 기독교적 견책(censure)을 실행하고, 그들의 직무 실행에 관련된 일들을 친절한 방법으로(friendly way) 서로 충고해야 한다(admonish).[176]

그 외에 칼빈도 교회 재산과 헌금을 관장하는 집사직의 고유한 직무 이행을 말하지만, 완전히 독자적인 이행은 옳지 못하며 이에 대해서는 정기적인 감독이 필요하다고 지적한다.[177] 성경에서도 예수님의 열두 제자 중 가룟 유다가 물질의 유혹으로 타락의 늪에 빠지지 않았는가? 이처럼 재정과 관련한 직무는 다른 일보다 죄악에 빠질 위험성이 높다. 이런 점 때문에 교회가 재정에 관한 직무에 관한 관심이나 감독은 고유성을 해치기 위함이 아니라 그 직분의 직무가 건전하게 잘 수행될 수 있도록 돕는 방편이다.

그래서 장로교회의『제2치리서』도 재정과 관련된 집사직의 감독에 대해 아래와 같이 말한다.

> 집사의 직무와 권한은 자신들에게 맡겨진 모든 교회 재산을 거둬들이고 분배하는 것이다. 그들은 장로회(당회)의 판단과 지시에 따라 이 일을 행함으로써, 교회와 가난한 사람들의 재산이 사사로운 용도로 전환되거나 잘못 분배되는 일이 없도록 해야 한다.[178]

그러므로 각 직분의 직무들은 그리스도께서 친히 맡기신 일들인 만큼, 그들이 주께 받은 은사에 따라 고유하게 감당할 의무와 권리가 있다. 그러나 이러한 직분의 고유성은 결단코 독단적이며 이기적인 직무 이행으로 치우쳐선 안 된다. 오히려 주위를 돌아보고 다른 직분에 관심을 가지며 그들에게 조언이나 도움이 필요하지는 않은가의 여부도 유심히 살펴보아야 한다.[179] 결국 직분의 목적은 각 지체가 한 몸을 이루어 그리스도의 몸 된 교회를 세우는 일임을 잊지 말아야 한다.

직분의 고유성은 그 직무를 발전시킨다

만일 특정 직분이 계속 지배와 간섭을 받으면 점점 수동적이고 위축된 태도가 되기 쉽다. 타인의 지배와 명령을 받는 데에 익숙해져 버리면 능동적으로 직무를 수행하지 못하고 누군가의 지시만을 기다리게 된다. 이렇게 되면 그 직분의 직무는 시간이 흘러도 발전의 가능성이 희박하다.

그러나 직분의 고유성을 잘 유지한 채로 관심과 친절한 훈육, 조언을 통해 주도적이며 능동적인 직무 수행을 권장하면 그 직분은 책임감과 적극적인 태도를 갖추게 된다. 그리고 이를 통해 그가 자기 직분에 사명감을 품고 자기 은사에 맞게 적극적으로 사역에 힘쓰면, 그 직분의 직무는 자연히 발전한다. 이에 대해서는 과거 서구의 역사에서 직분의 고유성을 완전히 파괴해버린 로마 가톨릭과 고유성을 잘 유지했던 개혁교회의 역사가 잘 나타낸다.[180] 만일 오늘날에도 직분이 가톨릭과 같이 점점 계급화되고 고유성이 파괴된다면, 앞으로의 교회에 큰 발전을 기대하기는 힘들다.

가정에서 '부모의 고유성'을 가르치기

오늘날 현대 사회에는 해체주의의 기류가 점점 팽배하여 전통적 가정에 대한 강력한 도전이 몰아치는 중이다. 특히 자녀들이 친구들이나 각종 매체, 학교로부터 이런 영향을 받으면, 부모로서 난감한 상황을 마주하기가 쉽다.

예를 들어, 자녀들이 동성혼 가정, 비혼 가정에 대해 긍정적인 시각을 갖거나, 혹은 결혼 자체를 거부하고 혼자 살겠다고 선언하는 경우이다.[181] 이처럼 이 시대는 가정에 새로운 구성원이나 새로운 관계를 제시하여 가정의 다양한 모델을 제시하는데, 이런 새로운 모델 중 또 한 가지가 기존의 부모와 자녀의 관계를 해체하고, 친구와 같은 부모를 추구하는 프렌디 신드롬(Friendy Syndrom)이다.[182]

만일 자녀들이 이런 생각에 계속 노출되면, 아이들은 부모의 권위와 다스림에 의구심을 품게 된다. 물론 이런 생각에 굳이 노출되지 않아도 자녀들은 이따금 부모의 권위에 대한 도전을 시도한다. 예를 들어, "내가 왜 그 말씀을 들어야 하죠?", "엄마는 나에게 심부름시키는데, 그럼 엄마는 나에게 뭘 해줄 건데요? 엄마도 내 심부름을 해주실 거예요?"라는 식의 언행들로 말이다.

흔히 부모들은 아이들의 이런 언행에 대해 다음과 같이 답한다. "얘들아, 너희들은 내가 먹여주고 키워줬으니까 내 말을 들어야 해." 그러나 부모가 자녀에게 많은 시간과 노력을 투자했으니까 보답으로 순종해야 한다는 이런 식의 답변은 그다지 좋지 못하다. 왜냐하면 이런 답변은 부모와의 관계를 자녀가 계산적으로 인식하게끔 유도하기 때문이다. 이는 세상의 부모들과 다를 바 없는 답변이다. 따라서 부모에게 도전하는 자녀에게 가장 좋은 가르침은 직분의 고유성, 곧 가정에서 부모가 갖는 고유성을 알려주는 것이다.

자녀가 부모에게 순종해야 하는 그 근본적인 이유가 무엇일까? 그것은 하나님께서 자녀를 양육하고 다스리는 직분으로 부모를 가정에 세우셨다는 점이다. 자녀를 다스리고 양육하는 고유한 직무를 하나님께서 부모에게 맡기셨다. 사실 교회에 직분의 고유성이 잘 세워지면, 자연히 가정에서도 부모의 고유성이 잘 세워지게 된다. 이렇게 부모의 권위의 원천이 하나님께 있음을 자녀가 잘 인식하면, 자녀의 신앙에도 도움이 될 뿐만 아니라 부모의 권위를 정당하게 세우는 데도 큰 유익을 준다.

가정에서 '동등성'과 '고유성'을 함께 나타내기

자녀에게 부모가 맹목적인 순종과 권위를 강요하면, 자녀들은 부모에게 반감을 갖거나, 부모를 지나치게 어려운 존재로 여기기가 쉽다. '부모는 자녀보다 높다.'라는 평면적인 관계만을 강요하면 부모와 자녀의 관계가 전제군주와 백성의 관계와 전혀 다를 바가 없게 된다. 지금 현대 사회에서 이런 관계는 오히려 자녀에게 반항심만을 자극할 뿐이다.

더 좋은 대안은 장로교회에서 동등성과 고유성이 동반되듯이, 부모와 자녀의 관계도 평면이 아닌 입체적으로 접근하는 방안이다. 부모와 자녀는 왕이신 그리스도를 함께 섬긴다는 점에서 서로 동등한 관계를 갖는다. 여기서 말하는 동등성은 완전히 친구의 관계가 되라는 의미가 아니다. 자녀와 성경이나 신앙적인 대화를 나눌 때, 부모는 자녀 앞에서 예수님께 함께 순종해야 하는 주의 백성임을 드러내라는 의미이다. 이를테면, "주님께서 말씀에 거짓말하지 말라고 하셨는데, 부모인 나도 거짓말하지 않으려고 더 노력해야겠다. 너희들도 주의 말씀에 더 순종하려고 노력해야 해. 알겠지?"라는 식으로 말이다. 이렇게 말할 경우, 듣는 자녀는 혼자가 아니라 부모와 함께 말씀에 순종한다는 느낌을 얻게 되고, 더욱 자신도 말씀에 순종해야 한다는 당위성을 얻게 된다. 부모와 자녀는 왕이신 주님께 모두 순종해야 한다는 점에서 일차적으로는 동등하다.[183]

한편, 왕이신 주님께서는 부모와 자녀에게 각기 고유한 직무를 맡기셨는데, 부모에게 자녀를 다스리고 양육하는 고유한 직무, 자녀에게는 부모에게 순종하는 직무를 맡기셨다. 둘 다 주님께 순종해야 한다는 점에서 동등성이 나타나지만, 각자 맡겨진 직무가 다르다는 점에서 고유성이 나타난다. 온 가족이 왕이신 주님 앞에 순종할 때, 자연스럽게 자녀는 부모의 권위를 인정하고 순종해야 한다는 논리로 귀결된다. 이처럼 직분의 동등성과 고유성을 가정에 적용하면 부모와 자녀의 관계를 올바르게 세워가는 데 효과적이다.

직무를 중심으로 직업을 이해하기

장로교회에서 직분이 그리스도께서 맡기신 직무를 위해 존재한다는 사실은 세상 직업을 바라보는 시각에도 큰 영향을 미친다. 장로교회의 질서상 모든 직분은 그 직분을 얻었다는 사실 자체로 명예와 존경을 받는 게 아니다. 이들은 그 직분에 맞는 직무를 잘 수행할 때 존경과 인정을 얻는다. "잘 다스리는 장로들은 배나 존경할 자로 알되 말씀과 가르침에 수고하는 이들에게는 더욱 그리할 것이니라"(딤전 5:17)라는 바울의 뉘앙스를 잘 생각해 보라. 그는 단순히 "장로"니까 존경하라고 말하는 게 아니라, "잘 다스리는 장로"와 "말씀과 가르침에 수고하는 이들"이라고 말하며 직무에 근거한 존경을 가르친다.[184] 이처럼 성경적 직분의 이해는 단순한 명예보다 그리스도의 일꾼으로서 맡겨진 직무 이행을 어떻게 하느냐가 훨씬 더 중점이다.

직분을 직무 중심으로 이해하는 장로교회의 관점은 세상 직업을 보는 관점에도 큰 변화를 가져온다. 그냥 사람들이 명예롭게 여긴다고 해서 좋은 직업일까? 아니면 돈을 많이 벌거나 안정적이면 좋은 직업일까? 물론, 돈과 명예도 직업 선택에 무시할 수 없는 요건이기는 하다. 그러나 성경적 직분 이해를 토대로 할 때, 중요한 직업의 조건은 '그 직업이 어떤 직무를 하는가?'이다. 설령 많은 돈과 명예는 얻을 수 없다고 할지라도, 그 직무가 이웃의 안녕과 발전에 중요한 일이라면, 장로교회의 질서상 이런 직업은 충분히 가치가 있고 권장할 만한 직업으로 여겨진다. 반면, 불로소득(不勞所得)을 추구하고 분명한 직무도 없이 놀면서 시간을 보내는 직업은 막대한 수익이 보장돼도 별로 좋게 여기지 않는다. 애초에 장로교회의 참된 신자들 눈에는 좋게 보일 리가 없다. 왜냐하면 성경적 장로교회에는 고유한 직무가 없이 명예와 영광만 있는 직분을 절대 허용하지 않기 때문이다.

복습과 적용을 위해 생각해 보기

1) 직분의 고유성이 무엇인가? 앞서 배운 성구와 연결해서 설명해 보시오.

2) 직분의 고유성은 동등성과 왜 밀접하게 연결되는가? 그 이유를 간단히 설명해 보시오.

3) 오늘날에는 교회 안에도 빚투, 부동산 투기, 혹은 코인(Coin) 등을 통해 노동 없이 오로지 불로소득만 의지하여 생계를 이어가려는 이들이 있다. 그러나 장로교회의 직분에 근거할 때 이는 결코 정당하게 여겨질 수 없다. 왜 그런가? 앞선 '직무가 없이는 직분도 없다.'에 근거하여 설명해 보시오.

직분의 일체성
Unity of Office-Bearer

여성은 목회자가 될 수 없다

세계적으로 현대 교회의 뜨거운 이슈 중 하나는 여성 목사 제도이다. 사실 지금의 세계 교회는 교파를 막론하고 여성 목사를 허용해야 한다는 분위기가 훨씬 더 강하다. 주위에서도 쉽게 느낄 수 있듯이 사회적 분위기가 남녀평등을 상당히 강조하기 때문이다. 이에 따라 교회 안의 신자들 중에서도 남자가 하는 직분을 여자가 못한다는 것에 대해 매우 불합리함을 느끼곤 한다. 지금 세상의 논리와 분위기상으로 볼 때, 여성 목사 제도를 아직도 부인하는 건 이치에 맞지 않게 보인다.

교회는 역사상 계속 오류에 빠져 있었다?

반면, 지금의 분위기가 아니라 교회 역사적 관점으로 여성 목사 제도를 생각해 보면, 정반대의 결과가 나온다. 사실 대부분 현대 신자들이 여성 목사를 쉽게 찬성하는 이유는 교회사의 관점에서 현대 교회를 진지하게 고찰해 본 적이 없기 때문이다.

비록 교회사를 잘 모른다고 해도 단순하게 생각해 보자. 분명 지금의 교회는 사도행전에 기록된 바와 같이 오순절 성령 강림 이후 초대 교회가 세워지고, 복음이 세계로 전파되어 지금까지 이르렀다. 성령께서는 2,000년 역사 동안 지상 교회의 불완전함 속에도 불구하고, 지금까지 진리 가운데 교회를 지키시고 보존하셨다. 이렇게 신자는 교회의 역사를 단순히 기독교라는 종교의 역사로만 이해하지 않고, 하나님께서 친히 인도하시고 주도하신 역사로 이해한다. 주께서 지금도 살아계시고, 만유를 다스리심을 믿는 신자라면, 교회의 역사를 이렇게 바라보는 건 지극히 당연하다. 여성 목사 제도는 동방과 서방을 막론하고 지난 2,000년 교회 역사 중 아주 최근에 등장했다. 즉 20세기 후반부터 제기되었고, 그 이전에는 이단을 제외하고 보편 교회에서 단 한 번도 세운 적이 없었다.[185]

그런데 교회를 지금까지 인도하신 성령께서 거의 2,000년 동안 교회가 여성에게 목사 안수를 주지 않는 오류를 계속 방관하셨다고 보는 게 과연 합리적일까? 물론 중세 로마 가톨릭처럼 인간의 죄악과 우매함으로 오류의 늪에 어느 정도는 머물 수 있을지도 모른다. 그러나 신약 교회의 역사의 9할 이상에 해당하는 2,000년 역사 동안 이런 오류에 계속 빠져 있었고, 성령께서 이 문제를 이렇게 오랫동안 진리로 인도하시지 않았다는 건, 좀처럼 이해하기 힘들다.[186] 교회 역사적 관점에서 볼 때, 여성 목사 제도는 정당하게 보이지 않는다.

창조 기사에 나타난 남녀 관계(창 1-2장)

앞서 현대적 정황이나 교회 역사적인 관점에서 여성 목사 제도를 생각해 보았다. 그러나 결국 이에 관한 핵심 열쇠는 성경의 가르침에 있다. 과연 성경은 여성 목사 제도에 대해 뭐라고 말할까? 여러 구절로 이에 대한 논의를 전개할 수 있지만, 본서는 창세기 1-2장을 중심으로 이를 살펴보고자 한다.

창세기에는 흥미롭게도 사람의 창조가 두 번 언급된다. 먼저는 창세기 1장의 맥락에 '여섯째 날의 창조', 다음으로는 창세기 2장의 맥락에 '에덴동산에서의 창조'이다. 이러한 두 번의 창조가 언뜻 보기에는 별다른 의미가 없는 듯 보이지만, 실상은 하나님께서 남녀를 어떤 관계로 창조하셨는지에 관한 중요한 가르침이 나타난다.[187]

(1) 창세기 1장에서의 창조

창세기 1장에서 사람의 창조를 말하는 구절은 아래와 같다.

하나님이 자기 형상 곧 하나님의 형상대로 사람을 창조하시되 남자와 여자를 창조하시고 하나님이 그들에게 복을 주시며 하나님이 그들에게 이르시되 생육하고 번성하여 땅에 충만하라, 땅을 정복하라, 바다의 물고기와 하늘의 새와 땅에 움직이는 모든 생물을 다스리라 하시니라 (창 1:27-28)

하나님께서는 여기서 사람을 창조하신 뒤, 복을 주시며 생육, 번성, 땅에 충만, 정복과 모든 피조물에 관한 다스림이라는 문화명령을 주셨다. 그런데 이 명령을 하나님께서 남녀 중 누구에게 주시는가를 주목해 보자. 지금 하나님께서는 "사람을 창조하시되 남자와 여자를 창조하시고" 이 둘에게 이 명령을 주셨다. 따라서 1장의 맥락에서 문화명령, 곧 온 세상을 다스리라는 명령은 남녀에게 동등하게 주어졌으며, 여기서는 어떤 차별이 언급되지도 않는다.[188]

(2) 창세기 2장에서의 창조

창세기 2장에서는 남녀의 창조를 따로 언급하기 때문에, 구절이 두 부분으로 나뉜다. 먼저 아담의 창조를 서술하는 구절은 아래와 같다.

여호와 하나님이 땅의 흙으로 사람을 지으시고 생기를 그 코에 불어넣으시니 사람이 생령이 되니라 여호와 하나님이 동방의 에덴에 동산을 창설하시고 그 지으신 사람을 거기 두시니라 (창 2:7-8)

창세기 2장의 맥락에서는 이렇게 하나님께서 아담을 먼저 창조하신 뒤, 에덴동산을 창설하시고 그를 거기에 두셨다. 그다음 하나님께서 그에게 다음과 같은 명령을 주셨다.

여호와 하나님이 그 사람을 이끌어 에덴동산에 두어 그것을 경작하며 지키게 하
시고 여호와 하나님이 그 사람에게 명하여 이르시되 동산 각종 나무의 열매는 네
가 임의로 먹되 선악을 알게 하는 나무의 열매는 먹지 말라 네가 먹는 날에는 반
드시 죽으리라 하시니라 (창 2:15-17)

여기서 하나님께서는 아담에게 에덴동산을 경작하며 지키고, 또 동산 중앙의
선악을 알게 하는 나무의 열매를 먹지 말라고 명령하셨다. 특히 후자의 명령에
대해서는 먹는 날에 반드시 죽는다는 형벌까지 언급하셨다.

종합하면, 1장에서는 온 세상에 대한 명령을 남녀 동등하게 주셨다. 여기에는
어떤 구별도 나타나지 않는다. 반면, 2장에서는 아담에게만 에덴동산이라는 구
별된 장소에서 경작하며 지키라는 명령, 또 동산 중앙이라는 더 구별된 장소의
열매를 금지한다는 명령을 주셨다. 1장에 비해 2장은 남녀의 구별이 더 강조된
다. 또 동산 중앙에 금지된 영역(나무의 열매)이 있다는 점이나, 아담에게 주신 '경
작하다'(abad)와 '지키다'(smr)라는 이 명령은 구약적 문맥에서 하나님이 제사장에
게 주신 명령과도 일치한다.[189] 제사장에게도 하나님께서는 성막을 '섬기다'(abad)
와 '지키다'(smr)라는 명령을 주셨고, 성막 중앙에 있는 지성소의 입장도 정해진
기간과 대상 외에는 금지된다.

이런 점을 토대로 할 때, 에덴동산은 태초의 성소이고, 아담은 태초의 성소를
섬기는(경작하는) 제사장으로 이해할 수 있다.[190] 1장의 명령이 온 세상을 정복하고
다스리는 "문화명령"(Cultural Mandate)이라면, 2장의 명령은 구별된 성소에서 하나

님을 예배하며 섬기라는 "예배적/성례적 명령"(Liturgical/Sacramental Mandate)이다.[191]

하나님께서는 이런 명령을 아담에게만 주신 다음, 이어서 하와를 아래와 같이 창조하셨다.

··· 아담이 돕는 배필이 없으므로 여호와 하나님이 아담을 깊이 잠들게 하시니 잠들매 그가 그 갈빗대 하나를 취하고 살로 대신 채우시고 여호와 하나님이 아담에게서 취하신 그 갈빗대로 여자를 만드시고 그를 아담에게로 이끌어 오시니 아담이 이르되 이는 내 뼈 중의 뼈요 살 중의 살이라 이것을 남자에게서 취하였은즉 여자라 부르리라 하니라 (창 2:20-21)

이렇게 성소에 대한 예배적/성례적 명령은 일차적으로 아담에게 주어지고, 하와는 이런 아담을 돕는 배필로 창조하셨다. 아담은 에덴동산을 경작하며(섬기며) 지키는 고유한 직무를 받았고, 하와는 이런 아담을 돕는 고유한 직무를 받았다. 그러므로 앞선 1장의 문화명령에서는 남녀의 동등성이 나타났지만, 2장의 예배적/성례적 명령에서는 남녀의 고유성이 나타난다.

문화명령과 달리 예배 명령에는 남녀를 구별한다

결국 창조 기사에서 예배적/성례적 명령은 남자에게 주셨으므로, 결국 공적 예배(Public Service)와 성례(Sacrament)를 주관하는 장로직(통상 목사와 장로)은 남자에게만 주는 것이 성경의 가르침이다. 그 외에 신약에서도 바울이 "여자가 가르치는 것과 남자를 주관하는 것을 허락하지 아니하노니"(딤전 2:12)라고 말하며, 남녀의 직분적 구별을 지적한다.[192]

이렇게 성경에 따르면, 여성에게는 예배적 직분이 단독적으로 고유하게 허락되지 않는다. 문화명령에 근거할 때, 여성이 세상의 모든 직업을 가질 수 있어도, 예배와 성례를 주관하는 직분으로 하나님께서는 남성만을 부르신다.

하나님께서도 '돕는 자'(Helper)가 되어주신다

현대 여성에게 남편의 '돕는 자'(창 2:18)가 되라는 말은 불쾌하게 들릴지 모르겠다. 특히 한국적 정황에서는 아내에게 남편을 도우라는 가르침이 유교적 남녀 관계처럼 들리기가 쉽다. 그래서 바울의 "아내들이여 자기 남편에게 복종하기를 주께 하듯 하라"(엡 5:22)라는 말씀도 시대적-문화적 차이로 간주하고 오늘날에는 무시해도 될 말씀처럼 치부해버리곤 한다.

그러나 바울이 남편과 아내의 관계를 '교회와 그리스도'(엡 5:22-33), 혹은 '아담과 하와'(딤전 2:11-15)의 관계에 근거함을 주목하라. 성경에서 바울이 가르친 남녀의 관계는 가변적인 문화와 시대적 관계가 아니라 하나님의 창조 질서에 해당하는 불변의 관계이다.[193]

바울은 또 아내들의 복종을 말하면서도 앞선 절에서 "그리스도를 경외함으로 피차 복종하라"(엡 5:21)라고 말한다. 언뜻 아내가 남편에게 복종하라고 말했다가, 상호 복종을 말하니 모순처럼 보일 수 있지만, 이는 전혀 그렇지 않다. 왜냐하면 바울은 동등성을 전제한 관계에서의 남녀가 서로의 고유한 의무를 다하는 다스

림과 순종을 말하기 때문이다.[194]

남녀는 동등하므로 서로에 대한 의무를 갖는데, 그것이 곧 남편은 아내를 사랑으로 다스리고 아내는 남편에게 순종하는 의무이다. 이렇게 성경은 동등성과 고유성이 동반된 남녀의 관계를 가르치는 것이다.

하나님께서 하와를 '돕는 자'로 창조하신 것도 이런 맥락에서 이해해야 한다. 돕는 자가 된다는 건 남자보다 계급상 아래에 속한다는 의미가 아니라, 남자에 대해 돕는 일을 하는 고유한 직무(의무)를 나타낼 뿐이다. 실제로 성경에서 하와에게 쓰인 '돕는 자'(ezer)라는 단어는 하나님께도 똑같이 사용된다.[195]

대표적인 예로 개혁교회가 예배의 부름에서 사용하는 구절, "우리의 도움은 천지를 지으신 여호와의 이름에 있도다"(시 124:8)가 실은 하나님께서 아내와 같이 신자의 돕는 자가 되신다는 의미이다.[196] 이처럼 하와의 남편을 돕는 직무는 남편에 대한 차별이 아니라, 하나님께서 친히 부여하신 고유한 영적 직무이다.

가정에서 부모가 자녀 양육이라는 고유한 직무를 맡고, 또 생물학적으로 아내가 해산이라는 고유한 직무를 맡으며 남편이 그녀를 지키듯이, 영적으로 아내는 남편에게 순종하고, 남편은 그녀를 사랑으로 다스린다. 이는 고유한 부부 간의 의무일 뿐, 누군가를 더 높이거나 낮추는 개념이 아니다.[197]

'여왕'은 있었으나, '여성 목사'는 없었다

문화명령은 동등하지만, 예배의 직분만큼은 남자만을 부르신다는 이해는 영국의 역사가 가장 잘 보여준다. 영국은 영국 국교회로 종교개혁을 이룬 뒤에, 유럽 최초로 정통 왕위 계승자에 여왕이 세워졌다.[198] 그러나 종교개혁 이후 개신교회가 세워지자, 메리 1세, 엘리자베스 1세, 메리 2세, 빅토리아 1세 등 영국 역사에서 여왕은 빈번하게 등장했다. 이처럼 성경적 가르침을 회복한 종교개혁은 여성의 인권을 탄압하기보다 보호하고 신장했다.[199] 왜냐하면 문화명령에 있어서 남녀를 동등하게 가르치기 때문이다. 반면, 영국에는 종교개혁부터 20세기 후반까지 여왕은 세워져도, 여성 목사나 주교를 세우지 않았다.[200] 이는 성경을 토대로 예배적 직분에 있어서 분명한 남녀의 질서를 지켰음을 잘 보여준다.

동등성, 고유성에 연이은 '일체성'

창세기의 내용을 계속 생각해보자. 창세기 2장은 이렇게 끝이 아니다. 하나님께서는 하와를 돕는 자로 창조하신 뒤, 본 장의 마지막에 다음과 같은 말씀이 주어진다. 이는 남녀 관계의 중요한 특성을 나타낸다.

이러므로 남자가 부모를 떠나 그의 아내와 합하여 둘이 한 몸을 이룰지로다

(창 2:24)

남녀의 관계에 있어서 1장에 '동등성'이 언급되었다면, 2장의 전반부에는 '고유성', 곧 아담에게 먼저 동산을 섬기도록 하시고, 하와를 돕는 자로 창조하셨다. 여기까지는 현대인의 시각에서 남녀 차별로 보이기 십상이다. 그러나 2장의 후반부에서 아담과 하와가 서로 한 몸을 이루는 일체성은 남녀 차별의 이해를 완전히 불식시킨다. 에덴동산에서 아담과 하와에게 주어진 명령 자체는 서

로 다르지만, 둘은 서로 한 몸을 이루기에 이 명령은 결과적으로 다르지 않다.[201]

직분은 남자와 여자가 일체로 받는다

역사적 교회가 직분의 남녀 구별을 차별로 이해하지 않은 또 하나의 이유는 남녀의 일체성 때문이다. 앞서 보았듯이, 남녀가 혼인으로 한 몸을 이룬다는 이해는 분명한 성경의 가르침이다. 메튜 헨리[Matthew Henry]는 하와가 아담의 머리나 발이 아닌 갈빗대로 만들어진 이유가 동반자(company)와 파트너(partner)로서 그의 팔로 감싸서 보호를 받고, 그의 심장을 통해 사랑을 받기 위함이라고 말하기도 했다.[202]

이처럼 성경은 남녀를 일체, 곧 연합의 관계로 가르친다. 그래서 교회의 직분이 혼인을 전제하는 이유도 이와 관련이 크다. 직분은 엄밀하게 '남자'가 혼자 받아서 그 직무를 감당하는 게 아니다. 직분은 혼인한 남성이 아내와 한 몸으로 주께서 맡기신 직무를 감당한다. 바울도 장로와 집사의 자격에 모두 "한 아내의 남편"(딤전 3:2, 12)이라는 조건을 포함했다. 그래서 역사적 장로교회도 이 말씀에 근거하여 오직 기혼 남성에게만 직분을 허락했다.[203]

그러므로 성경적 직분은 남편이 머리가 되고, 아내가 돕는 자로서 부부가 일체가 되어 주께서 맡기신 직무를 감당한다. 하나님께서 아담에게 "사람이 혼자 사는 것이 좋지 아니하니"(창 2:18)라고 말씀하셨듯이, 영적 생활은 혼자보다 가정을 이루어 영위하는 게 더 온전하다.[204] 현대 교회가 세속 직업과 같이 직분조차도 개인화시키는 경향이 있으나, 성경은 그렇게 말하지 않음을 기억해야 한다.

애초에 '한 몸' 안에 불평등은 없다

남편과 아내에게 맡겨진 고유한 의무는 결국 양자가 부부로서 한 몸이라는 전제 위에서 이루어져야 한다. 가령 남편이 장로직을 받았을 때 아내가 남편의 직분을 질투하거나 불공평하게 느끼는 건, 직분의 일체성에 대한 인식의 부재이다. 왜냐하면 앞서 말한 바와 같이 아내는 남편과 혼인하여 일체를 이루어 남편 안에서 장로가 되었기 때문이다. 즉, 아내는 장로직을 받은 남편의 돕는 자가 되어 함께 그 직무로 교회를 세워간다. 이런 점에서 아내가 남편의 직분을 질투하는 건 그 자체로 모순이다.

비유로 말하자면, 이는 어떤 사람이 오른손만 글씨를 쓰고 젓가락을 쓴다고 해서 왼손과 오른손의 불평등을 주장하는 것이나 다름이 없다. 왼손과 오른손은 분명 한 몸이다. 그런데 한 몸 안에서 어떻게 불평등의 생각이 나올 수 있다는 말인가? 이처럼 하나님께서 정하신 남녀 직분의 질서에 대한 불평등의 인식은 적절치 못하다.

가정 회복을 위한 삼위일체: 동등성 - 고유성 - 일체성

오늘날 남녀평등을 강조하는 사회 분위기가 과연 가정을 회복하는가? 물론 평등의 추구 자체가 잘못된 건 아니다. 그러나 평등만이 남녀 갈등을 해결하는 만병통치약은 아니다. 평등의 극단적인 추구는 오히려 분열을 조장하기 쉽다.

예를 들어, 어느 맞벌이 부부가 이상적인 남녀 관계가 평등이라고 생각했다. 그런데 부부의 수익을 계산해 보니까, 남편은 한 달에 200만 원, 아내는 300만

원을 벌었다. 그러면 평등이라는 가치만을 기준으로 삼을 때, 아내에게는 어떤 생각이 들까? 그녀는 시간이 흐를수록 남편에 대해 100만 원을 손해 본다는 생각을 지울 수 없을 것이다. 물론 남편이 수익을 300만 원까지 끌어 올리면, 갈등의 해결은 가능하다. 그러나 수익을 마음대로 늘리는 게 쉬운 일인가? 이렇게 불평등의 상황을 평등으로 바꾸는 일은 말처럼 쉬운 게 아니다. 특히 일평생 부부 사이에 일어나는 모든 일을 다 평등으로 만드는 게 가능하겠는가? 부부 사이에서 평등을 완전하게 실현하는 건, 말 그대로 이상이다.

남녀의 관계에서는 동등성뿐 아니라 고유성과 일체성도 함께 추구되어야 한다. 불평등하더라도 남녀의 고유한 역할의 차이를 이해하고 궁극적으로 한 몸이라는 인식으로 나아가야 한다.

앞선 예로 돌아가면, 아내의 시각에서는 남편과 수익에 동등하지 못하더라도, 남편의 수익이 부족한 만큼 아내를 위해 그에게 맡겨진 고유한 직무가 있음을 인식할 필요가 있다. 이런 생각은 남편도 똑같이 가져야 한다. 그리고 이런 고유성에 이어서, 남편과 아내는 서로 고유한 직무로 섬기며 한 몸이라는 일체성으로 나아가야 한다. 아내가 수익이 더 많으면, 많다는 사실을 불평등이라고 생각할 게 아니라, 남편의 부족한 수익을 자신이 채워야 한다는 생각으로 나아가야 한다. 이처럼 부부는 동등성을 추구하면서도, 고유성과 일체성이 더불어 갖추어져야 부부의 관계는 더 확고해지고, 주 안에서 더욱 하나가 된다. 평등을 강조하면서도 멈추지 않는 이혼율 상승과 결혼율이 저조한 이 시대에 고유성과 일체성에 대한 이해는 아무리 강조해도 지나치지 않다.

교회 직분 간의 일체성

직분의 일체성은 단순히 남녀 관계만이 아니라, 다른 직분과의 관계에도 그대로 적용된다. 앞서 말했듯이, 오늘날 장로교회에서 올바른 회의를 진행하지 못하는 건 어제오늘의 문제가 아니다. 회의에서 언성이 높아지거나 감정싸움으로 치닫게 되면, 하나 됨은커녕 교회 안에 큰 분열을 일으키기도 한다. 이에 따라, 교회의 직분들은 서로가 주 안에서 한 몸이라는 일체성에 대한 분명한 인식이 필요하다.[205]

이상규 교수는 장로교회의 3대 특색 중 하나가 지교회의 대표들을 통해 연합하는 일체성(unity)이라고 지적한다.[206] 장로교회의 치리에서 일체성은 없어선 안될 필수적 특성이다. 만일 교회와 직분 간의 일체성이 이루어지지 않는다면, 장로교회는 결단코 참되게 설 수 없다.

특히 오늘날 장로를 마치 세속 정치의 여야 관계처럼 목회자의 말에 무조건 반대하는 직분으로 이해하는 경우가 종종 있는데, 이는 상당히 위험하다. 이런 태도는 주 안에서의 일체성을 파괴하고, 교회 안에 극심한 분열을 조장할 뿐이다.

복습과 적용을 위해 생각해 보기

1) 창세기 1장과 2장의 사람 창조에서 하나님께서는 각각 어떤 명령을 주셨는가? 그리고 두 명령에 대한 남녀 관계에는 어떤 차이가 있는가?

2) 오늘날 세상이 '남녀평등'을 강조해도, 결혼율 감소와 이혼율 증가는 멈추지 않는다. 평등 외에 남녀 관계에서 무엇이 함께 강조되어야 하는가?

3) 여성 목사 제도를 허용하지 않는 것이 꼭 남녀 차별일까? '직분은 남녀가 일체로 받는다.'를 토대로 차별이 아니라는 점을 설명해 보시오.

4부

직분의 직무

Duty of Office-bearer

"하나님의 어리석은 종이여!

이 스코틀랜드에는 두 왕과 두 왕국이 있습니다. 하나는 제임스 왕과 국가이며, 다른 하나는 왕 그리스도 예수와 그의 교회입니다. 제임스는 그리스도의 왕국에서 신민으로서, 왕, 귀족, 머리도 아니며, 단지 한 사람의 구성원일 뿐입니다. 이 왕국에서는 그리스도께서 그의 교회를 돌보라고 부름을 받은 자들이 그리스도로부터 충분한 권위와 힘을 부여받아 통치합니다. 어떤 그리스도인 왕이나 군주도 그들을 통제하거나 해임할 수 없으며, 단지 그들을 돕고 지원해야 합니다."[207]

- 앤드류 멜빌(Andrew Melville, 1545-1622)이 주교제를 부활하려는 왕에게 했던 말 中 -

장로의 직무
Duty of Elder

두 종류의 장로

신약 성경을 잘 보면, 바울은 장로를 두 종류로 구분한다. 첫째로 '다스리는 장로', 둘째로 '말씀과 가르침에 수고하는 장로'이다(딤전 5:17). 전통적으로 장로교회는 성경의 이러한 구분에 따라 전자를 치리 장로, 후자는 말씀 사역자인 목사로 이해했다.[208] 따라서 본 장에서는 다스리는 장로, 곧 장로와 목사에게 공통으로 해당하는 직무를 먼저 살펴보도록 한다.

모든 장로는 "목자"이다

다스리는 장로의 모든 직무는 한 단어로 간단하게 정의할 수 있다. 장로는 온 교회를 돌보는 "목자"이다. 이렇게 말하면, 어떤 이들은 좀 의아해할지도 모른다. 통상 신자들은 목자를 목회자로만 생각하기 때문이다. 그러나 성경은 목자를 목회자로만 제한하지 않고, 장로들도 모두 포함됨을 분명히 가르친다.

바울은 에베소 교회의 장로들에게 마지막 고별 설교에서 "여러분은 자기를 위하여 또는 온 양 떼를 위하여 삼가라"(행 20:28)라고 말한다. 만일 바울이 목회자만을 불렀다면, 그는 에베소 장로 중 목사에 해당하는 일부만 불렀겠지만, 성경에는 그런 표현이 나오지 않는다. 그래서 보스[vos]도 "(바울이 여기서) 하나님의 회중을 돌보는 자로 모든 장로가 세우심을 받았다고 말한다."라고 주장한다.[209]

베드로는 "너희 중 장로들에게 권하노니…너희 중에 있는 하나님의 양 무리를 치되 억지로 하지 말고 하나님의 뜻을 따라 자원함으로 하며 더러운 이득을 위하여 하지 말고 기꺼이 하며 맡은 자들에게 주장하는 자세를 하지 말고 양 무리의 본이 되라."(벤전 5:1-3)라고 말한다. 여기서도 편지의 수신자 교회에 일부 장로를 지칭하지 않고, 의미상 모든 장로를 포괄한다.

성경은 이렇게 모든 장로가 성도들을 돌보는 영적 목자라고 가르친다. 그래서 반 담[Van Dam]은 목사를 전문화된 장로로 볼 수 있겠지만, 다스리는 장로도 "목사의 모든 사역을 함께 감당하는 양 떼의 목자"라고 정의한다.[210] 이처럼 성경적으로 모든 장로는 목자가 분명하다. 그러면 더 구체적으로 장로는 도대체 어떤 목자일까?

(1) 위로하는 목자

장로는 위로하는 목자이다. 그는 교회의 병자나 또 삶의 어려움으로 고통받는 성도들을 위로하며 기도하는 직무를 감당한다. 구약에 하나님께서는 이스라엘 목자에게 다음과 같이 말씀하시기도 했다.

> 너희가 그 연약한 자를 강하게 아니하며 병든 자를 고치지 아니하며 상한 자를 싸매 주지 아니하며 쫓기는 자를 돌아오게 하지 아니하며 잃어버린 자를 찾지 아니하고 다만 포악으로 그것들을 다스렸도다 (겔 34:4)

물론 이 말씀은 구약의 이스라엘 장로들을 지칭하지만, 내용상 신약 교회의 장로에게도 그대로 적용된다. 그래서『장로교회의 정치 형태』는 이 구절을 근거로 교회의 치리 직원들(Ruling Officers)이 회중의 지식과 영적 상태를 확인하여 그들을 돌봐야 한다고 규정한다.[211] 반 담Van Dam도 이 구절을 인용하며, "장로들은 양들을 선한 목자의 길로 격려하고, 경고하고, 찾고, 보호하고, 인도하여 양 떼의 안녕을 돌보는 데 모든 것을 바칠 의무가 있다."라고 주장한다.[212] 이처럼 장로는 모든 회중을 돌보고 위로하는 목자이다.

신약 성경에서 야고보는 병자에 대한 장로의 다음과 같은 직무도 가르친다.

> 너희 중에 병든 자가 있느냐 그는 교회의 장로들을 청할 것이요 그들은 주의 이름으로 기름을 바르며 그를 위하여 기도할지니라 (약 5:14)

오늘날은 병자의 심방을 순전히 목사만의 직무로만 생각하지만, 성경의 진술은 조금 다르다. 성경은 목사뿐 아니라, 장로를 청하여 그들의 돌봄과 기도를 받으라고 말한다.[213] 그래서 20년간 개혁교회의 장로로 시무했던 벌고프Gerard Berghoef도 장로의 직무 중 하나로 병자 심방임을 지적하며, 이에 대한 지침을 그의 저서에서 자세하게 설명하기도 했다.[214]

(2) 바른 교훈으로 권면하는 목자

장로는 "바른 교훈으로 권면하는 목자"이다. 성경에서 바울은 디도에게 다음과 같이 말했다.

> 내가 너를 그레데에 남겨 둔 이유는 남은 일을 정리하고 내가 명한 대로 각 성에 장로들을 세우게 하려 함이니 … 미쁜 말씀의 가르침을 그대로 지켜야 하리니 이는 능히 바른 교훈으로 권면하고 거슬러 말하는 자들을 책망하게 하려 함이라 (딛 1:5, 9)

장로는 성도를 위로하고 격려해야 하면서도, 그들의 교리(教訓)와 경건을 지도해야 한다. 그래서 바우만Clarence Bouwman은 장로의 사역을 실행하는 자료가 하나님의 말씀이라고 지적한다.[215] 장로는 비록 설교자가 아닐지라도, 말씀을 잘 듣고 실천하는가를 점검하고 권면해야 하므로, 그는 성경을 잘 알아야 하고, 또 성경으로 그 사역을 수행해야 한다.

오늘날 신자들은 교리나 성경적 지식을 마치 목사만의 영역처럼 치부하곤 하지만, 성경과 교회 역사는 그렇게 말하지 않는다. 모든 장로가 성경과 교리를 통해 바른 교훈으로 권면하는 목자의 사역을 감당해야 한다.

(3) 거짓으로부터 지키는 목자

장로는 "거짓으로부터 지키는 목자"이다. 그들은 이단이나 거짓 가르침, 유혹으로부터 성도들을 보호해야 한다. 성경에서 에베소 장로들에 대한 바울의 고별 설교를 보면, 역시 이에 관한 내용이 잘 나타난다.

> 내가 떠난 후에 사나운 이리가 여러분에게 들어와서 그 양 떼를 아끼지 아니하며 또한 여러분 중에서도 제자들을 끌어 자기를 따르게 하려고 어그러진 말을 하는 사람들이 일어날 줄을 내가 아노라 (행 20:29-30)

벌고프Berghoef는 교회 안에 교리적 표준에 대한 탈선이나 공격에 대한 징후를 파악하고, 옳게 바로잡거나 권징을 가하는 것이 곧 장로의 책임이라고 말한다.[216] 역시 오늘날에 이단이나 거짓 가르침으로부터 회중을 보호하는 일이 오직 목회자의 영역이라고 생각한다면 큰 오해이다. 모든 장로가 치리회원인 만큼 그들은 진리의 옳고 그름을 분간하는 판단력과 지식을 충분히 지녀야 한다. 특히 오늘날에 유튜브나 인터넷으로 정보가 넘쳐나기 때문에 회중들은 이단이나 거짓 가르침, 선동에 미혹될 여지가 많다.

장로들은 이런 시대에 더욱 성경적 진리와 교리에 능통하여, 목사와 함께 성도들을 잘 보호하고 인도하는 목자가 되어야 한다. 이런 점에서 거짓으로부터 지키는 사역은 이 시대에 더욱 강조할 만하다.

장로는 '심방'해야 한다

그렇다면 앞서 다룬 장로의 여러 목자의 사역을 실천할 현실적인 방편은 무엇일까? 만일 장로가 주일 예배에 나온 성도들을 일일이 쫓아다닌다면, 어수선할 뿐 아니라 장로들도 정신적이나 육체적으로 체력이 상당히 소모될 것이다. 그래서 성경과 역사적 교회는 이보다 더 질서정연한 방편을 가르치는데, 그것은 바로 '장로의 심방'이다.

오늘날 현대 교회의 신자들은 무조건 심방을 교역자(교회의 유급 직원)의 몫으로만 여기곤 한다. 그러나 성경뿐 아니라 역사적 장로교회의 모든 질서, 또 현행 장로교회의『헌법』도 모두 심방을 장로의 직무로 규정한다.[217]

대표적인 예로『도르트 교회 질서』는 다음과 같이 말한다.

시간과 장소의 환경이 허락되는 한, 특별히 회원들을 위로하고 가르치기 위해 회중의 교화를 위한 성찬 전과 후에 가정 방문을 하고 기독교 신앙과 관련하여 권고하는 것이다.[218]

또 장로교회의『제2치리서』는 다음과 같이 정한다.

그들(장로들)은 목사를 도와서 주의 식탁(Lord's table)에 나아오는 자들을 점검하는 일과 병자 심방을 도와야 한다.[219]

또 장로로 오랫동안 사역하며 그 사역에 관한 지침서를 쓴 벌고프[Berghoef]나 딕슨[David Dickson]도 모두 장로의 직무로 심방을 가르친다.[220] 신약의 야고보가 "교회의 장로들을 청할 것이요"(약 5:14)라는 가르침이 장로의 심방을 분명하게 나타낸다. 그러므로 장로의 심방은 성경이나 교회 역사에 비춰볼 때, 또 목자로서의 직무를 이행하기 위해서도 정말 중요한 필수적인 방편에 해당한다.[221]

장로는 '회의'로 교회를 다스린다

장로는 치리회(당회, 노회, 총회)에 속하여 회의를 통해 교회를 다스리는 직분이다. 따라서 장로의 회의는 심방과 더불어 목자로서의 사역을 이행하는 하나의 중요한 방편이다. 장로는 심방으로 회중의 어려움이나 영적 삶과 믿음을 진단하고, 이를 당회에서 함께 논의하여 목자로서 목양의 일치된 방향과 사역들을 구체적으로 정한다.

역사적 장로교회들은 "두세 사람이 내 이름으로 모인 곳에는 나도 그들 중에 있느니라"(마 18:20)라는 말씀에 근거하여, 당회는 신적 권위를 갖고, 왕이신 그리스도의 뜻을 확인하는 거룩한 회의로 이해했다.[222] 그래서 당회는 단순히 장로들이 목자로서 양들을 어떻게 돌볼지에 대해 임의로 결정하지 않고, 큰 목자이신 그리스도의 뜻을 심도 있게 고민해야만 했다.

그러므로 장로는 당회를 그저 형식이나 행정으로만 여겨선 안 되고, 주의 거룩하신 뜻을 확인하는 수단임을 기억하며 참석에 사명 의식을 가져야 한다. 이런 점에서 장로가 회의에 참여하는 것은 그의 아주 중요한 직무이다.

장로는 '교회의 표지'(말씀, 성례, 권징)를 수호한다

당회는 모든 회중의 신앙을 총괄하기 때문에, 장로도 사실상 교회 전반을 책임진다. 그리고 그중에서 그들에게 맡겨진 중요한 책임은 교회의 표지(Sign)에 해당하는 '말씀', '성례'(세례와 성찬), '권징'이 올바로 시행되도록 주관하는 일이다.[223] 먼저 말씀은 비록 목회자가 강단에서 선포한다고 해도, 역사적 장로교회와 개혁교회들은 '성경토론회'(Exercise) 혹은 '성경의 해석을 위한 주간 모임'(Weekly Assembly of The Interpretation of Scripture)을 두어 장로들이 함께 성경을 공부하며, 말씀의 해석을 논의했다.[224] 이런 성경 공부의 목적은 결국 목사가 선포할 말씀과 장로들이 권면할 말씀 해석이 서로 다르지 않게 하고, 또 올바르게 하기 위함이다.

장로는 비록 말씀을 맡은 자는 아닐지라도, 교회의 표지를 수호할 사명이 그들에게 있는 만큼, 목사가 말씀을 준비하고 선포하는 일에 어려움이 없는지를 점검하며 그를 도와야 한다.[225]

장로는 세례 후보자에게 참된 신앙고백이 있는지를 점검하고, 성찬이 시행되는 주에는 맡겨진 회중들이 온전히 참여할 수 있도록 감독해야 한다. 마지막으로 권징도 당회의 사역인 만큼, 장로는 죄를 범한 회중에 대해 충분히 논의하고, 그가 온전히 주께로 돌아올 수 있도록 신중하게 권고해야 한다.[226]

좋은 장로와 같은 '부모'와 '상급자'로 살아가기

참된 목자로서의 장로는 어떤 모습일까? 앞서 '위로하는 목자', '바른 교훈으로 권면하는 목자', '거짓으로부터 지키는 목자'라는 세 가지로 고찰해 보았지만, 과연 이것만으로 장로의 참된 모습을 정의할 수 있을까? 실상은 그렇지 않다. 왜냐하면 목자로서 장로의 사역이란 단순히 "지적"이기보다 훨씬 "전인격적"이기 때문이다. 성경이 이 직분의 호칭을 장로(Elder), 곧 연장자로 부르는 이유도 이와 관련이 크다.[27] 장로의 직무는 연장자에게 해당하는 진중함이나 노련함, 차분함과 관련이 깊다. 그래서 성도들은 이런 장로의 섬김을 받으며 많은 것들을 배우게 된다. 지적 측면뿐 아니라 감성, 의지적 측면에서도 말이다.

따라서 교회에서 좋은 장로의 직무적 섬김을 꾸준히 잘 받은 회중들은 그의 노련하고, 성숙하며, 진중한 목자의 위로와 권면, 지도를 받아왔으므로, 성품에 있어서 많은 통찰을 얻고, 이를 통해 가정에서 자녀나 사회에서 부하를 다스리고 권면하거나 지도할 때도 많은 도움을 얻을 수 있다.

복습과 적용을 위해 생각해 보기

1) 장로는 어떤 목자였는가? 본 장에 제시된 세 가지를 각각 설명해 보시오.

2) 현대 교회에서는 장로의 직무가 축소되는 현상이 나타난다. 장로의 심방을 교역자들이 대신하고, 또 당회(장로회)에서 논의할 내용도 교역자 회의에서 다루어지곤 한다. 물론, 교역자들이 장로의 이런 직무들을 대신 감당할 수 있으나, 여기에는 장단점이 분명 존재한다. 어떤 장단점이 있을까? 자유롭게 말해 보시오.

목사의 직무
Duty of Pastor

다스리며 가르치는 장로

목사는 일차적으로 '다스리는 장로'의 모든 직무를 수행한다. 즉, 그는 '위로하는 목자', '바른 교훈으로 권면하는 목자', '거짓으로부터 지키는 목자'이다. 그래서 목사도 성도를 심방하고 당회를 통해 교회의 영적 사안을 논의한다. 한편, 그는 '다스리는 장로'이면서도 '가르치는 장로'의 직무까지 추가로 감당한다. 한마디로 그는 '다스리며 가르치는 장로'이다.[228] 그렇다면 (다스리는 장로는 앞서 봤으므로) 가르치는 장로로서 목사의 직무는 과연 무엇일까?

가르치는 장로로서의 직무

현대 장로교회의 『헌법』은 목사의 직무로 상당히 많은 내용을 제시한다.[229] 그러나 역사적 교회 질서에 따르면, 목사의 직무는 핵심적으로 아래와 같이 요약된다.

(1) 말씀과 교리를 가르친다

목사는 말씀을 선포하고 교리를 가르친다. 사실 교회를 꾸준히 출석한 성도라면 모를 리가 없다. 알다시피, 예배 시간에 강대상에서 말씀을 선포하는 직분으로 목사 외에는 본 적이 없을 것이다.

통상 다스리는 장로나 집사의 직분은 이 직무를 수행하지 않는다. 물론 해외 장로교회와 개혁교회에서는 목사가 휴가나 사고로 인하여 부재할 때, 종종 다스리는 장로가 말씀을 선포하곤 한다. 그러나 장로들이 설교하더라도, 그들은 목사의 설교문을 대독할 뿐, 목사의 고유 직무를 침범하지 않는다.[230]

이처럼 말씀 선포는 가르치는 장로로서 목사에게 맡겨진 직무이다. 목사는 흔히 '말씀의 종', '말씀을 맡은 자'라고 불리듯이, 말씀을 가르치는 건 그의 고유 직무이다.

(2) 성례(세례와 성찬)를 거행한다

교회의 성도라면, 1년에 몇 차례는 세례와 성찬을 거행하는 목사의 모습을 목격한다. 이처럼 성례(세례와 성찬)의 거행은 목사의 고유한 직무이다. 물론 성례에 참석할 대상자나 날짜 등 그 내용은 당회의 주관하에 논의하여 결정한다. 그러나 성례를 거행하는 직무 자체는 가르치는 장로인 목사만의 몫이다.

(3) 성도를 위해 기도한다

목사의 직무 중에는 기도가 포함된다. 물론 목사만이 기도하고 다른 성도는 기도를 안 해도 된다는 의미가 아니다. 목사는 말씀을 맡은 직분이면서 교회의 목자인 만큼, 성경적이며 올바른 기도로 회중을 대표할 책임이 있다.[231] 아울러 그는 맡겨진 직무가 다른 직분보다 더 막중하므로, 하나님의 은혜가 더욱 절실히 필요하다. 목사에게 맡겨진 막중한 직무를 위해서라도, 기도는 그에게 더욱 강조된다.

성경이 말하는 '목사의 직무'

사도들은 초대 교회에 집사직을 세울 때, "우리는 오로지 기도하는 일과 말씀 사역에 힘쓰리라"라고 말했다(행 6:4).[232] 물론 열두 사도는 그리스도께 직접 부르심을 받은 비상 직분(Extraordinary Officers)으로 오늘날 존재하지 않으며, 통상 직분(Ordinary Officers)인 목사와는 엄연히 다르다.[233] 만일 초대 교회의 사도직을 목사와 똑같이 이해하여 목사가 사도와 같은 권위를 지닌다고 생각하는 건, 직분의 동

등성을 깨는 잘못된 이해이다.[234]

그러나 목사가 사도는 아닐지라도 '(에베소 장로를 향한) 고별 설교'(행 20:17-35)와 (목사 디모데와 디도에게 보내는) 목회서신은 사도의 직무 중 말씀을 가르치고, 기도하며 교회를 다스리는 사역이 목사(장로)를 통해 계속 이어져야 함을 말한다. '모든 사람을 위하여 기도하라.'(딤전 2:1-2), "말씀을 전파하라"(딤후 4:1-2), "오직 너는 바른 교훈(교리)에 합당한 것을 말하여"(딛 2:1)라는 구절들이 대표적인 예이다.[235]

교회 질서가 말하는 '목사의 직무'

지금까지 다룬 목사의 직무를 장로교회와 개혁교회의 역사적 질서들은 모두 언급한다. 먼저 개혁교회의 『도르트 교회 질서』는 다음과 같이 목사의 직무를 가르친다.

교역자들의 직무는 기도와 말씀의 사역에서 계속되어야 하고, 성례를 집례하며, 장로들과 집사들뿐 아니라 동료들과 전체 회중을 돌봐야 하며, 마지막으로 장로들과 함께 교회 권징을 시행하고, 모든 일이 단정하고 질서 있게 행해지는가를 살피는 것이다.[236]

또 웨스트민스터 총회에서 작성된 『장로교회 정치의 형태』에서는 아래와 같이 목사의 직무를 상술한다.

(목사의 직무는) 첫째로 기도인데, 그의 양 무리를 위하여 하나님의 백성의 입처럼 (양 무리를 대신하여) 기도한다. … 둘째는 공적으로 성경을 봉독한다. … 다음으로 양 무리를 먹이는 것인데, 말씀을 설교하고, 말씀을 따라 가르치며, 설득하고, 책망하며, 권면하며, 위로하는 것이다. 그리고 교리교육이다. 하나님의 예언(Oracle)의 첫 번째 원리들 또는 그리스도의 교리를 교리문답으로 가르치는 것인데, 이는 설교의 일부이다. 또 하나는 신성한 신비들을 풀어 주는 일이다. … 목사는 그 백성에게 축복하는 직무를 갖는다. 그리고 가난한 자를 돌보아야 한다. 또 목사는 목자로서 양 떼를 다스림의 권한이 있다. 그리고 성례를 거행한다.[237]

여기서는 말씀뿐 아니라 교리를 가르치고, 하나님의 백성을 축복하는 직무까지 상세하게 기록한다. 물론, 이를 앞선 개혁교회의 목사의 직무와 다른 내용으로 볼 수 없다. 왜냐하면 앞선 개혁교회의 질서(도르트 질서)에서 말씀 사역은 교리를 가르치는 일, 기도는 회중에 대한 축복을 포함하기 때문이다.

예를 들어, 개혁교회의 주일 오후 예배에서 목사가 선포하는 교리문답 설교(Catechism Sermon), 또 성도를 향한 축복의 간구를 담은 개혁교회의 기도문이 이를 잘 나타낸다.[238] 또 칼빈은 『교회법 초안』에서 목사의 직무를 "하나님의 말씀을 선포하고, 공적으로나 사적으로 지시하고(instruct), 책망하고(admonish), 촉구하고(exhort), 성례를 거행하며, 장로나 동료들과 함께 형제와 같은 교정을 이르는 것이다."라고 말했다.[239] 역시 여기서도 말씀 선포와 성례의 시행, 치리가 나타나지만, 기도는 언급되지 않는다. 그러나 그가 이를 명시하지 않았다고 해서, 간과하거나 무시했다고 보아선 안 된다. 애초에 그의 저작에는 유난히 기도에 대한 강조가 나타나고, 또 목사가 직무를 이행할 때의 기도의 필요성을 여러 지면에서 언급했기 때문이다.[240]

회의를 인도하는 의장

장로교회와 개혁교회에서 각종 회의를 인도하는 의장(혹은 회장, President) 직은 목사가 맡는다. 장로교회의 『제2치리서』는 이를 명시하지는 않지만, 개혁교회의 『도르트 교회 질서』는 누가 맡아야 하는지를 아래와 같이 표기한다.

모든 회중에게는 말씀 교역자들과 장로들로 구성된 당회가 있어야 하고, … 만일 말씀 교역자가 한 사람 이상이라면, 회의를 순서대로 진행하며 주도해야 한다.[241]

왜 개혁교회 질서는 의장을 꼭 목사로만 규정할까? 그 이유는 목사의 직분이 더 높기 때문이 아니라, 더 많은 성경적 지식과 신학교를 통한 전문적 교육을 받고, 매주 예배를 진행한 많은 경험이 있기 때문이다.[242] 오늘날 많은 회중은 의장(흔히 말하는 당회장)을 마치 '대장'(boss)처럼 이해한다. 즉, 당회원으로 참석하는 장로보다 당회장이 계급상 더 높다는 인식이 은연중에 존재하는 것이다.

그러나 앞선 직분의 특성에서 다루었듯이, 장로교회의 질서상 직분 간의 관계는 상하가 아닌 수평적인 동등성을 갖는다. 당회장은 다른 당회원들보다 더 큰 권력이나 상급자라는 개념이 아니라, 회의를 순탄하게 진행하는 '사회자'이다. 그래서 『도르트 교회 질서』는 다음과 같이 의장의 직무를 명시한다.

의장의 직무는 회의에서 고려되어야 할 것을 진술하고 설명하며, 모든 사람이 발언할 때 합당한 절제를 지키도록 하고, 말다툼하는 사람과 너무 격렬하게 말하는 사람을 침묵시키고, 이런 사람들에게 적절히 경고하는 것이다. 더 나아가, 의장의 직무는 회의가 폐회할 때 끝나야 한다.[243]

아울러, 장로교회의 『제2치리서』도 안건의 분명한 제시와 표결, 또 결정된 사안을 시행하는 사회자(moderator)라고 마찬가지로 명시한다.[244] 따라서 의장은 회의에서 권위를 지니는 건 사실이지만, 어디까지나 그 권위는 원활하게 잘 진행하고 중재하기 위한 수단에 불과하다.

가령, 회의자 간에 언성이 높아지거나, 안건에서 벗어난 얘기를 하거나 말이 불필요하게 길어질 때, 이런 부분을 지적하며 경고하고, 조정하는 게 의장의 주요 역할이다. 쉽게 이해하려면, 대통령 후보자 토론 방송에서 토론을 진행하는 사회자를 떠올리라. 물론, 방송 토론의 사회자는 아예 그 토론 내용에 일절 간섭하지 않으므로 완전히 같다고 보기는 힘들다. 교회 회의의 의장은 안건에 대한 자신의 주장을 말할 수 있기 때문이다. 하지만 의장으로서 중재나 조정하는 직무만큼은 방송 토론의 사회자와 같다고 보아도 과언이 아니다. 의장직은 이런 역할을 위해 다른 회의자보다 더 많은 권한을 갖는다.

의장의 역할은 위에 명시된 바와 같이 회의가 폐회할 때 함께 끝나야 한다. 이는 앞선 직분의 동등성과 고유성과도 직결된 문제이다. 의장은 말 그대로 그 회의를 위한 의장이다. 이에 따라, 그 회의가 끝나면 의장직도 함께 종료되어야 한다. 만일 의장이 회의가 끝났음에도, 다른 영역에서 의장의 이름으로 특정 권한을 행사한다고 생각해 보라. 이는 마치 요리사가 주방을 떠나 약국에서 약 처방에 권한을 행사하려는 행동과 다를 바가 없다. 요리사는 오로지 요리를 위한 직책이듯이, 의장은 맡겨진 그 회의를 위한 직책일 뿐이다.

목사는 성직자, 나머지는 평신도?

오늘날 교회 안에는 의외로 목사의 사역을 유독 성스럽게 여기는 경우가 허다하다. 물론 이런 생각의 정확한 경위는 알 수 없으나, 일부 교파나 교회들은 예배당을 성전(Temple)이라고 호칭하고, 또 성도는 평신도라고 빈번하게 호칭함에 따라, 자연스럽게 성도와 구분되는 목회자나 교역자가 성직자라는 인식이 암암리에 자리 잡은 것으로 보인다.

그런데 이러한 성직자와 평신도라는 이분법적 구분은 종교개혁 이후 개신교회가 이미 잘못된 것으로 정죄했으며, 본래는 천주교회에서나 하던 구분이다. 특히 이런 구분은 오히려 성도 간의 차별을 조장할 뿐, 직분의 동등성을 근간으로 하는 장로교회에서는 전혀 부합하지 않는다. 종교개혁자 마틴 루터Martin Luther는 그의 3대 논문 중 "독일의 그리스도인 귀족에게 보내는 글"(To the Christian Nobility of the German Nation, 1520)에서 다음과 같이 말했다.

교황, 주교, 사제, 수도사를 영적 계급이라 하고, 군주, 영주, 장인과 농부를 세속 계급이라고 말하는 건 순수한 날조(Pure Invention)이다. 이것은 참으로 속임수(Deceit)이며 위선(Hypocrisy)이다. … 모든 그리스도인은 참으로 영적 계급에 속하며, 직분(office)에 관한 것 외에는 차이가 없다. 바울은 고린도전서 12장에서 "몸은 하나인데 많은 지체가 있고 몸의 지체가 많으나 한 몸임과 같이 그리스도도 그러하니라 우리가 유대인이나 헬라인이나 종이나 자유인이나 다 한 성령으로 세례를 받아 한 몸이 되었고 또 다 한 성령을 마시게 하셨느니라"라고 말했다(고전 12:12-13). 이것은 우리 모두 하나의 세례, 하나의 복음, 하나의 믿음을 가짐으로 모두 같은 그리스도인이기 때문이다. 즉 세례, 복음, 믿음만이 우리를 영적인 그리스도인으로 만드는 것이다.[245]

이 논문의 핵심은 결국 모든 성도가 예수님을 믿음으로 "왕 같은 제사장"(Royal Priest)이 됐다는 점이다. 즉 모든 성도가 예수님을 믿어 말 그대로 "성도"(Saints)가 되었기에, 주의 영광을 위해 하는 모든 직무는 다 성직이다. 목회자의 직무뿐 아니라, 장로, 집사, 그 외의 성도가 그리스도 안에서 감당하는 모든 일이 말이다. 그래서 개신교회 안에서 성직자와 평신도를 구분하는 건 적절치 못하다. 애초에 성스러움이나 거룩함에 차등을 두는 건 성경적이지 않다.

성경에 의하면, 아담의 범죄 이후 모든 사람은 다 죄인이고, 하나님 앞에서 부정하다. 그러나 모든 성도는 그리스도를 믿음으로 의롭다고 칭함을 받은 의인의 신분을 획득했다. 성도가 성스럽게 되는 건 오직 그리스도로 인함이지, 사람의 능력이나 행위에 근거하지 않는다. 따라서 모든 성도의 성스러움은 그리스도에게 근간을 두기에, 서로 간의 차별은 발생하지 않는다. 어떤 직분은 더 성스러워서 "성직자"이며, 다른 이는 성스러움이 부족해서 "평신도"라는 생각은 근본적으로 잘못됐다.

왜 목사만 생활비 지급?

왜 목회자에게만 생활비를 지급할까? 장로, 집사에게는 통상 지급하지 않는데 말이다.[246] 어떤 이들은 목회직이 성직이라서 받는다고 생각하기도 하지만, 이는 앞서 말한 바와 같이 천주교회의 사고이며 비-성경적이다.[247] 성경적으로는 모든 직분이 그리스도 안에서 동등하게 성스럽고 존귀하다. 따라서 목회자에게 생활비를 지급하는 근거는 성스러움이 아니라 그 직무의 중요성에 비추어 이해해야 한다.

앞서 다루었듯이, 목회자는 다스리면서 가르치는 장로로서 그 직무의 중요성은 이루 말할 수 없다. 특히, 참 교회의 표지(Sign)에 해당하는 말씀과 성례, 치리(권징)의 시행에 있어서 목회자가 가장 큰 비중을 차지한다.[248] 예배 시간을 떠올려보면, 말씀을 선포하고 세례와 성찬을 집례하는 직분은 목사이다. 치리가 결정되는 당회의 의장직도 역시 목사가 맡는다. 이렇게 그의 직무는 더 성스럽거나, 존귀하거나, 계급상으로 높지는 않아도, 그 중요성을 결단코 부인할 수 없다. 그래서 목사는 직분을 받기 전에 신학교에서 전문적인 교육을 받는 준비 과정이 필요하고, 또 직분을 받은 후에도 세상일과 병행할 수 없으며, 오로지 그 직무에 집중해야 한다. 이에 따라, 교회는 목사에게 생활비를 지급하고, 그의 생계를 부양할 의무를 갖는다.

『도르트 교회 질서』는 이를 아래와 같이 명시한다.

다른 한편으로 회중을 대표하는 당회는 교역자에게 적절한 부양을 제공하는 데 책임이 있고, 노회의 판단과 인지도 없이 목사들을 면직하지 않아야 하며, 부양이 모자란 경우는 진술한 목사(aforesaid ministers)의 이전 여부를 판단해야 한다(11). 이 조항들과 일치되게 합법적으로 청빙 받은 말씀 교역자는 생활에 있어서 교회의 섬김에 메어있는 한, 그는 노회가 판단할 정말로 중요한 이유를 제외하고 세속적인 직업을 갖는 것이 허용되지 않는다(12).[249]

여기서 "청빙 받은 말씀 사역자가 생활을 위해 교회의 봉사에 메어있는 한, 그는 정말로 중요한 이유를 제외하고 세속적인 직업을 갖는 것이 허용되지 않으며"라는 진술은 이 직분에 대한 생활비 지급이 그가 맡은 직무와의 연관성을 나타낸다. 다시 말하지만, 목사에게는 그 직분이 성스러워서가 아니라, 교회를 섬기는 그 직무 자체의 중요성과 그의 여건 때문에 생활비를 공급한다.

'월급'이 아닌 '생활비'

목회자의 부양은 월급이 아니라 생활비의 개념이다. 만일 목회자에 대한 부양을 단순히 "일한 만큼 주는 돈"처럼 이해할 경우, 직분의 타락을 조장하기가 쉽다. 애초에 모든 직분이 맡겨진 직무를 감당하는 동기가 무엇인가? 왕이신 그리스도의 종으로서 그분께서 맡기신 직무를 이행하여 몸 된 교회를 세우기 위함이다.

직분의 동기가 이와 다르게, 물질에 의해 좌우되면 결국 세속주의와 번영주의로 치닫게 된다. 쉽게 말해, 일한 만큼 돈을 준다는 이해가 자리를 잡으면 돈을 위해 열심히 직무를 감당하게 된다. 이렇게 되면 처음에는 선명하지 않아도 시간이 흐를수록 교회의 방향성이 돈의 논리로 흘러가게 된다. 따라서 목회자의 생활비는 그리스도의 영광을 위해 그에게 맡겨진 사역에 집중할 수 있도록 생활의 필요를 채운다는 개념으로 이해해야 한다.[250]

가정에서 가르치는 부모로 살아가기

장로교회의 여러 직분 중 목사직이 (더 존귀하거나 성스럽지는 않아도) 가장 중요한 건 분명하다. 특히 목사의 직무 중 무엇이 제일 중요하겠는가? 당연히 말씀을 가르치는 사역이다. 따라서 가정에 이를 그대로 적용한다면, 부모의 직무 중 가장 중요한 것 역시 말씀을 가르치는 일이다.

역사적 교회들은 자녀에게 말씀을 가르치는 일을 대단히 중요하게 여겼다. 이에 대한 실천적인 사례가 "가정 예배"(Family Worship)이다. 대표적으로 스코틀랜드 장로교회는 1647년 총회에서 가정 예배를 방치하는 자들에 대한 책망의 규정을 다음과 같이 제시하기도 했다.

> (가정 예배를 소홀히 하는) 가정이 발견되면, 먼저 그 가정의 가장에게 잘못을 시정하도록 개인적으로 권고해야 한다. 그리고 계속 그가 그대로일 경우, 그는 당회에서 엄중하고 슬프게 책망을 받아야 한다. 그 후에 책망을 받고도 여전히 가정 예배를 소홀히 한다면, 그러한 범죄의 완고함으로 성찬에서 유예되고 박탈되어 그가 시정할 때까지 성찬에서 주의 몸을 나누기에 합당하지 않다고 여기는 것이 마땅하다.[251]

그 외에도 고대 교회의 교부였던 크리소스톰Chrysostom은 "모든 집이 교회가 되어야 하고, 모든 가장은 영적인 목자가 되어야 한다"라고 말했다.[252] 또 청교도 토마스 맨튼Thomas Manton은 "목사들과 부모들은 어린아이들이 순응적인 상태에서 밀랍(Wax)과 같이 하나님의 지식과 두려움 속에서 (말씀에 대한) 어떤 형태(Form)

와 인상(Impression)을 받도록 훈련해야 한다."라고 말하며 말씀을 가르치는 목사와 부모의 공통적인 사역의 중요성을 언급했다.[253]

헨리[Matthew Henry]도 "공적 요리문답의 교육은 가족들의 요리문답 교육이 없이는 거의 중요하지 않은 것으로 바뀌게 될 것이다."라고 말했다.[254] 무엇보다 성경에서 "네 자녀에게 부지런히 가르치며 집에 앉았을 때에든지 길을 갈 때에든지 누워 있을 때에든지 일어날 때에든지 이 말씀을 강론할 것이며 너는 또 그것을 네 손목에 매어 기호를 삼으며 네 미간에 붙여 표로 삼고 또 네 집 문설주와 바깥 문에 기록할지니라"(신 6:6-9)라는 말씀은 자녀에 대한 신앙 교육의 주체가 부모임을 분명하게 가르친다.[255]

현대 신앙인들은 교회가 운영하는 교회학교에 위탁하여 자녀의 신앙 교육에 대한 의무를 완전히 간과한다. 그러나 신앙은 단순한 지식 전달이 아니다. 한 번 자녀가 매주 교회에서 성경을 열심히 배워 모든 신앙의 지식을 통달했다고 가정해 보자. 과연 그 자녀가 반드시 예수님을 구주로 믿는다고 보장할 수 있는가? 결단코 그렇지 않다. 성경에 대한 엄청난 지식을 가진 수많은 자유주의 신학자들은 예수님의 부활을 믿지 않음을 기억하라. 물론 구원받는 믿음은 성령께서 그 마음속에 역사하실 때만 주어진다.[256] 그러나 그 믿음의 요소가 되는 말씀과 관련된 감정과 태도, 교회 생활, 말씀대로 실천하는 삶 등은 인간관계로 큰 영향을 받을 수 있다.

현대 기독교 교육은 자녀들에게 교회학교의 교사나 사역자와의 친밀한 관계로 말씀과 교회에 대한 긍정적인 생각을 불러일으키려고 한다. 그런데 이런 방식에는 분명 한계가 있다. 애초에 인간관계에는 정답이 없듯이, 아무리 노력한다고 해도 성격 차이나 가치관 등과 같은 예상치 못한 요인으로 때로는 관계가 틀어지고, 이렇게 되면 아이들은 말씀과 교회에 대한 부정적인 감정으로 돌변하기가 쉽다. 결국 성령께서 참된 믿음을 아이들의 마음에 주시기까지 말씀과 교회에 대한 인상과 감정에 가장 큰 영향을 끼칠 수 있는 사람은 부모밖에 없다.

탁월한 연설 능력과 풍성한 성경적 지식으로 예수님을 꼭 믿어야 한다는 사실을 아주 감동적으로 전달하는 목사의 설교, 또 나를 낳아주고, 키워주며, 정말로 사랑하는, 나를 위해 죽을 수 있는 부모가 예수님을 꼭 믿으라는 한 마디, 과연 둘 중 누구의 말이 아이에게 더 큰 영향을 줄 수 있을까? 당연히 후자가 아닌가?

이처럼 부모의 신앙 교육이란 그 누구로도 대체할 수 없는 정말 특별한 교육이다. 그러므로 부모는 가정의 목회자가 되어 자녀를 가르쳐야 하고, 또 가정은 예배하는 공동체가 되어야 한다. 비록 이는 오늘날 간과되었으나 성경과 교회 역사로 볼 때 너무나 당연한 사실이다.

복습과 적용을 위해 생각해보기

1) 본 장에서 다룬 가르치는 장로로서의 목사의 세 가지 직무는 무엇이었는가? 만일 독자가 교회의 회중이라면, 여기서 배운 목사의 직무를 교회에서 어떻게 적용할 수 있을까?

2) 오늘날 일부 현대 교회에는 "교육 목사", "음악 목사" 등 목사 안에서 여러 직책을 분류하기도 한다. 그러나 이런 식으로 직책을 분류하는 건, 근본적으로 문제점이 있다. 앞서 배운 목사의 직무를 토대로 문제점이 무엇인지를 설명해 보시오.

3) 종종 한국교회에서는 "***노회장입니다" 혹은 "***총회장입니다"라는 호칭을 듣곤 한다. 심지어, 국내 어느 이단의 교주도 자신을 '총회장'이라고 호칭한다. 그런데 이렇게 '노회장'이나 '총회장'으로 호칭하는 건, 역사적 장로교회와 개혁교회의 질서상 전혀 옳지 못하다. 어떤 점에서 그러한가?

집사의 직무
Duty of Deacon

오늘날 왜곡된 직분, 집사

오늘날 한국 장로교회에서 가장 크게 왜곡된 직분은 단연 집사(Deacon)직이다. 성경이 말하는 집사, 곧 역사적 장로교회가 가르치는 집사의 모습과 너무 달라졌기 때문이다. 사실 단순하게 생각해도 그렇다. 지금 한자로 번역된 "집사"는 '잡을 집'(執)에 '일 사'(事), 곧 "일을 잡은 사람"이라는 의미이다. 즉, 한자대로만 생각해도, 집사직은 "일을 맡은 성도"에게 주어야 맞다. 그런데도 작금의 한국교회는 일과 아무런 상관없이 집사직을 부여하는 경우가 태반이다.

한국 장로교회에는 흔히 "서리 집사"라는 직분도 세운다. 그런데 "서리"라는 한자도 '관청 서'(署)에 '다스릴 리'(理)로 행정적인 권한대행을 의미한다. 말하자면, 어떤 직책에 결원이 생기면, 임시로 세워두는 대리자가 "서리"이다. 따라서 본래 서리 집사는 집사직에 결원이 있을 때 임시로 세워야 한다. 그런데 과연 지금 장로교회에는 집사의 결원이 있는가? 한국의 대부분 교회에서 집사의 숫자는 전체 교인의 1/3을 넘는다. 심하면 절반을 넘기도 한다. 이런 숫자에서 집사의 결원이 있을 리가 없다. 집사는 너무 많은 상황이다.

이렇게 집사가 너무 많다 보니, 직무가 부여되지 않은 채로 호칭만 불리는 경우가 대다수이다. 사실 이런 현상은 한국 장로교회의 초창기부터 나타났다. 그래서 1954년부터 1988년까지 미국 정통장로교회(OPC)의 파송을 받고 한국에서 선교사로 헌신한 하도레 선교사Theodore Hard는 이런 말을 하기도 했다.

한국교회의 모든 장점과 활기에도 불구하고, 너무나 많은 집사가 있다. 어떤 교회는 20명이 넘는다. 필자는 대부분 거의 하는 일이 없다는 사실에 크게 실망하고 있다. 그들에게 집사란 흔히 하나의 명예직일 뿐이고, 장로가 되기 위한 하나의 디딤돌에 불과하다.[257]

하도레가 이를 말한 시기는 80년도이다. 그런데 수십 년이 지난 지금도 상황은 달라지지 않았다. 앞서 언급했듯이, 직분의 명예직 현상은 한국교회에서 사실상 토착화가 돼버렸고, 특히 집사직만큼은 다른 직분보다도 훨씬 더 왜곡된 상황이다.

성경에서의 집사

성경은 집사직을 무엇이라고 가르칠까? 성경에는 집사직의 기원을 다음과 같이 진술한다.

> 그 때에 제자가 더 많아졌는데 헬라파 유대인들이 자기의 과부들이 매일의 구제에 빠지므로 히브리파 사람을 원망하니 열두 사도가 모든 제자를 불러 이르되 우리가 하나님의 말씀을 제쳐 놓고 접대를 일삼는 것이 마땅하지 아니하니 형제들아 너희 가운데서 성령과 지혜가 충만하여 칭찬받는 사람 일곱을 택하라 우리가 이 일을 그들에게 맡기고 우리는 오로지 기도하는 일과 말씀 사역에 힘쓰리라 하니 (행 6:1-4)

초대 교회에는 헬라파 유대인 과부가 구제에 제외되는 사건이 발생했다. 이는 교회의 회중이 급격하게 많아지면서 벌어진 실수에 해당한다.[258] 사도들은 이런 실수가 재발하지 않도록 구제의 직무를 위한 직분을 세웠다. 사도들은 기도와 말씀이라는 고유 사역에 집중해야 하기 때문이다. 이렇게 세워진 직분이 바로 집사이다. 성경에 근거할 때, 집사의 직무는 구제이다.[259]

교회 질서에서의 집사

역사적 교회 질서들은 전부 집사의 직무를 성경을 토대로 한결같이 말한다.

가난한 자들과 병자들을 돌보고 구호금을 전달하는 구제의 사역으로 말이다. 먼저 『도르트 교회 질서』가 규정하는 집사의 직무는 다음과 같다.

집사의 특별한 직무는 가난한 사람들을 위한 자비의 기부금과 물품을 부지런히 모으고, 궁핍한 사람들의 필요에 따라 거주자이든 낯선 사람이든 충실하고, 분배하고, 고통받는 자를 방문하고 위로하는 것이다. 그리고 자선금이 오용되지 않도록 하고, 당회가 적절하다고 판단하는 공동 회의(Congregational Meeting)에서 이를 보고해야 한다.[260]

또한 『장로교회의 정치 형태』도 다음과 같이 진술한다.

성경에서는 집사직을 교회 안에서 구별된 직원으로 제시한다. 그들의 직분은 영속적(perpetual)이다. 그들은 말씀을 선포하거나 성례를 거행하는 것이 아니다. 그들은 가난한 자들의 필요를 따라 나누어 주고 특별히 돌보는 직무를 감당한다.[261]

그 외에 『제2치리서』나 여러 교회 질서도 모두 마찬가지이다.[262] 집사의 직무는 전부 구제라는 한 단어로 요약된다. 다시 말하지만, 가난한 자와 병자를 구제하고 돕는 사역이 역사적 교회 질서에서 집사직의 가장 중요한 핵심이다.

구제만? 아니면 행정까지?

역사적 교회 질서에서 집사직의 핵심이 구제에 있음은 이견이 없다. 하지만 '구제 외에 다른 직무도 집사가 감당해야 하는가?'에는 견해 차이가 나타난다. 쉽게 말하면, 집사가 '구제만 할 것인가?' 아니면 '구제와 행정을 같이 할 것인가?' 의 차이이다.

예를 들어, 『도르트 질서』를 중심으로 운영하는 캐나다, 네덜란드, 호주 자유 개혁교회는 대다수가 집사의 직무를 주로 구제로 한정한다. 그래서 건물 관리, 재정 등과 같은 업무는 '운영 위원회'(Committee of Management)가 도맡아 감당한다. [263] 집사는 구제의 사역에만 치중하고, 행정 업무는 위원회가 따로 작업한다. 이에 따라, 개혁교회들은 헌금도 집사가 수렴하는 "구제 헌금", 교회의 운영을 위한 위원회가 수렴하는 "운영비"(혹은 운영 헌금)로 분리한다. 이렇게 해서 집사는 오직 구제 헌금(구제비)으로 구제에만 집중하고, 운영 위원회는 운영 헌금(운영비)으로 운영에만 집중한다.

반면, 장로교회 전통은 주로 집사가 '구제'와 '행정'을 모두 감당해야 한다고 이해하는 경우가 많았다. 장로교회의 『제2치리서』도 집사의 직무에 관한 이런 이해가 나타난다.

그들(집사)의 직무와 권한(power)은 자신들에게 맡겨진 모든 교회의 물품을 받아들이고 분배하는 것이다. 그들은 노회들(presbyteries) 또는 장로회(elderships)의 판단과 지시에 따라 가난한 자들이나 교회의 재산이 사적 용도로 전환되거나 잘못 분배되지 않도록 해야 한다. [264]

집사가 교회의 재산을 분배한다는 건, 한마디로 목회자의 생활비 지급, 직원의 급여, 가난한 자에 대한 구제금, "건물 관리비, 모두를 관리한다는 의미이다.[265] 즉, 집사의 직무를 구제와 행정으로 정의한다. 지금 한국 장로교회의 모든 『헌법』도 집사의 직무에 행정까지 포함한다.[266]

그렇다면, 양자 중 무엇이 더 옳을까? 성경이 집사의 어원을 '섬기다'라는 넓은 의미로 이해한다면, 둘 다 옳게 볼 여지는 충분하다. 집사가 감당하는 섬김의 직무를 가난한 자에 대한 구제로 한정할 수도 있고, 그 섬김을 행정적 범주까지 더 넓힐 수도 있다. 그러나 어쨌든 집사가 구제의 직무를 감당하는 직분이라는 건 역사적 교회에 공통으로 나타나는 핵심적 이해이다.

구제에서 동떨어진 집사

오늘날 한국교회에서 집사직은 구제의 사역과 완전히 무관하게 되어버렸다. 이건 심각한 문제이다. 가령, 주일날 교회에서 어떤 집사를 만났다고 생각해 보라. 당신은 그 집사를 볼 때, 구제의 사역자라는 생각을 조금이라도 갖게 되는가? 가난한 자에게 구제금을 전달하고, 병자를 돌보는 직분이라는 생각을 말이다. 작금의 한국교회는 예배 생활을 꾸준히 지속하는 기혼 성도에게 집사직을 쉽게 부여하면서, 구제하는 직무와 관련된 직분이라는 이미지를 완전히 지워버리고 말았다. 그래도 성도들이 목사를 볼 때는 말씀의 사역자라는 인식, 장로에게는 다스리는 직분이라는 인식이 어느 정도 있긴 하다. 그러나 집사는 '구제'라는 단어와 완전히 무관한 직분으로 전락해버렸다. 사실상 성경적 집사직은 서론에서 말했듯이 한국 장로교회에서 말 그대로 잃어버린 유산이 되어버렸다.

구제하는 직무의 유익

집사가 이행하는 구제의 직무는 교회에 어떤 유익을 끼칠까? 벌고프^{Berghoef}
가 제시하는 일부 내용을 참고하여 아래와 같은 유익들을 함께 살펴보고자 한
다.[267]

(1) 주님과 온 회중의 사랑을 경험하게 한다

주의 일꾼인 집사가 구제 헌금을 모아 주의 이름으로 구제하면, 구제를 받는
자는 교회의 따뜻한 사랑을 느끼게 된다. 물론 개인도 얼마든지 할 수 있으나,
개인의 구제는 말 그대로 그 개인에게만 감사하게 될 따름이다. 반면, 공적인 집
사의 구제는 사적이기보다 공적인 교회의 사랑, 곧 온 회중의 사랑과 주님의 사
랑을 더 분명하게 체험하게 된다. 왕이신 주께서는 친히 교회에 집사를 보내셔
서 가난한 자들을 위로하신다. 이렇게 공적인 집사의 사역은 온 회중이 주의 사
랑 안에 거한다는 사실을 분명하게 나타낸다.

(2) '구제의 은밀한 법칙'을 가능하게 한다

집사의 구제는 모든 허식을 피하고, "네 구제함을 은밀히 하라"(마 6:2-4)는 주의
명령에 순종하도록 한다. 즉 개인의 구제는 그 감사와 영광이 그 사람에게 돌려
지기 쉽지만, 집사를 통한 공적 구제는 은밀함을 잘 유지하여서 주의 말씀에 합
당한 구제를 가능하게 한다. 이런 점에서 집사의 구제는 상당히 중요하다.[268]

(3) 교회 안의 약자를 효과적으로 발견하게 한다

작금의 한국교회가 구제에 열심을 내어도, 쉽게 놓치는 맹점 중 하나는 '바로 교회 안의 구제'이다. 즉, 교회 밖에 있는 어려운 이웃이나 개척 교회, 선교지를 돕는 일에는 열심을 내지만, 의외로 자신이 속한 교회 안의 약자들을 잘 돌보지 못한다. 그 이유는 성도들은 이웃 성도에게 자신의 경제적 어려움을 진솔하게 말하지 못하는 경우가 많기 때문이다. 또 어렵다는 이유로 같은 교회의 성도끼리 개인적으로 금전을 전달하면, 큰 갈등의 요인이 될 우려가 있다. 이런 점에서 교회 안에는 구제가 잘 일어나지 않고, 또 구제받을 약자들이 쉽게 발견되지도 않는다. 그런데 집사의 구제 사역이 회복되면, 그들이 조직적으로 성도를 심방하고 어려움을 조사하여 어려운 성도의 구제금을 모아 은밀하게 도울 수 있다. 집사의 사역은 이렇게 교회 안의 사각지대에 있는 성도들을 잘 찾아내어 꼼꼼한 구제가 가능하게 한다.

(4) 조직적이며 창의적인 구제가 가능하게 한다

오늘날 구제를 쉽게 생각하는 이들이 있지만, 실상은 전혀 그렇지 않다. 구제는 자칫하면 정말 필요한 사람이 아닌 다른 사람에게 전달될 수도 있고, 또 잘못된 금액으로 인하여 회중 안에 분란을 조장할 위험도 있다. 따라서 집사의 사역은 구제가 누구에게 가장 절실히 필요한가를 확인하도록 하고, 또 얼마의 금액을 해야 하는가에 관해서도 명확하게 조사할 수 있게 한다. 또 구제를 전담하는 집사의 직분은 교회와 지역 사회에 일어나는 여러 상황 속에서 어떻게 구제할 것인가를 항상 생각하여 창의적인 구제를 가능하게 만든다. 꼭 돈이 아니라도, 필요에 따라서는 노동력, 음식, 의류 등 여러 형태로 말이다.

오늘날 어떤 이들은 '집사가 구제의 사역만을 전담해야 할 만큼, 그렇게 일이 많은가?'라고 묻곤 하지만, 절대 구제는 간단한 사역이 아니다. 오늘날이 21세기 현대 사회라고 해도, 여전히 주위에는 도움을 절실히 필요로 하는 이웃이 많이 있음을 기억해야 한다.

(5) 기독교 공산주의의 필요성을 불식시킨다

일부 이단들은 성경의 초대 교회가 행한 "모든 물건을 통용하고"(행 4:32)가 사유재산을 완전히 없애는 공산주의라고 주장한다. 심지어 기성 교회 안에도 이런 생각을 하는 경우가 종종 있다. 그러나 초대 교회의 물건 통용은 사유재산을 완전히 없애는 공산주의로 절대 볼 수 없다.[269] 이에 확실한 증거가 바로 "집사의 직무"이다(cf. 행 6장). 집사는 초대 교회부터 지금까지 교회에 항상 존재한 직분이다. 집사의 구제가 항존했다는 건, 성도들 사이에 재산 차이도 항상 있었음을 잘 나타낸다.

예를 들어, 철수, 영희, 민수라는 세 사람이 있는데, 재산을 통용했다고 가정해보자. 그들은 재산을 계속 공동 분배했다. 그러면 세 사람 중 누가 부자이고, 누가 가난한 자인가? 이들 관계에서 부자와 가난한 자는 없다. 왜냐하면 재산이 똑같기 때문이다. 재산을 통용하는 관계에서 구제의 행위는 불가하다.

반면, 철수와 영희에게 3만 원이 있고, 민수에게 일만 원이 있다고 가정해보

자. 그러면 이 상황에서는 철수와 영희가 상대적으로 민수에 비해 부유한 자가 된다. 그러면 철수와 영희가 민수를 돕는 구제의 행위가 발생할 여지가 있다. 이렇게 재산의 차이가 있어야만 구제의 사역이 가능해진다.

공산주의 상황에서 집사의 직무는 불필요하게 된다. 따라서 교회 역사상 집사가 항상 존재했다는 건, 교회가 공산주의를 받아들인 적이 없음을 분명하게 보여 준다. 또한 집사의 직무가 잘 이행되면, 공산주의 같은 제도가 불필요함을 분명하게 드러낼 수 있다. 왜냐하면 집사의 직무로 인해 온 회중이 가난한 자를 자원하는 마음으로 구제하기 때문이다.

집사도 '심방'해야 한다

집사의 직무가 잘 이행되기 위해서는 반드시 회중을 심방해야 한다. 집사의 심방이라는 게 오늘날 한국교회의 정황에서는 너무 낯설게 느껴지지만, 사실상 심방 없이는 집사의 직무를 제대로 이행할 수 없다. 가령, 집사가 주일날 예배하러 온 성도에게 경제적 어려움이 있냐고 묻는다면, 과연 성도들이 그 자리에서 자신의 어려움을 말하겠는가? 대부분은 어려움이 있어도 그냥 괜찮다고 말하고 지나칠 것이다. 이처럼 집사의 직무는 개인적인 심방이 없이는 제대로 이루어지기가 힘들다.[270]

세상에서 어려운 이웃을 돌보기

교회 안에서 집사의 직무가 온전히 회복되면, 성도들은 세상에서도 보이지 않는 곳에 소외되며 고통받는 약자들을 잘 살펴보게 된다. 특히 현대인들은 분주한 일상 속에 자신에게만 몰두하기가 쉬운데, 집사의 직무는 모든 성도에게 세상에서 매사에 보이지 않는 약자를 찾아가고 그들을 도와야 한다는 훌륭한 동기를 제공한다.

예를 들어, 코로나19 사태로 교회의 회중조차 확진이 되는 상황에서 교회들은 그들을 구제할 생각을 쉽게 하지 못했다. 오히려, 단순한 정부 지침의 격리만을 잘 준수하도록 지도했을 뿐이다. 그러나 구제하는 집사의 직무가 교회 안에 활성화되었다면, 그들을 중심으로 교회 안에서 병자에 대한 구제와 돌봄이 이루어졌을 것이고, 이를 통해 회중들도 어려운 이웃 병자들을 돕는 구제의 분위기가 확산이 되었을 것이다.

그 외에도 지진, 태풍, 산불 등의 천재지변으로 고통받는 이웃들에 대한 소식을 뉴스로 쉽게 접할 수 있지만, 보통 회중들은 그들의 고통을 동정하면서도 실제로 어떻게 도울지에 대해 막막해한다. 그러나 교회를 통한 구제가 꾸준히 이루어진다면, 회중들은 일상에서도 이런 구제와 돌봄을 실제로 실천하는 데 확실한 동기를 얻게 된다.

복습과 적용을 위해 생각해 보기

1) 집사의 핵심 직무는 무엇인가? 이에 대해서는 성경의 어느 구절이 가장 잘 보여 주는가?

2) 오늘날 한국교회에서는 집사의 직무가 구제와 동떨어져 버렸다. 그러나 구제하는 본연의 직무가 회복될 때, 어떤 유익이 있는가? 이에 관하여 설명해 보시오.

3) 어느 날 갑자기 큰 지진이 발생하여, 교회의 몇 성도의 집이 완전히 무너지고 말았다. 그래서 직분자들과 몇몇 성도들은 집이 무너져 버린 성도를 찾아가서 위로해 주고자 했다. 그러나 그들이 할 수 있는 말은 '기도하겠습니다.' '주님이 좋은 일을 주실 겁니다.'라는 말뿐이었고, 집이 무너진 성도들은 큰 위로를 받지 못했다. 과연, 교회는 그들에게 주님의 위로와 돌봄을 이런 식으로만 나타내야 하는가? 본 장에서 다룬 집사의 직무를 응용하여 설명해 보시오.

에필로그

직분의 회복이 교회의 회복이다
Restoration of office is Restoration of The Church

'사사' 없는 사사기

사사기의 주인공은 말할 필요도 없이 사사(Judge)이다. 실제로 읽어봐도, '옷니엘'(삿 3:7-11), '에훗'(삿 3:12-30), '삼갈'(삿 3:31), '드보라'(삿 4:1-5:31), '기드온'(삿 6:1-8:35), '돌라'(삿 10:1-2), '야일'(삿 10:3-5), '입다'(삿 10:6-12:7), '입산'(삿 12:8-10), '엘론'(삿 12:11-12), '압돈'(삿 12:13-15), 그리고 '삼손'(삿 13:1-16:31)까지 사사기 대부분의 지면은 사사 중심의 이야기로 전개된다. 그런데 흥미롭게도 '사사 삼손의 죽음'(삿 16:23-31) 이후로 사사기에는 갑자기 사사가 등장하지 않는다. 제목은 '사사기'인데도 사사가 없으며 사사와 무관한 이야기가 사사기의 '말미'(삿 17-21장)에 계속 이어진다.

그러면 사사기의 말미에는 어떤 이야기가 나올까? 여기에는 두 편의 이야기가 나온다. 첫째는 '미가 제사장과 단 지파의 우상숭배'(삿 17-18장), 둘째는 '레위인 첩의 죽음과 이스라엘의 내전'(삿 19-21장)이다. 이렇게 사사기 마지막에 위치한 이야기 두 편에는 어떤 사사도 등장하지 않을 뿐 아니라, 사사와의 어떤 관련성도 발견되지 않는다.

마지막 두 편의 이야기: 예배와 통치의 타락

그렇다면, 사사기 말미의 이야기 두 편은 무엇을 말하는가? 우선 '미가 제사장과 단 지파의 우상숭배'(삿 17-18장)를 잘 읽어 보자. 결국 여기에서 핵심은 우상숭배이다. 즉, 이 이야기는 이스라엘의 '예배'가 당시에 얼마나 타락했는지를 적나라하게 보여 준다. 다시 말하지만, 여기서 핵심은 '예배의 타락'이다.

한편, 이어지는 '레위인 첩의 죽음과 이스라엘의 내전'(삿 19-21장)을 잘 읽어보자. 여기에는 어떤 레위인의 첩이 베냐민 건달에게 살인을 당하는데, 이스라엘 총회는 이 사건을 해결하는 과정에서 베냐민 지파와 전쟁을 벌이고, 결국 그들을 거의 진멸하다시피 공격해버린다. 그러고서 나중에 총회는 베냐민이 동족임을 뒤늦게 자각하고, 그들의 번성을 위해 해결책으로 실로의 여인을 납치하라고 지시한다. 이 이야기는 동족 간의 살인과 전쟁, 심지어 여성 납치라는 총회의 결정을 통하여, 당시 이스라엘의 통치가 얼마나 타락했는지, 곧 "통치의 타락"을 적나라하게 보여준다.

그러므로 사사기 전체 역사는 전부 이스라엘의 타락한 역사를 보여주지만, 마지막 두 편의 이야기(부록)는 그들의 타락이 무엇인지를 구체적으로 보여준다.

간단히 말해서, 당시 이스라엘의 핵심 타락은 두 가지이다. 첫째는 예배의 타락이며, 둘째는 통치의 타락이다.

두 여인: 룻과 한나

이번에는 사사기에 이어지는 룻기를 생각해 보자. 뜬금없게도 룻기에는 모압 출신의 룻이라는 여인이 주인공으로 등장한다. 특히, 룻기는 그 배경이 주로 밭(땅)일 뿐만 아니라, 거기서 기업(땅)을 물을 보아스를 만나는 이야기를 다룬다. 한편 룻기를 지나 사무엘상에서는 한나라는 여인이 또 주인공으로 등장한다. 여기에서 배경은 성막이다. 그리고 한나는 그곳에서 매년 기도를 응답받지 못하다가, 제사장 엘리를 통해 비로소 응답을 받는다. 즉 룻기는 룻을 통한 '기업(땅)의 회복'이며, 또 사무엘상 서두는 한나를 통한 '기도 응답의 회복' 이야기이다.

두 아들: 다윗과 사무엘

룻과 한나의 회복 이야기는 지극히 개인적이다. 전자는 나오미 기업(땅)의 회복이고, 후자는 자손에 관한 기도의 응답이다. 그런데 이어지는 사무엘상의 역사에서 두 여인의 아들에게 주목하라. 그들은 '개인적이며 사적인 회복'이 아니라, '온 이스라엘의 회복'을 이루어낸다.

먼저 한나의 아들, 사무엘은 온 백성이 하나님께서 부르짖게 하며, 이스라엘의 예배를 회복한다(삼상 7장). 다음으로 룻의 후손, 다윗은 이스라엘을 통치하던 블레셋을 거의 진멸하여 온 이스라엘의 기업(땅)을 온전히 회복한다(삼하 5장). 사무엘상에서 처음에는 하나님께 불순종하는 제사장 엘리와 사울 왕으로 인하여 사사 시대의 타락과 불행에서 벗어나지 못했다. 그러나 이어서는 경건한 여인의 후손으로 등장하는 (선지자 겸) 제사장 사무엘과 다윗 왕을 통해 온전히 회복된 이스라엘로 전진한다.

그러므로 사사기부터 사무엘서까지, 하나님께서는 어떻게 타락에서 회복에 이르게 하시는가? 하나님은 약속대로 여자의 후손(cf. 창 3:15)인 제사장 사무엘과 다윗 왕을 일으켜서, 그들을 통해 타락하며 무너진 이스라엘을 온전히 회복하셨다. 다시 말해, 이는 사사기 마지막의 두 이야기가 말하는 이스라엘의 예배와 통치의 타락을 거룩한 제사장과 왕으로 회복하신 것이다.

성경은 '교회의 회복'이 '직분의 회복'임을 말한다.

성경은 어떻게 교회가 타락에서 회복에 도달한다고 가르치는가? 그냥 신앙생활을 열심히만 하면 되는가? 그렇지 않다. 하나님께서는 사사 시대라는 '혼돈'을 끝마치시고, 구약의 교회(이스라엘)에 '타락한 직분자'(엘리와 사울)를 심판하신 뒤, '거룩한 직분자'(사무엘과 다윗)를 일으키셔서 그들로 예배와 통치를 회복하셨다.

이처럼 성경은 직분의 회복을 통한 '교회의 회복'을 분명하게 가르친다. 구약의 다른 역사서에서도 마찬가지이다. 성경은 이스라엘 백성의 문화, 사회, 경제를 다루지 않는다. 오히려 열왕기와 역대기는 '왕, 제사장, 선지자', 곧 직분자들의 영적 상태를 훨씬 더 주의 깊게 다룬다. 신약의 예수님도 마찬가지이다. 주님은 죄인들을 가까이하셔서 "죄인의 친구"라고도 불리시지만(마 11:19), 유독 바리새인과 서기관들은 용납하지 않으셨고, 그들에게 (팔복과 정반대인) '일곱 화'를 선언하시며, 심지어 예루살렘 성전의 멸망도 예언하셨다(cf. 마 23-24장, 종말 강화). 즉, 바리새인, 서기관, 제사장과 같은 직분의 타락이 결국 예루살렘 성전을 중심으로 하는 구약 교회의 멸망이라는 결과를 낳았다. 이처럼 성경은 직분의 회복이 교회의 회복과 얼마나 밀접하게 연결되어 있는가를 분명히 시종일관 가르친다.

완전한 직분자이신 그리스도를 기다리며!

결국 타락한 직분 '엘리와 사울'을 폐하시고, 두 여인의 두 후손, 곧 '사무엘과 다윗'을 통한 구약 교회의 회복은 (창 3:15의 참된 성취로서) 진정한 여자의 후손이시며, '완전한 사무엘'과 '완전한 다윗'이신 그리스도를 예표한다. 즉, 교회의 완전한 회복은 오직 완전한 직분자이신 그리스도께서 다시 오셔야만 이루어질 것이다.

그러나 주께서 다시 오시기를 기다리고 예비하는 지상교회들이 마냥 기다려야만 하는 건 아니다. 지금도 주님은 교회에 그분의 종이며 일꾼인 직분을 세우신다. 따라서 이 시대의 교회도 주께서 세우신 직분을 성경적으로 회복하고, 그들을 통해 교회의 질서가 더 회복되어서, 날이 갈수록 교회는 더 나은 미래로 전진해야 한다. 주님의 말씀과 같이, 직분의 회복을 통해 '음부의 권세가 이기지 못하는 교회'(마 16:18)를 향해서 말이다.

결론적으로 말하면, 모든 사람이 이러한 질서를 기꺼이 적용하려 하고, 이것에 따라 그들 자신이 다스림을 받고자 한다면, 왕자나 행정관들도 어떤 예외가 없다면, 그리고 교회 지도자들이 바르게 통치하고 다스린다면, 하나님이 영광을 받으시고, 교회가 든든히 세워지고 교회는 교화되고, 그 지경은 확장될 것이다. 또 예수 그리스도와 그의 나라가 세워지고, 사탄과 그 나라는 전복되며, 하나님께서 우리 가운데 거하시면서 예수 그리스도를 통해 우리를 위로하시리라. 그리스도께서는 성부와 성령과 함께 영원토록 복 가운데 거하시도다. 아멘[271]

- 『제2치리서』의 결론 -

교회 질서(정치)의 공부를 위한 추천 도서

1) 루카스, 숀 마이클. 『장로교회에 오신 것을 환영합니다』 김찬영 역. 서울: 부흥과개혁사, 2014.

본서는 장로교회의 교리, 경건, 예배, 질서(정치), 역사를 전반적으로 다룹니다. 교회 질서만 집중적으로 다루는 저서는 아니라서, 질서와 관련된 내용 자체는 빈약할 수도 있습니다. 하지만 본서를 읽으시면, 장로교회의 교리나 역사, 예배 등을 함께 배움으로, 장로교회의 전체적인 청사진을 이해하는 데 큰 유익을 줍니다. 혹시, 장로교회에 대한 전체적인 내용을 배우고 싶다면, 이 책을 추천합니다.

2) 반 담, 코넬리스. 『성경에서 가르치는 장로』 김헌수, 양태진 역. 서울: 성약, 2012.

코넬리스 반 담은 캐나다 개혁교회 신학교 구약학 교수를 역임했고, 성경 신학에 대한 조예가 깊으신 분입니다. 그래서, 이 책도 성경 신학적 관점으로 장로의 직분을 잘 풀어주는 책에 해당합니다. 물론, 필자가 본서에서 성경적 근거들을 조금씩 제시하긴 했지만, 장로교회 질서의 성경적 근거를 더 깊이 있게 배우고 싶다면 이 책을 추천합니다.

3) 김헌수 · 반 담, 코넬리스 · 후이징아, 윈스터. 『성경에서 가르치는 집사와 장로』 서울: 성약, 2012.

2번 책을 구매하셨다면, 3번은 세트나 다름없습니다. 성경 신학적 내용뿐 아니라, 실천적 내용도 담고 있으며, 특히 김헌수 목사님의 글이 함께 있어서, 한국적 정황에서 성경적 장로와 집사직에 대한 심도 있는 고찰이 담겨있습니다.

4) 벌고프, 제랄드 · 코스터, 레스터 데. 『장로 핸드북』 송광택 역. 서울: 개혁된실천사, 2020.

제랄드 벌고프는 20년간 개혁주의 교회에서 장로로 시무했던 분입니다. 그래서 이 책은 성경적인 장로의 직분을 감당하려면, 어떤 직무와 태도를 보여야 하는지, 또 장로 직분을 감당하면서 발생할 수 있는 여러 갈등과 문제들을 어떻게 극복해야 하는지도 아주 잘 다루는 저서입니다. 앞선 책이 성경 신학적이라면, 이 책은 봉사 신학적 책에 해당합니다.

5) 벌고프, 제랄드 · 코스터, 레스터 데. 『집사 핸드북』 황영철 역. 서울: 개혁된실천사, 2020.

이 책도 말할 것 없이, 집사의 직분이 구체적으로 어떤 직무를 감당해야 하며, 또 21세기 집사의 직분이 갖는 위치, 구제의 필요성 등을 실천적으로 잘 다루는 저서입니다. 특히, 오늘날 한국교회의 성도들은 이 책을 꼭 읽어보시고, 해외의 장로교회나 개혁교회가 집사 직분을 실제로 어떻게 감당하는지 살펴보며, 작금의 우리를 돌아볼 필요가 있습니다.

6) 딕슨, 데이비드. 『장로와 그의 사역』 김태곤 역. 서울: 개혁된실천사, 2019.

데이비드 딕슨은 19세기에 스코틀랜드 장로교회에서 오랫동안 장로로 시무하신 분입니다. 실제로, 이 책은 스코틀랜드 성도들에게 상당히 인기 있는 책이었습니다. 만일, 앞에 소개한 『장로 핸드북』이 부담되신다면, 이 책으로 짧고 간결하게 공부하셔도 좋습니다. 역시 장로의 직무에 대한 실천적인 내용을 충실하게 잘 담고 있습니다.

7) 허순길. 『개혁교회 질서 해설: 도르트 교회 질서』 고양: 셈페르 레포르만다, 2017.

이 책은 도르트 교회 질서(캐나다 교회 질서)에 나온 규정들을 하나씩 해설하는 책입니다. 따분하다고 생각할 수 있겠지만, 내용은 쉬운 어조로 쓰였으며, 또 실제 캐나다 개혁교회에서 어떻게 이 질서를 적용하는지에 관한 내용도 조금씩 기록되어 있기에, 아주 유용한 저서입니다.

8) 허순길. 『잘 다스리는 장로』 서울: 도서 출판 영문, 2007.

이 책도 말할 필요 없이 추천합니다. 허순길 교수님은 10년간 호주 자유개혁교회에서 목사로 시무하신 경험이 있기에, 이런 경험이 잘 반영된 책입니다.

9) 성희찬 외 7명. 『교회의 직분자가 알아야 할 7가지』 서울: 세움북스, 2017.

이 책은 교회 질서에 관한 여러 주제의 글들을 편집하여 발행한 책입니다. 또 한국교회에서 실제로 목회하시는 목사님들이 글을 쓰셨기 때문에, 현재 한국교회의 상황에 대한 충분한 이해, 또 반드시 개혁하고 바꾸어야 할 부분들을 아주 분명하게 지적하는 책입니다. 직분자가 아니라도, 이 책은 장로교회의 성도라면 꼭 읽어야 할 책입니다.

10) Sundry Ministers of CHRIST within the city of London. 『유스 디비늄』 장종원 역. 서울: 고백과 문답, 2018.

이 책은 웨스트민스터 총회와 관련된 런던의 목사님들이 쓰셨다고 알려져 있습니다. 그 래서, 역사적으로 가치가 있을 뿐만 아니라, 내용상에서도 장로교회의 질서(정치)가 어 떤 성경적 근거를 가지며, 또 이에 관한 신적 권위가 무엇인지도 심도 있게 잘 다루고 있 습니다. 그러나 이 책은 내용상 어려울 수 있으므로, 깊이 있는 공부를 원하시는 분들이 라면 읽어보시길 추천합니다.

11) 장대선. 『(스코틀랜드 장로교회의) 제2치리서』 서울: 고백과 문답, 2019.

이 책은 제2치리서의 각 항목에 관한 해설서로, 각 항의 내용이 어떤 의미인지를 설명해 줄 뿐 아니라, 스코틀랜드의 역사적 배경이나, 교회에서 실제로 어떻게 적용되었는가도 조금씩 다루고 있는 책입니다. 분량이 그렇게 많지는 않으므로, 관심이 있으신 분들은 읽어보시면, 많은 유익이 있으실 겁니다.

12) 김중락. 『스코틀랜드 종교개혁사』. 안산: 흑곰북스, 2017.

종교개혁에 대한 간단한 소개와 헨리 8세부터 웨스트민스터 총회의 역사까지, 또 영국의 여러 종교개혁자들에 대한 역사를 재미있게 잘 서술하는 책입니다. 필자는 신학교에서 김중락 교수님의 특강을 듣고 장로교회의 역사에 처음 관심을 가지게 되었습니다. 특히, 이 책의 역사는 본서에서 다루지 못했지만, 중요한 영국의 역사를 다루기 때문에, 꼭 읽어보시기를 추천합니다.

13) 권기현. 『장로들을 통해 찾아오시는 우리 하나님』. 경산: R&F, 2020.

장로에 대한 성경 신학적 해석을 풍성히 다루는 책입니다. 무엇보다, 이 책은 얇고 내용이 그렇게 많은 건 아니지만, 성경을 단순히 개인에게 적용하는 윤리적 해석을 넘어, 전통적이며 교회에 주시는 말씀으로 해석하는 관점을 제시합니다. 간단히 말하면, 성경을 "나"에게 주시는 말씀이기 전에 "교회"에 주시는 말씀으로 해석하는 책입니다. 이런 점에서 이 책도 꼭 읽어보시기를 추천합니다.

14) 강현복. 『에클레시아』. 경산: R&F, 2015.

교회 질서를 다룬다기보다, 직분과 교회의 표지, 교회의 속성, 성도의 교제 등 교회론의 전반을 다루는 책입니다. 이 책을 추천하는 이유는 다소 쉬운 언어로 아주 잘 읽히는 책일 뿐 아니라, 교회 질서 이전에 하나님 나라로서의 교회에 대한 올바른 이해가 전제되는 것도 아주 중요하기 때문입니다. 이런 점에서 이 책도 읽어보시면 많은 유익이 있으실 겁니다.

'복습과 적용을 위해 생각해 보기'의 모범 답안

1부. 장로교회와 국가: 국가를 바꾼 장로교회의 이야기

Ⅰ. 장로교회와 입헌군주제

1) 16-17세기 영국의 주요 개신교회의 두 교파와 그 특징을 각각 말해 보시오.

영국의 북스코틀랜드를 중심으로는 장로교회가 있었고, 남-잉글랜드를 중심으로는 영국 국교회가 있었다. 물론, 로마 가톨릭과 퀘이커교 등 다른 교파도 있었으나, 종교개혁 이후로 다수의 개신교 교파는 장로교회와 국교회이다.

두 교파의 특징을 말하자면, 먼저 장로교회는 칼빈에게 배운 존 낙스를 중심으로 스코틀랜드에서 세워졌고, 특히 칼빈의 가르침 때문에 성경적 개혁이 아주 충실하게 이루어진 교파이다. 반면, 국교회는 잉글랜드의 국왕이었던 헨리 8세가 이혼을 위해 종교개혁을 감행하여 만들어진 교파로서, 이후 크랜머, 리들리, 후퍼 등 훌륭한 신학자들이 장로교회와 같은 더 성경적인 개혁을 추진하려고 했지만, 가톨릭 여왕 메리의 등장으로 이들이 순교하면서, 성경적 개혁이 애매하게 멈춰버린 교파이다. 정리하면, 장로교회는 "가장 성경적인 교회", 영국 국교회는 "개혁을 하다만 애매한 교회"(천주교회와 장로교회를 반반 섞은 교회)라고 말할 수 있다.

2) 입헌군주제와 전제군주제가 개신교회와 천주교회(로마 가톨릭)의 권위 이해와 어떤 유사성이 있는지를 말해 보시오.

전제군주제는 국왕이 법 위에 군림하는 형태이다. (물론 전제군주 국가에서는 법 자체가 이런 구도를 정의한다) 그래서 사실상 최종권위는 왕(사람)에게 있다. 그런데 이런 권위의 형태는 천주교회와 많이 유사하다. 즉 천주교회도 실천적으로는 성경보다 교황이 더 높은 권위를 갖는다. 그래서, 프랑스나 스페인 같은 가톨릭 국가는 세속 정치에서도 전제군주제(혹은 절대왕정)의 형식을 계속해서 유지했다.

반면, 입헌군주제는 국왕을 법 아래에 두는 형태이다. 그래서 최종권위는 결국 법이 된다. 그리고 이런 권위의 형태는 개신교회와 유사하다. 개신교회는 오직 성경만을 최종권위로 삼고, 모든 직분은 성경의 권위에 종속된다. 그래서 영국이나 네덜란드 같은 개신교 국가들은 세속 정치에서도 일찍이 입헌군주제와 의회제도를 도입했다.

3) 앞서 입헌군주제를 가정에 적용했듯이, 이번에는 직장이나 사업 터에 어떻게 적용할 수 있는가를 말해 보시오.

사장이나 회사의 상사가 되었을 때, 규칙(법)을 분명하게 정하여, 모두가 함께 규칙을 지키며 일터를 운영하는 것이다. 가령, 출근 시간, 급여, 일하는 방식 등 회사에서 지켜야 할 여러 사안을 상급자의 말에만 의존하면, 상급자의 기분이나 감정에 따라 수시로 변경될 수 있으며, 또 상급자가 말해 놓고서는 스스로 지키지 않는 상황이 발생할 경우, 부하 직원들은 상급자에 대한 신뢰를 잃고, 일하는 능률이 떨어지기 쉽다. 아울러, 이런 방식은 전제군주제, 곧 가톨릭의 정치 형태이고, 개신교회에 적절하지도 않다.

오히려, 개신교도들은 일터에서도 분명한 규칙을 수립하고, 모두가 함께 지키기를 힘쓰는 입헌군주제를 취해야 하며, 이렇게 할 때 직원들도 상급자를 신뢰하고, 일의 능률이 상승하는 효과를 얻을 수 있다.

II. 장로교회와 의원내각제

1) 토리당과 휘그당이 원했던 정치적 이상은 무엇이었는가? 또 조지 1세 때에 누가 정권을 잡아서, 영국의 의원내각제가 확립되었는가?

앞 장에서 살폈듯이, 토리당은 영국 국교회, 휘그당은 장로교회에 속했다. 이에 따라, 토리당은 왕을 중심으로 하는 정치를 원했고, 휘그당은 왕보다 의회를 중심으로 하는 정치를 원했다. 그런데, 독일 출신의 조지 1세가 왕이 되면서, 영국 출신의 순수 왕족 혈통을 강조했던 토리당은 외면을 당했고, 자연히 휘그당이 정권을 얻게 됐다. 심지어, 휘그당은 로버트 월폴이 초대 총리가 된 이후, 60년간 정권을 확보했고, 그들을 중심으로 의회 중심의 의원내각제가 확립되었다. 그리고 이것이 전 세계로 다양하게 적용되면서, 오늘날의 의회민주주의가 확립되었다.

2. 장로교회의 질서와 의원내각제는 어떤 유사성이 있는지를 설명해 보시오.

장로교회의 질서에서 온 회중이 '선거'를 하고, 이를 통해 '장로'를 선출하여, '장로의 회의로 교회를 치리'하듯이, 의원내각제도 온 국민의 '선거'를 통해, '국회의원'을 선출하고, '의원의 회의인 국회'로 나라를 다스린다. 간단히 말하면, 선거로 선출된 대표자가 회의를 통해 안건을 처리한다는 점에서 장로교회와 의원내각제는 유사하다.

2부. 장로교회 질서의 원리와 요소

Ⅰ. 장로교회 질서의 원리

1) 장로교회 질서의 원리에서 핵심적 원리 한 가지는 무엇이었는가? 왜 그 원리를 핵심적으로 강조하는가?

장로교회 질서의 원리에서 핵심은 그리스도께서 유일한 왕이시라는 사실이다. 이것이 핵심적인 이유는 중세 로마 가톨릭이 교황이라는 제왕적 직분자를 세워놓고, 스스로 그리스도의 대리자라고 주장했기 때문이다. 즉, 교황은 자신을 그리스도로 속여 말하는 거짓 왕에 불과하다. 이로 인해, 종교개혁으로 세워진 장로교회는 이런 교황의 직분을 철저히 부정하고, 오직 예수님만을 유일한 왕이라고 확고하게 고백했다. 이런 점에서 '유일한 왕이신 그리스도'는 장로교회의 핵심 원리이다.

2) 왕이신 그리스도께서는 지금 승천하여 계신다. 그러면, 지금 지상교회는 어떻게 다스려지는가?

승천하신 그리스도께서는 친히 말씀과 성령으로 그분의 직분자를 통해 교회를 다스리신다. 물론, 일차적으로는 교회의 영이신 성령께서 모든 성도에게 역사하셔서 내적 조명으로 말씀을 깨닫게 하시고, 순종케 하셔서 그들을 다스리신다. 하지만, 신약 성경에 근거할 때, 주께서는 그분의 교회에 직분자를 세우셔서, 그들을 통해 성경을 가르치고 지도하셔서 그분의 성도를 말씀으로 다스리신다. 즉 왕이신 그리스도께서는 지금부터 다시 오실 때까지 성령의 내적 조명과 직분들의 섬김으로 친히 교회를 다스리시는 것이다.

3) 훗날 교회의 직분을 얻었다고 상상해 보라. 어떤 자세로 교회를 다스리는 것이 장로교회의 원리에 합당한가? 또 이 자세를 세상에 어떻게 적용할 수 있는가?

결국 교회의 유일한 왕은 그리스도이시고, 직분들은 오직 그분의 뜻대로 섬기는 종과 일꾼으로서 교회를 다스리는 것이다. 이에 따라, 교회의 회중 위에 군림한다는 자세가 아닌, 주님의 뜻대로 섬기는 자세가 성경적이며, 장로교회에 합당하다. 예를 들면, 성도의 잘못이나 죄악을 지적할 때, 그들의 행동이 일방적으로 잘못됐다고 지적하기보다, 왕이신 그리스도의 뜻과 다르다는 걸 온화하게 잘 말하는 게, 이런 자세에 해당한다. 즉, '내가 성도를 다스린다.'의 자세가 아니라, '오직 그리스도의 말씀대로 성도들을 섬기며 다스린다.'라는 자세가 필요하다.

또 이를 세상에 적용해 본다면, 직장이나 여러 공동체, 인간관계에서도 마찬가지다. 어떤 공동체의 리더를 맡게 된다고 할지라도, 그 공동체를 이끄는 게 그저 자신의 취지와 의도대로가 아니라, 오로지 그리스도의 뜻대로 섬긴다는 자세로 이끌어가는 게 중요하다. 실제로, 그리스도의 종과 일꾼으로 다스리는 태도는 공동체에 속한 일원들에게 훨씬 더 좋은 지도력을 발휘하도록 만든다.

Ⅱ. 장로교회의 선거

1) 역사적으로 장로교회는 직분을 왜 투표로 선출했는가? 또 세상의 투표와 다른 점은 무엇인가?

신약 성경에서 사도들이 직분을 투표로 선출했기 때문이다. 그러나 성경이 가르치는 투표를 세상의 투표와 완전히 같은 개념을 이해해선 안 된다. 세상은 민주적 투표, 곧 투표자들이 순전히 원하는 사람만을 뽑지만, 교회는 신주적 투표, 곧 하나님께서 직분으로 부르신 사람을 확인하는 투표를 행하기 때문이다. 즉, 역사적 장로교회는 성경에 근거하여, 하나님께서 직분으로 부르신 사람을 확인하는 투표를 한다.

2) 장로교회에서 직분의 선거를 할 때, 어떤 사람에게 투표해야 하는가?

장로교회의 선거는 하나님께서 부르신 직분자를 확인하는 작업이다. 따라서 후보자의 개인적이며 공적인 신앙생활을 보는 것도 중요하지만, 아울러 그 직분에 합당한 은사의 유무를 확인하는 것도 중요하다. 예를 들어, 장로 후보자라면, 그가 장로의 직무를 감당할 은사를 가졌는지, 또 집사 후보자라면, 집사의 직무를 감당할 은사를 가졌는지를 확인해야 한다. 왜냐하면 하나님께서 직분자로 부르실 때, 그가 그 직분을 감당할 은사를 주시기 때문이다.

3) 본 장의 내용을 가지고, 오늘날 '한국교회의 세습' 문제를 논해 보시오.

　흔히 한국교회에서는 특정 교회의 담임목사직을 자식 목사가 이어서 맡게 될 때, 그것을 '세습'이라고 지적한다. 그러나 '세습'의 의미는 무엇인가? 한 집안의 재산이나 신분, 직업 따위를 대대로 물려주는 행위를 한다. 즉 장로교회의 모든 직분은 온 회중의 투표를 통해서 선출되기 때문에, 엄밀한 의미에서 세습은 발생할 수 없다. 쉽게 말해, 장로교회의 정치 원리상 아버지 담임목사가 순전히 자신의 의사만으로, 자식 목사에게 담임목사직을 물려줄 수가 없다

　그렇다면 오늘날 한국 장로교회가 투표로 직분을 선출하는데도, 왜 교회 세습이라는 논란이 발생하는가? 그 이유는 한국교회의 질서가 실천적으로는 (3부에서 다룰 내용인) 직분의 동등성이 제대로 이루어지지 않고, 담임목사의 "제왕적 통치"가 이루어지고 있기 때문이다. 교회가 성경과 교회법으로 다스려지지 않고, 담임목사 개인의 의견과 생각대로 운영되는 경우가 대다수이다. 이러다 보니, 온 회중이 투표한다고 해도, (혈연에 근거한) "담임목사의 아들"이라는 이유로 투표하는 경우가 허다하고, 이렇게 되면서 사람들이 보기에 세습과 같은 인상을 주는 것이다.

　그러므로, "한국교회의 세습 논란"에 대한 근본적인 해결책은 먼저 담임목사의 "제왕적 통치"를 근절해야 한다. 그리고 다음으로는 회중들이 단순히 담임목사가 원하는 사람에게 투표하는 게 아니라, 성숙한 인식으로 하나님께서 부르신 직분을 확인하는 투표를 해야 한다. 따라서, 오늘날 교회 세습의 문제를 '자식 담임목사는 무조건 안 된다'라는 식으로 접근하는 건 상당히 어리석은 생각이다. 왜냐하면 애초에 직분은 하나님께서 택하신 사람이 세워져야지, 회중이

세우는 게 아니다. 하나님께서 담임목사의 자식을 같은 교회의 담임목사로 세울 여지 자체를 차단하는 건 위험한 생각이다. 오히려, 우리는 단순히 자식을 금하기보다, 독재적이며 제왕적인 담임목사의 교회 치리를 성경적인 방향으로 회복하고 온 회중이 현명한 투표자로 세워질 수 있도록 가르치는 노력이 필요하다.

예를 들어서 한번 생각해 보자. 3대 세습을 이어가는 북한도 명목상 투표로 선출됐다고 주장한다. 그런데 그 문제의 해결책으로 단순히 자식에게 최고 지도자직을 주는 행위를 금지만 하면 되는가? 그렇지 않다. 북한은 근본적으로 김정은의 독재정치가 중단되어야 하고, 국민도 올바른 투표에 대한 인식이 세워져야 한다. 그렇게만 되면, 자식이 이어서 최고 지도자가 되든지, 다른 사람이 되든지 아무 문제가 없다.

또 다른 예로, 우리 대한민국에서도 박정희 대통령의 딸 박근혜 씨가 18대 대통령이 되었다. 그런데 자식이 대통령이 되었는데도, 그걸 세습이라고 비판한 사람도 없으며, 실제로 자식이 되었다는 사실이 아무런 문제가 되지도 않았다. 왜 그런가? 그건 박정희 씨의 선택으로 되지 않았고, 국민의 선택이었기 때문이다. 이처럼, 온 회중의 올바른 투표로 세워진 장로교회의 직분에 세습이라는 개념은 본래 발생할 수 없다.

Ⅲ. 장로교회의 회의

1) 역사적 장로교회는 왜 장로의 회의로 다스리는가?

신약 성경이 장로의 회의를 통한 교회의 치리를 가르치기 때문이다. 또 신약의 초대 교회를 계승하는 고대 교회들도 역시 성경에 근거하여 장로의 회의로 교회를 다스렸다. 따라서 장로교회는 하나님께서 친히 성경으로 교회를 다스리는 방법을 알려주신다고 믿으므로, 성경에 근거하여 치리회(당회, 노회, 총회)와 교회 회의(제직회, 공동의회)를 구성하여, 대화와 회의로 교회를 다스린다.

2) 한국 장로교회가 회의를 하지만, 여러 갈등이 일어나고, 이로 인해 회의를 아예 안 하는 교회도 상당히 많다. 이에 대한 해결책은 무엇일까? (본 장에 제시된 내용 외에도 자유롭게 생각해 보라.)

장로교회의 회의는 인위적으로 하는 게 아니라, 성경에 근거한 치리 도구이다. 따라서, 회의에 참여하는 직분이나 회중들은 회의에 대한 경건하고 진지한 태도를 회복할 필요가 있다. 즉 회의를 예배에 참석하듯이, 하나님 앞에서 기도하는 마음가짐으로, 올바른 언어와 태도로 임해야 한다.

또 한국 장로교회는 교리와 성경에 관한 진지한 공부와 가르침이 회복되어야 참된 회의도 역시 회복될 수 있다. 세상의 회의를 통해서도 알 수 있듯이, 회의가 잘 진행되려면 회의 구성원들이 어느 정도는 같은 생각을 가져야 한다. 즉,

교리에 대한 같은 이해가 어느 정도는 형성되어야, 약간의 이견이 있어도 회의가 잘 이어질 수 있다. 그 외에도 '회의에 대해 안내하기', '회의를 자주 하기'도 장로교회의 참된 회의 회복을 위한 중요 방편이다.

3) 장로교회는 성경에 근거하여 '당회'(장로의 회의)를 중심으로 다스리지만, 미국의 교파 중에는 온 회중의 회의와 다수결로 다스리는 회중 교회(Congregation Church)도 있다. 그런데 회중 교회는 언뜻 훨씬 더 민주적인 듯하지만, 엄청난 문제점이 있다. 그 문제점은 무엇일까?

역사상 아무리 탁월한 교회라고 할지라도, 온 회중이 성경과 교리에 대한 올바른 지식을 충분히 갖춘 경우는 드물다. 이에 따라, 교회의 중요 교리나 방향성을 온 회중의 회의로 정하는 건 상당한 위험성이 있다. 예를 들어, 만일 "교회가 동성 결혼 신자를 회원으로 받을 것인가?"의 문제를 다루는데 온 회중의 회의로 결정하면, 회중들은 부족한 교리와 성경 지식과 믿음으로, 세상의 가르침이나 선동에 휩쓸릴 염려가 있다. 즉 성경과 교리로 잘 무장된 장로들이 아닌 온 회중의 회의는 거짓 교리조차도 수용할 우려가 있다.

실제로, 미국의 대다수 회중 교회는 삼위일체 교리를 포기하고 "단일신론"(Unitarianism)에 넘어가게 되었는데, 역시 같은 이유이다. 사실 대부분 회중은 삼위일체 교리가 왜 중요한지를 정확하게 이해하지 못한다. 그래서 온 회중교회의 회의는 삼위일체 교리를 무용하게 여겨버렸고, 이로 인해 그냥 하나님을 한 분으로만 단일하게 이해하는 단일신론에 빠져버린 것이다.

3부 직분의 특성

I . 직분의 동등성

1) 직분의 동등성이란 무엇인지와 또 어느 성구에 근거하는지를 간단히 설명해 보시오.

직분의 동등성은 왕이신 그리스도를 제외한 지상교회의 모든 직분이 다 동등 하다는 의미이다. 풀어서 말하면, 장로교회의 항존직에 해당하는 목사, 장로, 집 사는 누가 더 높거나 낮다고 할 수 없고, 그들은 모두 그리스도의 종, 일꾼이며, 서로의 관계는 형제일 뿐이다. 이에 관한 대표적인 근거 성구로는 마 23:8-10이 있다.

2) 오늘날 한국 장로교회는 직분이 계급화된 경향이 크다. 독자가 생각하는 해 결책은 무엇일까? 배운 내용을 응용하여 말해 보시오.

제도적 대안으로는 임기제와 윤번제를 도입해 보는 방식이다. 물론, 임기제 와 윤번제가 더 성경적이거나 역사적으로 꼭 정답이라고 생각해선 안 된다. 오 히려, 역사적 개혁교회들은 임기제보다 종신직을 권고했던 사례도 빈번하다. 하지만, 한국교회의 정황상 직분의 계급화를 허무는 방편으로 시도할 만한 가 치는 있다.

또 현실적 대안으로는 성도들을 계속해서 교육하고, 교회 질서의 원리상 유일한 왕은 그리스도이심을 분명하게 인식하도록 하는 것이다. 특히 오늘날 현대 교회에서는 도덕적 교훈이나 개인 경건을 강조하는 설교들이 대부분이지만, 교회 질서와 직분에 대한 설교를 자주 하는 것도 좋은 방법이다.

3) 직분이 동등하다고 해서, 모든 직분의 관계가 완전히 친구와 같이 되어야만 할까? 실제로 직분의 계급화에 대한 반감으로 다른 직분에 무례하게 대하는 사례가 종종 있다. 이에 대한 해결책이 무엇인지를 설명해 보시오.

직분의 동등성은 어디까지나 그리스도께서 맡기신 그 직분의 직무에 관한 동등함을 의미한다. 즉, 나이가 많거나 경험이 많은 직분자에게도 같은 직분이라는 이유로 무례하거나 함부로 대하는 건 성경적이지도 않으며, 역사적 장로교회도 이를 결단코 허용하지 않았다. 특히 오늘날 한국 장로교회에서 담임목사, 부목사의 관계 혹은 장로, 집사의 관계가 다소 계급화된 경향이 있지만, 이를 동등하게 바꾸기 위해 급진적으로 완전 수평적 관계를 강요하는 건 결단코 옳지 못하다. 따라서 때로는 힘든 일은 나이 든 직분자보다 젊은 직분자가 좀 더 수고할 필요도 있으며, 또 기본적인 예절이나 여러 부수적인 여건들은 선배 직분자를 더 배려할 필요가 있다. 그러나 직분의 직무에 있어서는 차별이 있어서는 안 되고, 모두가 직무와 그 직무에 따른 동등한 권위를 누릴 수 있도록 해야 한다. 간단히 말해, 명예와 존경심은 선배와 후배를 따질 수 있어도, 직무와 권위는 동등해야 한다.

II. 직분의 복수성

1) 직분의 복수성에 대한 성경적 근거는 무엇인가?

신약 성경에서 사도들은 교회를 세울 때 항상 장로를 복수로 세웠다. 즉 성경은 교회의 직분이 복수로 세워져야 함을 분명하게 가르치는 것이다. 그래서 성경을 근거로 다스리는 역사적 장로교회는 항상 직분을 복수로 세워 왔다.

2) 오늘날 한국교회에는 (심지어 외국 장로교회보다) 직분자가 훨씬 많음에도, 목회자의 탈진 현상이 더 자주 일어난다. 그 이유는 무엇이며, 또 해결책은 무엇인가?

한국교회 안에서 대다수 직분은 직무와 무관하게 감투나 명예직으로 이해되는 경우가 많아서, 자연히 교회 안의 여러 일이 목회자에게만 집중되곤 한다. 쉽게 말해, 개교회에 장로나 집사가 많이 있음에도, 그들이 직분과 관련된 어떤 직무도 이행하지 않아서, 목회자에게만 일이 쏠리는 현상이다. 따라서 해결책은 교회의 모든 직분이 감투가 아닌 그리스도의 종이며 일꾼이라는 분명한 인식이 회복되어야 하고, 연이어 여러 직분이 함께 협력하며 그리스도께서 맡기신 직무를 잘 감당하여 교회의 모든 일이 균형 있게 분담되어야 한다.

III. 직분의 고유성

1) 직분의 고유성이 무엇인가? 앞서 배운 성구와 연결해서 설명해 보시오.

직분의 고유성은 그리스도께서 각 직분에게 고유한 은사와 함께 고유한 직무를 맡기셨음을 의미한다. 대표적인 근거 성구는 에베소서 4:11-16이다. 즉, 사람의 몸에 다양한 지체(손, 발, 머리, 팔)가 있고, 서로 다름에도 협력하고 조화를 이루듯이, 교회에도 여러 직분이 있으며, 이 직분이 서로 협력하여 그리스도의 한 몸을 세워가는 것이다. 간단히 말해서, 직분의 고유성은 각 직분에게 맡기신 고유한 직무가 있다는 뜻이다.

2) 직분의 고유성은 동등성과 왜 밀접하게 연결되는가? 그 이유를 간단히 설명해 보시오.

직분의 고유성이 침범 당하게 되면, 필연적으로 직분의 동등성도 파괴되기 때문이다. 목사는 목사의 직무, 장로는 장로의 직무, 집사는 집사의 직무가 있으며, 그 직무들이 각각 고유하게 주체적으로 수행되어야 하는데, 다른 직분이 이를 자꾸 간섭하거나 조종하려고 하다 보면, 결국 직분의 관계가 상하관계로 형성되어서, 직분이 계급화되는 결과를 초래하게 된다. 물론 직분 간의 상호 관계가 무관심이 되어선 안 되고, 때로는 친절한 충고를 통해, 서로를 돕고 세워주는 노력도 필요하다. 그러나 이런 도움과 관심이 고유성을 침범하는 정도까지 나아가선 안 된다.

3) 오늘날에는 교회 안에도 빚투, 부동산 투기, 혹은 코인(Coin) 등을 통해 노동 없이 오로지 불로소득만 의지하여 생계를 이어가려는 이들이 있다. 그러나 장로교회에서는 이를 결코 올바르게 여길 수 없다. 왜 그런가? 앞선 '직무가 없이는 직분도 없다.'에 근거하여 설명해 보시오.

장로교회는 직분을 성경에 근거하여 철저히 그리스도의 일꾼이며 종으로 이해한다. 직무가 없이 직분만 있는 명예직은 철저하게 거부한다. 따라서 장로교회의 성도들이 고유한 직무를 중심으로 직분에 대한 이해를 건전하게 잘 형성하게 되면, 세상에서 직업을 바라보는 시각도 자연히 변화하게 된다. 예를 들어, 오늘날 위험성이 높은 도박성 투자를 즐기거나, 큰돈을 쉽게 벌려는 사람들이 늘어나고 있다. 그러나 이는 직무(노동)가 없이 쉽게 수익을 내려는 행위임으로 결코 장로교회의 직분론에 적합하지 않다.

참된 장로교회 성도는 적은 수입을 번다고 할지라도, 사람들을 돕고 사회에 크게 이바지할 수 있는 직업을 더 좋게 여길 것이다. 그러므로 장로교회의 직분관이 잘 서게 되면, 올바른 직업관도 자연스럽게 형성되어 이 사회를 바르게 세워가는 데 큰 도움을 준다.

IV. 직분의 일체성

1) 창세기 1장과 2장의 사람 창조에서 하나님께서는 각각 어떤 명령을 주셨는가? 그리고 두 명령에 대한 남녀 관계에는 어떤 차이가 있는가?

하나님께서는 1장에서 사람을 만드시고 '땅을 정복하며, 모든 생물을 다스리라'(창 1:28)라는 문화명령을 주셨다. 2장에서는 사람을 에덴동산에 두시고, '경작하며 지키라', '선악과를 먹지 말라'라는 예배적/성례적 명령을 주셨다.

1장과 2장의 차이를 살펴보면, 먼저 1장에서는 남녀 모두에게 문화명령을 주셨다. 즉, 1장의 문맥상 이 명령을 받은 남녀 사이에 어떤 차이를 발견할 수 없다. 반면, 2장에서는 예배적/성례적 명령을 아담(남자)에게 주시고, 하와를 돕는 자로 지으신 뒤, 둘이 '한 몸'을 이루도록 하셨다. 이런 점에서 성경은 문화 영역에서 남녀를 명확히 구분하지 않아도, 예배적/성례적 영역에서는 남녀 간의 질서를 제정하셨음을 확인할 수 있다.

2) 오늘날 세상이 '남녀평등'을 강조해도, 결혼율 감소와 이혼율 증가는 멈추지 않는다. 평등 외에 남녀 관계에서 무엇이 함께 강조되어야 하는가?

남녀평등을 추구하는 노력 자체는 중요하다. 그러나 남녀평등만이 남녀 관계에서 추구해야 할 전부처럼 생각하는 건 위험하다. 현실적으로 결혼한 부부 사이에 완전 평등 관계를 이루는 건 불가능하다. 수십 년간 함께 사는 부부 사이에는 헤아릴 수 없을 만큼, 서로 간의 관계에서 불평등한 상황을 마주하게 된다. 만일, 남녀평등만을 너무 중요하게 여기면, 이런 차별적 상황에서 민감하게 반응하고, 이혼을 조장할 우려가 있다. 따라서 남녀 관계는 평등을 추구하는 것도 중요하지만, 추가로 일체성, 곧 연합의 사고를 하려는 노력도 필요하다. 쉽게 말해, 결혼한 부부는 서로 한 몸이라고 인식하고, 설령 차별적 상황이 오더라도, 배우자를 '남'처럼 여기지 않고, 자신과 한 몸이라는 생각을 가져야 한다. 즉 배우자를 위해 자신을 희생하고, 배우자의 기쁨과 슬픔을 자신의 것처럼 여기는 자세가 오늘날에 더 강조되어야 한다.

3) 여성 목사 제도를 허용하지 않는 것이 꼭 남녀 차별일까? '직분은 남녀가 일체로 받는다.'를 토대로 차별이 아니라는 점을 설명해 보시오.

오늘날 현대 장로교회는 직분을 지나치게 개인화시켜 버리고 말았다. 그러나, 성경은 부부를 '한 몸'으로 가르치며, 직분은 이렇게 '한 몸'을 이룬 성도가 받도록 가르친다는 사실을 기억해야 한다. 애초에 직분은 세상 직업과 엄연히 구별된 하나님의 거룩한 소명으로 교회를 섬기는 일이다. 즉 하나님께서 택하신 사람이 세워지는 것으로, 개인의 장래 희망과 같이 스스로 택할 수 있는 게 아니다. 더욱이, 여성을 목사나 장로로 세우지 않는다고 해서, 이걸 여성들이 스스로 차별이라고 생각할 필요도 없다. 왜냐하면 여성은 남편과 결혼하여서 한 몸으로 함께 그 직분을 섬기기 때문이다.

오늘날 현대 교회 내부의 무질서함과 인간관계에서 발생하는 여러 갈등은 개인화된 직분론과 크게 관련이 있다. 교회 생활은 '남편 따로, 아내 따로, 자녀 따로'가 아니다. 가족은 한 몸으로서 교회를 섬긴다. 그런데 오늘날 직분의 개인화가 이런 일체성을 더 무너뜨렸으며, 교회 질서 혼란을 가중했다. 추가로 우리는 여성 목사 제도가 '장로교회를 더 장로교회답게 성경적으로 세울 수 있는가?'라는 질문을 던져야 한다. 다시 말하지만, 직분은 그리스도께서 세우시고, 주님의 교회를 섬기는 일꾼이다. 실제로 교회를 성경적으로 회복하는 데 유익이 없는 걸 권장하는 건 좋지 못한 일이다.

4부 직분의 직무

Ⅰ. 장로의 직무

1) 장로는 어떤 목자였는가? 본 장에 제시된 세 가지를 각각 설명해 보시오.

장로는 먼저 위로하는 목자이다. 즉 그는 회중 안에 낙심하거나, 고민에 빠진 이들과 병자들을 돌보고 위로하는 직무를 감당해야 한다. 성경은 장로의 이러한 직무를 분명하게 가르친다.

장로는 또한 바른 교훈으로 권면하는 목자이다. 이에 따라 장로는 말씀과 교리에 능통해야 하고, 목사와 성경에 관한 같은 이해와 관점을 가져야 한다. 또 성도들이 말씀을 잘 듣고, 올바로 이해했는지, 어떻게 실천하며 사는가를 돌아보아야 한다.

그리고 장로는 거짓으로부터 지키는 목자이다. 따라서 그는 올바른 성경과 교리적 지식을 가지고, 이단과 시대적 흐름의 옳고 그름을 분별할 수 있어야 하며, 이를 통해 당회에서나 혹은 심방을 통해 회중을 거짓으로부터 잘 지킬 수 있어야 한다.

2) 현대 교회에서는 장로의 직무가 축소되는 현상이 나타난다. 장로의 심방을 교역자들이 대신하고, 또 당회(장로회)에서 논의할 내용도 교역자 회의에서 다루어지곤 한다. 물론, 교역자들이 장로의 이런 직무들을 대신 감당할 수 있으나,

여기에는 장단점이 분명 존재한다. 어떤 장단점이 있을까? 자유롭게 말해 보시오.

일단 교역자는 장로와 달리, 대부분 신학교를 졸업하여, 신학적 지식과 훈련이 어느 정도 되었다는 점이다. 따라서 회중의 심방, 혹은 회의를 할 때, 교역자들은 좀 더 성경적이거나 교리상 올바른 회의의 결과를 얻어낼 수 있다.

한편, 장로는 교역자와 같이 신학교에서 공부하지 않아도, 오랜 신앙생활에서 묻어나는 연륜이 있고, 또 교회를 오랫동안(최소 5년 이상) 섬겼기에 회중의 모든 상황을 잘 알고 있다. 오히려, 교역자는 현대 교회의 특성상 길어도 5년 내외로 사역지를 이동하는 경우가 많아서, 회중들과 교회의 상황을 잘 모르는 경우가 많다. 따라서 장로의 심방과 회의는 깊은 신학적 가르침이나 내용을 다루지는 못하더라도, 성도에게 현실적이며 필요한 조언을 할 수 있으며, 회의에서도 오랜 연륜과 경험 때문에, 어떤 어려움 속에서도 노련하게 대처할 수 있는 능력이 있다. 이런 점에서는 교역자보다 장로들이 더 낫다고 볼 수 있다.

그렇다면 전통적인 장로들의 직무를 교역자로 대체하는 현대 교회의 운영 방침이 더 나은 것일까? 꼭 그렇다고 볼 수 없다. 왜냐하면, 교역자의 장점인 신학 공부는 장로들이 노력만 한다면, 2~3년 이내에 충분한 지식을 얻을 수 있지만, 장로들의 장점인 오랜 연륜과 경험은 수년 만에 얻어낼 수 있는 것들이 아니기 때문이다. 즉 전통적인 장로들의 직무인 심방이나 회의를 유급 교역자로 대체하기보다, 성경과 교리에 해박한 장로들을 잘 육성하여서, 그들을 통해 본연의 사역을 감당하게 하는 것이 교회에 훨씬 유익이다.

II. 목사의 직무

1) 본 장에서 다룬 가르치는 장로로서의 목사의 세 가지 직무는 무엇이었는가? 만일 독자가 교회의 회중이라면, 여기서 배운 목사의 직무를 교회에서 어떻게 적용할 수 있을까?

목사의 직무는 말씀과 교리를 가르치는 일, 성례를 거행하는 일, 그리고 성도를 위해 기도하는 일이다. 물론, 현대 장로교회의 『헌법』이 더 많은 직무를 제시하지만, 결국 핵심적으로는 앞서 언급한 세 가지로 요약이 가능하다.

만일 독자가 교회의 회중이라면, 교회에서 목사가 그의 본연의 직무에 해당하는 이 세 가지를 충실히 감당할 수 있도록 돕는 일도 대단히 중요하다. 특히, 목사는 교회에 있어서 가장 중요한 직분인 만큼, 말씀과 교리, 기도, 성례를 거행하는 일에 집중할 수 있도록, 교회의 잡무나 기타 문제들을 회중들이 도맡아 감당해주는 것도 중요하다.

2) 오늘날 일부 현대 교회에는 "교육 목사", "음악 목사" 등 목사 안에서 여러 직책을 분류하기도 한다. 그러나 이런 식으로 직책을 분류하는 건, 근본적으로 문제점이 있다. 앞서 배운 목사의 직무를 토대로 문제점이 무엇인지를 설명해 보시오.

애초에 목사는 말씀(교리), 성례, 기도, 그 외에도 다스리는 장로와 치리회원으로서 교회 회중의 신앙을 총괄한다. 즉 목사라는 직분 자체가 갖는 본연의 직무는 정해져 있다. 그런데, 여기에 교육 목사, 음악 목사 등으로 다른 직무를 더 붙이는 건 위험한 발상이다. 즉 이런 직책은 목사가 그리스도께서 맡기신 본연의 직무를 충실히 감당하지 않고, 다른 전문화된 일에 몰두하게 할 위험성이 있다.

쉽게 예를 들면, 어떤 의사가 돈벌이가 잘되지 않으니까, "요리 - 의사"라는 직책을 만들어낸 것과 다를 바가 없다. 즉 의사가 감당해야 할 본연의 직무는 병을 고치는 일이다. 그런데 이 일에 일평생 몰두해도 시간이 모자라는데, 요리를 같이하면서 병을 고치겠다는 건, 무리한 일이 아니겠는가? 이처럼, 오늘날 현대 교회가 목사의 직무에 새로운 일을 추가하는 태도는 성경적이지도 않으며, 자칫 교회를 왕이신 그리스도의 뜻대로 세우지 않고, 세속화할 위험이 다분하다.

3) 종종 한국교회에서는 "*노회장입니다" 혹은 "***총회장입니다"라는 호칭을 듣곤 한다. 심지어, 국내 어느 이단의 교주도 자신을 '총회장'이라고 호칭한다. 그런데 이렇게 '노회장'이나 '총회장'으로 호칭하는 건, 역사적 장로교회와 개혁교회의 질서상 전혀 옳지 못하다. 어떤 점에서 그러한가?**

역사적 장로교회와 개혁교회는 직분의 동등성에 근거하여 자신을 남보다 높이는 어떤 호칭도 좋게 여기지 않는다. 즉 총회장과 노회장은 엄밀하게 '총회'와 '노회'라는 그 회의를 인도하고 주관하기 위한 '의장'으로서의 직책에만 해당하고, 그 회의가 끝나게 되면, 자동으로 총회장직과 노회장직은 종결된다. 다시 말해, 회의를 진행하는 그 일을 위해서 일시적으로 주어진 직책에 불과하다. 따라서 총회장이나 노회장이라는 호칭을 회의가 끝난 이후에도, 밖으로 가져와서, 마치 다른 목회자보다 자신을 더 높게 여기거나 우월하게 여기는 건 전혀 성경적이지도 않으며, 장로교적 사고가 아니다.

III. 집사의 직무

1) 집사의 핵심 직무는 무엇인가? 이에 대해서는 성경의 어느 구절이 가장 잘 보여 주는가?

집사의 핵심적 직무는 구제이다. 근거 성구로는 사도행전 6장이다. 사도들은 헬라파 유대인 과부가 구제에서 제외되는 사건이 발생했을 때, 이 구제의 사역을 전담하는 일을 맡기기 위해 일곱 집사를 세웠다. 따라서 역사적 장로교회는 이러한 성구에 근거하여, 집사의 직무를 구제하는 일로 이해해 왔으며, 때에 따라서는 집사에게 사무나 행정의 일을 맡기기도 한다.

2) 오늘날 한국교회에서는 집사의 직무가 구제와 동떨어져 버렸다. 그러나 구제하는 본연의 직무가 회복된다면, 어떤 유익이 있는가? 이에 관해 설명해 보시오.

첫째는 '주님과 온 회중의 사랑을 경험하게 하는 것'이다. 즉 집사가 공적으로 주의 이름으로 약자들을 구제하기 때문에, 구제받는 자는 주의 사랑을 느낄 뿐 아니라, 온 회중의 따뜻한 관심도 경험하게 된다.

둘째로 은밀하게 구제하라는 주님의 말씀을 실천할 수 있다. 만일 직접 돕게 되면, 누가 도와주었는지를 알게 되고, 영광이 사람에게 돌려지기에 십상이다. 그러나 집사를 통해 구제하게 되면, 구제한 사람이 누구인지를 숨길 수 있고, 이를 통해 오직 영광을 주님께 돌릴 수 있다.

셋째는 교회 안의 약자를 효과적으로 발견할 수 있다는 것이다. 오늘날 한국 교회는 구제를 많이 하지만, 정작 교회 밖으로만 구제할 뿐, 교회 안의 약자를 쉽게 간과한다. 그러나 집사가 심방을 통해 교회 안에 약자들을 두루 살피게 되면, 교회 안에 누가 도움이 필요한지를 쉽게 파악하고, 그들을 효과적으로 구제할 수 있게 된다.

넷째로 조직적이며 창의적인 구제가 가능하다. 집사의 구제 사역이 회복되면, 교회 안에서 집사회를 구성하여, 정기적인 모임을 통해 교회 안팎으로 어떻게 약자들을 도울 수 있는지를 계속해서 논의하게 된다. 즉 집사들의 지속적인 고민과 노력을 통해, 단순히 돈을 주는 방법 이외에도 물건이나 노동력을 제공하고, 또 여러 상황에서 간과하기 쉬운 어려운 이웃들을 효과적으로 도울 수 있게 된다.

다섯째는 기독교 공산주의에 관한 생각이 교회 안에서 사라지게 된다. 왜냐하면, 집사를 통해 모든 성도가 자원하는 마음으로 구제에 참여하게 되고, 이를 통해 강제적인 제도로 재산을 분배하는 것이 얼마나 어리석은 일인가를 쉽게 깨닫게 된다.

3) 어느 날 갑자기 큰 지진이 발생하여, 교회의 몇 성도의 집이 완전히 무너지고 말았다. 그래서 직분자들과 몇몇 성도들은 집이 무너져 버린 성도를 찾아가서 위로해 주고자 했다. 그러나 그들이 할 수 있는 말은 '기도하겠습니다.' '주님이 좋은 일을 주실 겁니다.'라는 말뿐이었고, 집이 무너진 성도들은 큰 위로를 받지 못했다. 과연, 교회는 그들에게 주님의 위로와 돌봄을 이런 식으로만 나타내야 하는가? 본 장에서 다른 집사의 직무를 응용하여 설명해 보시오.

구제하는 집사의 직무가 회복된다면, 이런 상황에서 집사들은 모여서 논의를 통해, 구제금을 모으고, 또 무너진 집을 지어주거나, 혹은 당분간 지낼 집을 알아봐 주거나, 음식을 제공하는 여러 구제의 사역을 조직적으로 구상할 수 있게 된다. 즉, 예수님께서 말씀으로만 제자들과 약자를 돌보지 않으시고, 친히 오병이어의 떡으로 그들을 먹이시고, 병을 고쳐주셨듯이, 교회는 집사의 직분을 통해, 성도들의 물질적인 필요도 채우고 도와야 한다.

실제로, 오늘날 이런 문제 외에도, 집사의 직분이 회복된다면, 교회 안에서 여러 현실적인 문제로 고민하고 어려움에 빠진 성도들을 얼마든지 돕고, 주님의 따뜻한 사랑을 경험하도록 도울 수 있을 것이다.

미주

1부 장로교회와 의회민주주의: 국가를 바꾼 장로교회의 이야기

1　중세 봉건제에 관한 상세하고 좋은 설명으로 Brown, E. A. R., "feudalism", Encyclopedia Britannica, February 12, 2021. https://www.britannica.com/topic/feudalism을 참고하라.

2　전제군주(Despotic Monarchy)와 구분되는 절대군주(Absolute Monarchy)는 주로 18세기 프랑스의 통치체제를 지칭할 때 사용된다. 또 어떤 역사학자들은 절대군주가 전제군주와 달리 좋은 의도를 품고 있으며, 그에게 헌법적 또는 법적 구속이 존재한다고 주장하면서 이 개념을 강조하기도 했다. Mark Goldie and Robert Wokler, The Cambridge History of Eighteenth-Century Political Thought, (New York: Cambridge University Press, 2008), 523.

3　"15세기와 16세기 후반 서유럽의 거의 모든 부분에서 왕권의 엄청난 성장이 목격됐다. 왕권은 의회(parliaments), 자유도시들(free cities), 성직자(clergy) 등 다른 기관들의 비용으로 성장했다. 봉신들(feudatories)과 조합들(corporations) 사이에 크게 흩어진 정치 권력은 정치적 체제들의 국가적 통합을 증대시킨 수령인 국왕들의 손에 맡겨졌다." Andries Raath and Shaun de Freitas, "Theologico-Political Federalism: The Office of Magistracy and the Legacy of Heinrich Bullinger (1504-1575)," Westminster Theological Journal, 63 (2001), 285.

4　현대의 전제군주제를 공식적으로 채택하는 국가는 사우디아라비아, 브루나이, 카타르, 오만 등이 있다. 그 외 북한의 경우는 명목상 민주주의를 말하지만, 실상은 전제군주제식 독재에 가깝다.

5　Robert Garland, Athenian Democracy: An Experiment for the Ages, (Virginia: The Teaching Company, 2018), 23.

6　갈란드(Garland)는 근현대 서구 민주주의와의 차이를 총 8가지로 제시한다. 첫째는 서구 자유민주주의의 대의 정치와 다르게, 비록 전체 인구의 10에서 20%에 불과하기는 해도, 모든 시민이 정치 과정에 참여했다는 점, 둘째는 정당 체계가 없고 파벌만 있었다는 점, 셋째는 모든 투표가 사실상 국민투표였고 정부(government)와 반대가 없었다는 점, 넷째는 전문 정치인이 없었다는 점, 다섯째는 최고 사령관이 없이 모두 동등한 계급과 경쟁자였다는 점, 여섯째는 국회가 어떤 책임을 지지 않았다는 점, 일곱째는 엄선된 위원회가 없이 순전히 시민에 대한 믿음으로 투표가 진행됐다는 점, 여덟째는 시민들에게 의무적인 군 복무와 의회에서도 1년간 근무 기간이 있었다는 점이다. Garland, Athenian Democracy, 10-11.

7　Michael G. Hanchard, The Spectre of Race: How Discrimination Haunts Western Democracy, (Princeton: Princeton University Press, 2018), 169.

8　아테네가 중우정치로 전락했다는 대표적인 예로 '소크라테스의 죽음'이 거론된다. 물론, 소크라테스의 글과 사상은 동의할 수 없으나, '과연 그가 사형 선고를 받을 만큼의 큰 죄를 저질렀는가'에는 여전히 의문이다. 그의 죽음에 부당성을 주장한 크세노폰(Xenophon)과 플라톤(Plato)의 글은 편향되었을 가능성이 있기에 완전히 신뢰할 수 없지만, 정황상으로 소크라테스는 당시 민중의 선동에 의한 다수결로 사형 선고를 받았을 확률이 높다. Garland, Athenian Democracy, 116.

9　로마 역사 중에는 왕정을 폐지하고 귀족정을 통한 공화국을 설립하여 이후 제국이 되어서도 시민권(citizenship)과 법

의 보편성으로 민주주의와 유사한 속성들을 유지했던 건 사실이다. 그러나 로마 제국에서 아테네의 민주주의가 완전히 사라졌고, 역사적 연속성을 잃어버린 건 분명하다.

10　그 외 사몬스 2세(Loren J. Samons II)는 고대 아테네 시민들이 정치활동에 참여하기 위해 먼 거리를 이동하려는 노력을 하지도 않았고, 애초에 모든 시민의 참여 자체를 의도하지도 않았다고 지적한다. 또 아테네 시민들은 디오니소스의 경배(Dionysus's honor)에 심취하여, 온갖 성적 문란과 강간의 문화 등도 있었음을 지적한다. Loren J. Samons II, What's Wrong with Democracy?: From Athenian Practice to American Worship, (London: University of California Press, 2004), 163-186. 그의 모든 주장에 동의할 수 없으나, 그는 고대 아테네의 민주주의 이념이 근현대 민주주의와 다르다는 점을 잘 드러낸다. 또 보르지오(Charles Borgeaud)는 고대 민주주의가 법의 새로운 개념을 발견하는 데 기여하기는 했으나, 중세 암흑기를 거쳐 사라지게 되었고, 오히려 근대 정치의 기원은 16세기 종교개혁에 있다고 주장한다. 이에 관한 내용은 Charles Borgeaud, The Rise of Modern Democracy in Old and New England, (Marrickville: Wentworth Press, 2016)을 보라.

11　물론 세계 국가들이 영국의 의원내각제를 그대로 수용했다는 건 아니다. 예를 들면, 미국의 "대통령 중심제"(Presidential System), 프랑스의 "이원집정부제"(Semi-Presidential System)가 대표적이다.

12　본래 영국은 자신들의 의원내각제가 다른 국가에서도 통하는지를 확인하기 위해 식민지에도 도입했으며, 이로 인해 지금까지 여러 국가가 이 체계를 유지하게 되었다. 이에 관한 세부적인 설명으로 Harshan Kumarasingham, "Exporting Executive Accountability?: Westminster Legacies of Executive Power", Parliamentary Affairs 66 (2013): 579-596을 참고하라.

13　예를 들어, 브리태니커 백과사전(Encyclopædia Britannica)은 "의원내각제"(Parliamentary System)를 "영국에서 기원했으며, 이전 식민지 중 여러 곳에 채택되었다."라고 정의한다. Britannica, "parliamentary system", Encyclopedia Britannica, April 1, 2019. https://www.britannica.com/topic/parliamentary-system . 또 한국민족대백과사전은 "의원내각제는 17세기 말 명예혁명 이후 영국에서 최초로 성립했다. 국왕의 자문을 위하여 설립된 개별장관책임제도(個別長官責任制度)가 발전하여, 의회에 대한 국정의 책임을 내각에 두는 의원내각제의 원초적 형태를 성립시켰다"라고 정의한다. "의원내각제(議院內閣制)", 『한국민족대백과사전』, http://encykorea.aks.ac.kr/Contents/Item/E0043345 .

14　이에 관한 설명으로 필자의 강희현, 『슬기로운 신앙생활』 (서울: 리바이벌북스, 2021)의 1장 "개혁주의는 무엇인가?"를 참고하라. 여기서 개혁주의 신학이 곧 전통적 장로교회의 신학이다.

15　헨리 8세의 사후 에드워드 6세(Edward IV)가 즉위했을 때만 해도, 개혁파 신학에 충실한 마틴 부처(Martin Bucer), 피에트로 베르밀리(Pietro Martire Vermigli) 등이 옥스퍼드에서 종교개혁을 도왔다. 또 국교회를 장로교회와 같이 개혁하기를 원했던 토마스 크랜머(Thomas Cranmer), 존 후퍼(John Hooper), 휴 라티머(Huge Latimer), 니콜라스 리들리(Nicholas Ridley)와 같은 국교회의 주교들도 개혁을 적극적으로 추진했다. 그러나 에드워드가 6년 만에 요절하고 가톨릭 여왕 메리가 즉위하면서, 이런 주교들은 모조리 화형을 당했고, 국교회의 종교개혁은 사실상 이때부터 계속 멈추게 되었다. Robert Letham, The Westminster Assembly: Reading Its Theology in Historical Context, ed. Carl R. Trueman, The Westminster Assembly and the Reformed Faith, (Phillipsburg, NJ: P&R Publishing, 2009), 12-13.

16　헤더링턴(William M. Hetherington)은 국교회의 애매한 개혁을 가리켜서 "영국 국교회가 그녀(엘리자베스 1세)의 이후로도 거대한 대성당 중 하나처럼, 웅장하게 석화된 종교의 집단(a stately mass of petrified religion)으로 남은 하나님을 숭배하는 인간 발명품들의 혼합물이다."라고 말하기도 했다. W. M. Hetherington, History of the Westminster Assembly of Divines (Edmonton: Still Waters Revival Books, 1993), 35.

17 이에 대해서는 추후 '장로교회의 회의'에서 자세히 다룰 것이다.

18 스코틀랜드와 잉글랜드가 공동 국왕을 세우게 된 이유는 잉글랜드의 엘리자베스 1세(Elizabeth I)가 결혼도 하지 않은 채로 죽었기 때문이다. 그래서 스코틀랜드의 제임스 6세가 잉글랜드의 제임스 1세(James I)로 즉위하면서, 그 후로 공동 국왕의 역사가 계속 이어졌다. Letham, The Westminster Assembly. 48.

19 스코틀랜드와 잉글랜드의 정치적 온도 차이는 본래 스코틀랜드 국왕이었던 제임스 1세가 잉글랜드 국왕까지 되었을 때 가장 절실하게 느꼈다. 그는 스코틀랜드 장로교회를 경험하다가 잉글랜드 국교회를 경험한 뒤, "(국교회의) 주교 없이는 군주제도 없다."(no bishop no king)라는 유명한 말을 남기기도 했다. 김중락, 『스코틀랜드 종교개혁사』 (안산: 흑곰북스, 2017), 202. 쉽게 말해, 장로교회의 스코틀랜드는 귀족 의회가 너무 막강해서 국왕에게 아무런 힘이 없었지만, 국교회의 잉글랜드는 국왕이 교회의 수장으로서 모든 걸 마음대로 할 수 있었다.

20 영국 휘그당과 토리당의 발생 기원에 신뢰할만한 설명은 영국의 공식 웹사이트 UK Parliament에 "Whigs and Tories"를 보라.

21 앞선 역사에서 영국은 청교도 혁명으로 크롬웰을 중심으로 하는 공화정 형태의 정부가 탄생했었다. 그러나 크롬웰의 죽음 이후로 영국의 정치계에는 혼란이 찾아왔고, 이로 인해 유배를 보낸 왕을 다시 부르는 왕정복고가 일어났다.

22 브레다 선언은 1660년 4월 14일 (왕으로 복귀하기 전에) 네덜란드 브레다(Breda)에서 찰스 2세에 의해 행해진 것이다. 그는 왕국의 평화에 영향을 미치지 않는 종교의 문제에 대해서는 백성들에게 "소중한 양심을 위한 자유"(liberty to tender consciences)를 부여할 준비가 되어 있다고 선언했다. F. L. Cross and Elizabeth A. Livingstone, Eds., The Oxford dictionary of the Christian Church, (New York: Oxford University Press, 2005), 235.

23 Benson Lossing, Ed., Harper's Encyclopedia of United States History, Vol. 2, (Medford, MA: Perseus Digital Library), 98-99.

24 이상규, 『교회개혁과 부흥 운동』 (서울: SFC, 2004), 228.

25 조지 쿡(George Cook)은 찰스 2세를 어떠한 장점도 없는 최악의 왕으로 평가한다. 이에 관한 내용은 George Cook, The History of the Church of Scotland, Vol. 3. (Edinburgh; London: Archibald Constable and Co.; Longman, Hurst, Rees, Orme, and Brown; George Ramsay and Company, 1815), 392-395을 보라.

26 Philip Schaff, The Creeds of Christendom, with a History and Critical Notes: The History of Creeds, Vol. 1, (New York: Harper & Brothers, Publishers, 1878), 724.

27 Mark Water, The New Encyclopedia of Christian Martyrs, (Alresford, Hampshire: John Hunt Publishers Ltd, 2001), 779.

28 Edward Vallance, The Glorious Revolution: 1688 Britain's Fight for Liberty, (London: Abacus, 2007), Chapter 7, [Ebook].

29 J. King Hewison, The Covenanters A History of the Church in Scotland from the Reformation to the Revolution, Vol. 2, (Glasgow: John Smith and Son, 1913), 512.

30 Schaff, The Creeds of Christendom, Vol. 1, 724.

31 Tony Claydon, William III and the Godly Revolution, (New York: Cambridge University Press, 1996), 8-10.

32 Sharon Rusten with E. Michael, The Complete Book of When & Where in the Bible and throughout History, (Wheaton, IL: Tyndale House Publishers, Inc., 2005), 287; Lossing, Ed., Harper's Encyclopedia of United States History, 4316.

33 Claydon, William III and the Godly Revolution, 10.

34 이 밀서에는 발신자인 영국의 저명한 일곱 귀족의 암호(ciphers)가 첨부되어 있으며, 역사가들은 그들을 "불멸의 칠인"(Immortal Seven)이라고 부른다. 일곱 귀족의 이름을 나열하면, 윌리엄 카벤디쉬(William Cavendis), 런던의 주교였던 헨리 컴튼(Henry Compton), 리처드 럼리(Richard Lumley), 토마스 오스본(Thomas Osborne), 에드워드 러셀(Edward Russell), 헨리 시드니(Henry Sidney), 그리고 찰스 탈봇(Charles Talbot)이다. Tapsell, Grant, "Immortal Seven (act, 1688)", Oxford Dictionary of National Biography (4) Oct. 2007; Accessed 26 Jan. 2022. https://www.oxforddnb.com/view/10.1093/ref:odnb/9780198614128.001.0001/odnb-9780198614128-e-95260 .

35 이에 대한 영역은 National Archieve에서 열람이 가능하다. 웹사이트 주소는 다음과 같다. https://www.nationalarchives.gov.uk/education/resources/significant-events/glorious-revolution-1688/ .

36 Vallance, The Glorious Revolution, Chapter 4. [EBook]

37 Vallance, The Glorious Revolution, Chapter 4. [EBook]

38 Vallance, The Glorious Revolution, Chapter 4. [EBook]

39 Vallance, The Glorious Revolution, Chapter 4. [EBook]

40 Vallance, The Glorious Revolution, Chapter 4. [EBook]

41 Vallance, The Glorious Revolution, Chapter 4. [EBook]

42 Herman C. Hanko, "William III of Orange: Warrior of the Faith", Standard Bearer 72 (1996): 180.

43 Hanko, "William III of Orange: Warrior of the Faith", 180. 가톨릭 군주를 폐위하기 위해 출항하는 윌리엄을 돕는 바람을 당시 백성들은 "개신교 바람"이라고 불렀으며, 그를 방해하는 바람을 "교황의 바람"이라고 불렀다.

44 James Aitken Wylie, The History Of Protestantism, (Harrington: Delmarva Publications, 2013), Chapter 30, [EBook].

45 Peter Ackroyd, Rebellion: The History of England from James I to the Glorious Revolution, (New York: St. Martin's Press, 2014), Chapter 45, [EBook].

46 Ackroyd, Rebellion, Chapter 45, [EBook].

47   Ackroyd, Rebellion, Chapter 45, [EBook]. 엄밀히 말하면, '적'이라기보다는 언니의 남편인 '형부'이다.

48   Claydon, William III and the Godly Revolution, 149.

49   Cyril Ransome, Elementary History of England, (London: Rivington, Percival and CO, 1897), 164.

50   G. M. Trevelyan, The History of England, (London; New York: Longmans, Green, 1945), 475.

51   예를 들어 웨스트민스터 신앙고백서는 다음과 같이 고백한다. "성경의 절대적인 해석의 규범은 성경 그 자체이다."(1.9) Westminster Assembly, The Westminster Confession of Faith: Edinburgh Edition, (Philadelphia: William S. Young, 1851), 20.

52   Henry Cowan, John Knox: The Hero of the Scottish Reformation, (New York; London: G. P. Putnam's Sons, 1905), 382.

53   Benjamin B. Warfield, The Works of Benjamin B. Warfield: The Westminster Assembly and Its Work, Vol. 6, (Grand Rapids: Baker Book House Company, 2008), 4-5.

54   Joel R. Beeke, "Honoring & Exercising Authority", The Banner of Sovereign Grace Truth, 20 (2012), 62.

55   다소 과장되었을 가능성을 부정할 수 없지만, 윌리엄은 아주 독실한 개혁교회의 신자였으며, 메리는 독실한 영국 국교회의 신자였다. 한 사례로는 본래 윌리엄이 아내 메리에게 아주 무관심했었으나, 메리가 "남편들아 아내를 사랑하며 괴롭게 하지 말라"(골 3:19)라는 말씀을 권면한 뒤, 윌리엄이 그 후로 메리에게 적극적인 관심을 주었고 금슬이 아주 좋게 되었다. 또 메리는 "아내들아 남편에게 복종하라"(골 3:18)라는 말씀을 기억하여, 영국의 공동 국왕임에도 남편의 통치 방식을 항상 존중하고, 그를 따르려고 애썼다. Vallance, The Glorious Revolution, Chapter 8, [EBook]. 이처럼 그들에게는 말씀을 지키고 순종하려는 삶의 태도가 있었다.

56   윌리엄이 정치를 잘한 왕으로 평가되지는 않는다. 왜냐하면, 그는 일찍 요절했을 뿐 아니라, 명예혁명에서 보여 준 패기와 달리, 즉위 이후로 병에 걸려 소심하고 무뚝뚝한 모습을 보여 의회로부터 상당한 미움과 비난을 사기도 했기 때문이다. Vallance, The Glorious Revolution, Chapter 9, [EBook].

57   Vallance, The Glorious Revolution, Chapter 9, [EBook].

58   Vallance, The Glorious Revolution, Chapter 9, [EBook].

59   그녀가 스튜어트 혈통이라는 점이나, 개신교도(성공회)라는 점에서 토리당의 큰 환영을 받으며 왕위에 올랐다. R. J. White, A Short History Of England, (New York: Cambridge University Press. 1967), 186-187.

60   앤은 왕위에 오를 때부터 이미 아픈 여성이었고, 17번의 임신 중 오직 5명의 아이만이 살았다가, 1700년 유일하게 살아남은 자식 글로스터 공작까지 죽으면서 그녀의 육체와 정신은 더 심각한 상황에 이르렀다. Vallance, The Glorious Revolution, Conclusion, [EBook].

61   G. M. Trevelyan, England Under the Stuarts, (London; New York: Taylor & Francis Group, 2002), 491.

62   Trevelyan, England Under the Stuarts, 491.

63   30년 전쟁(Thirty Years War)은 1608년에 개신교 제후들이 복음주의 연합을 결성하고, 가톨릭 통치자들은 곧 가톨릭 연맹으로 이에 맞서면서 서서히 시작되었다. 명목상은 개신교와 가톨릭의 종교전쟁으로 알려졌지만, 사실 신학적 차이는 극히 일부에 불과했다. 오히려 국가 간의 경쟁, 경제적 어려움, 제국을 확장하려는 야망이 전쟁을 더 복잡하게 만들었다. Rusten with Michael, The Complete Book of When & Where in the Bible and throughout History, 256-259.

64   앞선 윌리엄도 네덜란드 출신의 왕이었지만, 그의 어머니는 영국인이었기 때문에, 그는 영어를 유창하게 구사했다. 반면, 조지 1세는 어릴 적부터 누구에게도 영어를 배우지 못한 토종 독일인이었다. David Starkey, Crown and Country: A History of England through the Monarchy, (London: HarperCollins Publishers, 2010), Chapter 22, [Ebook].

65   Starkey, Crown and Country, Chapter 22, [Ebook].

66   조지 1세가 즉위한 이후로 휘그당은 무려 60년간 영국에서 정권을 차지한다. Starkey, Crown and Country, Chapter 22, [Ebook].

67   Simon Jenkins, A Short History of England: The Glorious Story of A Rowdy Nation, (New York: PublicAffair, 2011), "Walpole and Pitt the Elder - 1714-1744", [Ebook].

68   이에 관한 내용은 Parliamentary Education Office에 게재된 "A short history of Parliament"에서도 확인이 가능하다. 웹 주소는 https://peo.gov.au/understand-our-parliament/history-of-parliament/history-milestones/a-short-history-of-parliament/.

69   영국의 역대 총리를 살펴보면, 월폴 이후에도 윌밍턴 백작(Earl of Wilmington, 1742-1743), 헨리 펠햄(Henry Pelham, 1743-1754), 뉴캐슬 공작(Duke of Newcastle, 1754-1756), 데번셔 공작(Duke of Devonshire, 1756-1757), 뉴캐슬 공작(Duke of Newcastle, 1757-1762)이었고, 이후 토리당에서 1년 동안 총리를 세웠지만, 다시 이후로 휘그당에서 정권을 계속 이어갔다. Catherine Soanes and Angus Stevenson, Eds., Concise Oxford English dictionary, (New York: Oxford University Press, 2004), Appendix 2.

70   오늘날에 영국 여왕과 의회의 관계를 잘 생각해 보라. 지금의 영국 여왕 엘리자베스 2세는 철저하게 상징적인 인물로 전혀 정치에 관여하지 않으며, 정치는 오직 의회와 행정부에서 이루어진다.

71   William Peterfield Trent, Ed., Cambridge History of American Literature, Colonial and Revolutionary Literature, Early National Literature, Part I, Cambridge History of American Literature, (Medford, MA: Perseus Digital Library), 33.

72   James E. Seelye jr, Shawn Selby eds, Shaping North America: From Exploration to the American Revolution, Vol. 3, (Santa Barbara: ABC-CLIO), 778.

73   Richard Taylor Stevenson, John Calvin: The Statesman, (Cincinnati; New York: Jennings and Graham; Eaton and Mains, 1907), 194-197.

74   물론 호튼(Horton)은 민주주의가 제도상 종교개혁의 산물이며, 교회는 엄밀하게 민주주의가 아닌 하나님을 주인

으로 삼는 신주주의라는 점을 연이어 설명한다. Michael S. Horton, Made in America: The Shaping of Modern American Evangelicalism, (Eugene, OR: Wipf & Stock Publishers, 2006), 32-33.

75   Francis A. Schaeffer, How Should We Then Live?: The Rise and Decline of Western Thought and Culture, 50th L'Abri Anniversary Edition., (Wheaton, IL: Crossway, 2005), 108-110.

76   Schaeffer, How Should We Then Live?, 108-110; Jeremy Black, Robert Walpole and The Nature of Politics in Early Eighteenth Century Britain, (New York: Macmillan Education, 1990), 4-23.

77   물론, 의원내각제나 대통령 중심제의 수상이나 대통령을 중심으로 구성하는 행정부는 장로교회의 제도에 나타나지 않는다.

78   John Calvin, Institutes of the Christian Religion, Vols. 1-2, ed. by John T. McNeil, trans. Ford Lewis Battles, (Philadelphia: The Westminster Press, 1960), 4. 3. 15. 이후로는 Calvin, Institutes, 권. 장, 절로 표기.

79   이상규, 『교회개혁과 부흥 운동』 172.

80   이상규, 『교회개혁과 부흥 운동』 172.

81   Assembly, The Westminster Confession of Faith, 154.

82   Rick Brannan, Historic Creeds and Confessions, (Oak Harbor: Lexham Press, 1997), Belgic Art XXX.

83   셀에 주니어와 셀비에 따르면, "칼빈의 신학 체계의 유일한 특징은 장로교 정치 형태를 그가 발전시킨 것이다. 유럽의 개혁주의 목사들은 칼빈에게 배우기 위해 스위스 제네바에 왔을 때, 그들은 칼빈의 체계를 배워서 그들의 국가에 있는 교회로 돌아갔다." Seelye Jr and Selby, Shaping North America, 778. 성경에 근거하여 칼빈이 주장한 장로교 제도는 그에게 배운 개혁과 목사들에 의해 유럽 각지로 퍼졌고, 그것이 유럽 국가의 의원내각제 수립에 크게 공헌했다. 즉 장로교회가 국가 정치에 영향을 준 것이며, 그 역은 성립하지 않는다.

84   William Ames, Marrow of Divinity, (Boston: United Church Press, 1968), 181.

2부 장로교회 질서의 개요

85   여기서 제시한 원리는 장로교회 정치를 다루는 저작들이 주로 다루는 주제들이다. 대표적으로 Louis Berkhof, Systematic Theology, (Grand Rapids, MI: Wm. B. Eerdmans publishing co., 1938), 581-584; Clarence Bouwman, Spiritual Order for the Church, (Grand Rapids, MI: Baker Book House, 2000); Sean Michael Lucas, What Is Church Government?, Basics of the Faith, (Phillipsburg, NJ: P&R Publishing, 2009)를 참고하라.

86   Westminster Assembly, The Westminster Confession of Faith, 505.

87 가톨릭교회의 교리서(The Catechism of the Catholic Church, 1994)는 다음과 같이 진술한다. "주님께서는 시몬(Simon)만을 교회의 반석(Rock), 베드로라고 이름을 지으셨다. 주께서는 그에게 교회의 열쇠를 주었고 모든 양 떼의 목자로 임명했다. 열고 닫는 직분(The office of binding and loosing)도 베드로에게 주셨고, 또 그는 연합된 사도들의 모임의 머리로 배정되었다. 베드로와 다른 사도들의 목회는 교회의 토대에 속하고, 이는 교황의 권위 아래 있는 주교들에 의해 계속된다. Robert L. Reymond, A New Systematic Theology of the Christian Faith, (Nashville: T. Nelson, 1998), 847.

88 샤프(Schaff)는 교황 무오설이 성경 말씀을 이성적으로 읽고 해석하도록 하나님께서 주신 이성을 멸시하는 교리라고 비판한다. Philip Schaff, The Creeds of Christendom, Vol. 1, 169-171.

89 A. A. Hodge, Outlines of Theology: Rewritten and Enlarged, (New York: Hodder & Stoughton, 1878), 121.

90 스프로울(R. C. Sproul)은 "하나님의 정부는 절대 군주제(absolute monarchy)"라고 표현하기도 했다. R. C. Sproul, Does God Control Everything?, (Orlando, FL: Reformation Trust, 2012), 24. 물론 그의 표현은 로마 가톨릭과 같다는 뜻이 아니라, 예수님께서 유일한 왕이시고 그분의 통치만을 받는다는 의미이다.

91 이에 대하여는 3부 '직분의 특성'의 '직분의 동등성'에서 상세히 살펴볼 것이다.

92 루터파(Lutheran)는 예수님의 인성도 신성에 참여하여 편재성(ubiquity)을 갖는다고 주장한다. 즉 그들에게 예수님의 인성은 지금도 무소부재이다. 그러나 개혁파 신학은 예수님의 인성을 끝까지 구체적인 것으로 보고, 지금 주님의 인성은 오로지 천상에 있는 것으로 이해한다. 사실상 인성(body)이 편재한다는 건, 이미 인성이 아니다. 이에 관하여는 Richard A. Muller, Dictionary of Latin and Greek Theological Terms: Drawn Principally from Protestant Scholastic Theology, (Grand Rapids, MI: Baker Academic: A Division of Baker Publishing Group. 2017), 70-71을 참고하라.

93 제2 헬베틱 신앙고백서의 영역으로 Schaff, The Creeds of Christendom, Vol. 3, 829-910를 참조하라.

94 반 담(Cornelis Van Dam)은 신구약에 나타난 장로의 모습(출 24:9-11, 사 24:23, 계 4:1-5)을 근거로, 그들이 교회의 대표자이면서 동시에 하나님의 대표자임을 주장한다. 이에 관한 내용으로 Cornelis Van Dam, The Elder: Today's Ministry Rooted in All of Scripture, ed. Robert A. Peterson, (Phillipsburg, NJ: P&R Publishing, 2009), 227-235를 참고하라.

95 Berkhof, Systematic Theology, 583.

96 Bouwman, Spiritual Order for the Church, 23.

97 Berkhof, Systematic Theology, 583.

98 Schaff, The Creeds of Christendom, Vol. 3, 880.

99 앞선 1부에서 다루었듯이 상호 높낮이를 비교하고, 지배자와 피지배자의 관계를 형성하는 건 로마 가톨릭의 질서이고, 성경과 장로교회의 질서와는 엄연히 다르다.

100 마이클 호튼, 『(언약적 관점에서 본) 개혁주의 조직신학』, 이용중 역 (서울: 부흥과개혁사, 2012). 194.

101　벌코프(Berkhof)는 "로마 가톨릭 교회가 절대군주제(Absolute Monarchy)의 성격을 가지며, 교회의 교리와 예배, 정치를 결정하고 규제할 권리를 가진 절대적인 교황의 통제하에 있다."라고 정의한다. Berkhof, Systematic Theology, 580. 또 볼트(John Bolt)는 토크빌(Alexis de Tocqueville)이 "로마 가톨릭이 전제군주제와 같다"(Catholicism is like an absolute monarchy)라고 결론지었다고 언급한다. John Bolt, A Free Church, A Holy Nation: Abraham Kuyper's American Public Theology, (Grand Rapids, MI; Cambridge, U. K.: William B. Eerdmans Publishing Company, 2001), 167. 이처럼, 전제군주제와 가톨릭의 정치는 쉽게 독재라는 점에서 완전히 일치한다고 해도 과언이 아니다.

102　David G. Peterson, The Acts of the Apostles, The Pillar New Testament Commentary, (Grand Rapids, MI; Nottingham, England: William B. Eerdmans Publishing Company, 2009), 414-415.

103　John B. Polhill, Acts, The New American Commentary, (Nashville: Broadman & Holman Publishers, 1992), 319. 토마스(Thomas)도 바울과 바나바가 장로를 분명하게 선출했다고 못 박는다. Derek W. H. Thomas, Acts, eds. Richard D. Phillips, Philip Graham Ryken, and Daniel M. Doriani, Reformed Expository Commentary, (Phillipsburg, NJ: P&R Publishing, 2011), 395. 윌리엄스(Williams)는 사도들이 전적인 선택권을 가지고 택함을 의미할 수도 있으나, 투표의 가능성도 배제하지 않는다. David J. Williams, Acts, Understanding the Bible Commentary Series, (Grand Rapids, MI: Baker Books, 2011), 255.

104　Calvin, Institutes, 4. 3. 15; John Calvin, Commentary upon the Acts of the Apostles, eds. Henry Beveridge, Vol. 2, (Grand Rapids: Wm. B. Eerdmans Publishing Co. 1950), 27-28. 다음 주부터는 'Calvin, Comm. on 장:절'로 표기.

105　Brannan, Historic Creeds and Confessions, Belgic Art XXXI.

106　Schaff, The Creeds of Christendom, Vol. 3, 878.

107　Berkhof, Systematic Theology, 584.

108　Schaff, The Creeds of Christendom, Vol. 3, 878.

109　J. 판 헨더렌 & W. H. 펠레마, 『개혁교회 교의학』 신지철 역 (서울: 새물결플러스, 2018), 1188.

110　제랄드 벌고프, 레스터 데 코스터, 『장로 핸드북』 송광택 역 (서울: 개혁된실천사, 2020) 18.

111　허순길 교수는 한국교회의 위기를 다음과 같이 말했다. "오늘 한국의 장로교회는 장로 직분이 위기를 맞고 있는 듯하다. 장로 직분이 교회에서 봉사직이 아닌 명예직이 되어가고 있는 것 같다. 교회에는 본질적으로 봉사직의 자리만 있을 뿐 명예직의 자리는 없다. 또 여러 교회에서 목사와 장로 간의 알력이 위험 수위에 이르렀다는 말도 들린다. 그래서 어떤 목사들은 장로를 세우고 받아들이는 일을 주저하고 있다고도 한다." 허순길, 『잘 다스리는 장로』 (서울: 도서출판 영문, 2007), 4.

112　『제2치리서』는 직분의 모든 사역을 하나님의 말씀 안으로 제한해야 하며, 성경이 허락한 칭호만을 사용해야 하고, 또 직분은 섬김의 이름이지, 그리스도께서 금하신 세상 명예, 교만, 나태의 이름이 아니라고 진술한다(3. 7). Church of Scotland, "The Second Book of Discipline", The Confessions of Faith and the Books of Discipline of the Church of Scotland, (London: Baldwin and Cradock, 1831), 73. 요약하면, 직분은 명예가 아니라 성경에 명시된 직무와 섬김을 위한 것이다.

113 1857년 미국 장로교 총회는 개교회의 재량에 따라 윤번제(Rotary System)를 시행할 법적 여지를 허용했다. 허순길, 『잘 다스리는 장로』, 212. 또 현재 대한예수교장로회 고신총회, 『헌법』 (서울: 총회출판국, 2005)에도 이를 시행할 여지는 역시 열려 있다.

114 물론 현행 한국교회가 유지하는 정년제나 종신제가 잘못됐다거나 장점이 없다는 뜻은 아니다. 직분에 대한 올바른 인식과 이해만 있다면, 오히려 임기제보다 더 유용할 수 있으며, 역사적인 개혁교회나 장로교회들도 종종 이를 권고하기도 했다. 이에 관한 균형 잡힌 논의로 Cornelis Van Dam, The Elder: Today's Ministry Rooted in All of Scripture, 218-222; 성희찬, "장로 임기제 어떻게 봐야 하나?", 『교회의 직분자가 알아야 할 7가지』 (서울: 세움북스, 2017), 49-61. 또 한국교회의 현 주소상 임기제 도입의 필요성을 강조하는 글로 강영안, "장로 임기제와 교회 갱신", 「신앙과 학문」 4 (1999), 7-22를 보라.

115 직분의 임기제와 윤번제를 도입하게 되면, 필연적으로 직분자 선거를 더 자주 시행하게 되어서, 장로교회 선거를 배우고 실천할 기회가 많아진다는 점에서도 유익이 있다.

116 웨스트민스터 신앙고백서 30장 1항은 다음과 같이 고백한다. "주 예수는 왕이자 교회의 머리로서 세상 위정자와 구분되는 교회 직원들의 손에 정치(government)를 정해주셨다." Westminster Assembly, The Westminster Confession of Faith, 154.

117 앞선 미주 88번을 참고하라.

118 성경에 기록된 회의의 내용에 비춰볼 때, 베드로와 야고보가 결론을 맺도록 영향을 크게 주었으나, 그들이 다른 사도나 장로보다 더 월등하거나 높은 권위를 보유한 것으로 보기는 힘들다. 아울러, 예루살렘 회의에서 이 사안이 논의되고 결정되었다고 해서, 이방인 교회보다 더 높은 권위를 암시하지도 않는다. 실제로 예루살렘 교회가 이방인 교회에 보내는 편지도 입법적이기보다 권면하는 어조이다. 이에 관한 주해로 Peterson, The Acts of the Apostles, 424를 보라.

119 Calvin, Comm. on Acts 15:6.

120 크리소스톰(Chrysostom)은 '장로의 회'(πρεσβυτερίου)가 장로가 아닌 주교(Bishop)의 모임이라고 주장했다. John Chrysostom, Saint Chrysostom: Homilies on Galatians, Ephesians, Philippians, Colossians, Thessalonians, Timothy, Titus, and Philemon, Vol. 13, (New York: Christian Literature Company, 1889), 449. 그러나 칼빈(Calvin)을 비롯한 대다수 학자는 이 단어를 장로의 회로 해석한다. 이에 관한 주해로 Calvin, Comm. on 1 Tim 4:14; William Bayless Barcley, A Study Commentary on 1 and 2 Timothy, EP Study Commentary, (Darlington, England; Webster, NY: Evangelical Press, 2005), 144; Andreas Köstenberger, The Expositor's Bible Commentary: Ephesians-Philemon (Revised Edition), (Grand Rapids, MI: Zondervan, 2006), 537; Donald Guthrie, Pastoral Epistles: An Introduction and Commentary, Tyndale New Testament Commentaries, (Downers Grove, IL: InterVarsity Press, 1990), 111-112; Thomas D. Lea and Hayne P. Griffin, 1, 2 Timothy, Titus, The New American Commentary, (Nashville: Broadman & Holman Publishers, 1992), 139-140을 참고하라.

121 Calvin, Institutes, 4. 11. 6.

122 Calvin, Institutes, 4. 4. 2.

123 "성령과 우리는 이 요긴한 것들 외에는…"(행 15:28)이라는 구절은 로마 가톨릭교회가 기독교 역사상 공의회의 결정을 성령의 음성과 동일시할 때, 종종 인용하곤 했다. 심지어, 교황 요한 바오로 23세(Pope John XXIII)는 제2 바티칸 공

의회(the Second Vatican Council)를 소집하면서 이 구절을 인용하기도 했다. Jaroslav Pelikan, Acts, Brazos Theological Commentary on the Bible, (Grand Rapids, MI: Brazos Press, 2005), 175. 그러나 이 구절은 공의회가 반드시 오류가 없는 결정을 한다거나, 성경의 범주를 넘어서는 결정까지도 성령의 뜻임을 말하는 건 결단코 아니다. Calvin, Comm, Act 15:28.

124 런던시에 있는 여러 목사에 의해 작성된 『교회 정치의 신적 권위』(Jus Divinum Regiminis Ecclesiastici)에서는 당회, 노회, 대회가 모두 성경에 따라 신적 권위를 부여받았음을 논증한다. 이에 관한 세부 내용은 Sundry Ministers of CHRIST within the city of London, 『유스 디비눔』 장종원 역 (서울: 고백과 문답, 2018), 341-412를 참고하라.

125 앞서 보았지만, 성경은 장로의 회의를 통한 치리를 분명히 가르친다(행 15:6; 딤전 4:14). 목사는 성경에 근거할 때 가르치는 장로로서, 이 회의에 참여한다.

126 제직회와 공동의회에 대한 적절한 설명으로 황대우, "당회, 제직회, 공동의회", 『교회의 직분자가 알아야 할 7가지』 (서울: 세움북스, 2017), 126-131을 보라.

127 대표적인 예는 2012년 대한예수교장로회(합동) 총회에서 벌어진 '가스총 사건'이다. 당시 총회에서 어느 목사는 자신의 신변을 보호해야 한다는 이유로 가스총을 소지하고 용역을 동원하여 크게 논란이 되었다. 이태훈, "가스총… 용역… 어느 교단의 막장 총회", 「조선일보」 (2012년 9월), https://www.chosun.com/site/data/html_dir/2012/09/19/2012091900119.html.

128 이상규 교수는 한국 장로교회의 분열이 미국의 교파 중심적 선교, 한국 특유의 파벌 의식, 또 1930년대 자유주의 신학의 형성과 같은 요인들이 복합적으로 작용한 결과물이지만, 이러한 근원적인 원인을 인정하더라도 작금의 200개가 넘는 장로교단의 지나친 분열은 신학적 차이보다 교권적 배경이나 학연, 지연 같은 인간적인 요소가 적지 않게 영향을 끼쳤음을 지적한다. 이상규, "한국교회의 분열, 그 역사적 요인", 『오늘의 한국교회 무엇이 문제인가?』 (서울: 엠마오, 1986), 103-118.

129 칼빈(Calvin)은 참 교회의 표지로 올바른 '말씀'과 '성례'(세례와 성찬)을 주장했으나, 이후 개혁파 학자들은 대다수가 '말씀', '성례', '치리와 권징'까지 추가한다. 이에 관한 역사적 학자들의 진술을 잘 정리한 내용으로 Heinrich Heppe, Reformed Dogmatics, ed. Ernst Bizer, (Eugene, OR: Wipf & Stock, 2007), 705-706을 보라. 또 이 세 가지 표지가 올바로 시행되는 이상, 그 교회는 참 교회이기 때문에, 그 누구도 이 교회와 자신을 분리할 수 없다. Berkhof, Systematic Theology, 572-573.

130 숀 마이클 루카스, 『장로교회에 오신 것을 환영합니다』 김찬영 역 (서울: 부흥과개혁사, 2014), 183.

131 대표적인 예로 대한예수교장로회(합동)와 대한예수교장로회(고신)의 헌법이 이렇게 규정한다. 대한예수교장로회총회(합동), 『헌법』 (서울: 대한예수교장로회총회 출판부, 2010), 175; 대한예수교장로회 고신총회, 『헌법』 294.

132 황대우 교수는 "매년 1회"만으로는 결코 당회의 직무를 감당할 수 없고, 실제로 한국교회는 당회를 거의 개설하지 않은 채로 1-2명의 독재적 권력에 의해 좌지우지되는 감독체제와 유사한 성격을 띤다고 지적한다. 황대우, "당회, 제직회, 공동의회", 『교회의 직분자가 알아야 할 7가지』 (서울: 세움북스, 2017), 128.

133 Richard R. De Ridder, ed., The Church Orders of the Sixteenth Century Reformed Churches of the Netherlands Together with Their Social, Political, and Ecclesiastical Context, Trans. Richard R. De Ridder with the assistance of Peter H. Jonker and Rev. Leonard Verduin, (Grand Rapids: Calvin Theological Seminary, 1987), 551.

134   The Standing Committee of the Canadian Reformed Churches, "Church Order", Book of Praise, (Winnipeg: Premier Printing, 2010), 635. 이 책은 캐나다 개혁교회들의 총회에서 '시편 찬송', '에큐메니컬 신조', '개혁교회 세 일치 신조', '예식의 형태들', '기도문들', '교회 질서' 등을 모아서 출판한 단행본이다. 개혁교회들은 이처럼 찬송가와 신앙고백서, 교회 질서(헌법)를 성도들이 책자로 소지하도록 하여 하나의 신앙고백과 교회 질서 아래에 교회를 굳건히 세우도록 애쓴다.

135   그 외에도 시골에 있는 작은 개혁교회의 경우는 매주 다루어야 할 안건이 항상 있는 건 아니라서, 한 달에 한 번만 모이는 게 합당할 수도 있다. 그러나 교인의 숫자가 많은 교회는 안건이 밀리지 않기 위해 두 주에 한 번, 혹은 한 주에 한 번으로 빈번하게 모이는 게 합당하다. 허순길, 『개혁교회 질서 해설: 도르트 교회 질서』 (고양: 셈페르 레포르만다, 2017), 298.

136   조지 길레스피, 『교회 정치와 사역에 관한 111가지 명제들』 서학량 역 (고양: 젠틀레인, 2021), 39-40.

3부 직분의 특성

137   이에 대해서는 앞선 미주 84번을 참고하라.

138   프랑스(R. T. France)는 베드로의 고백 위에 교회를 세운다는 해석은 로마 가톨릭을 거부하려는 개신교의 과민반응이라고 지적하며, 이 고백이 베드로를 포함한 사도들(제자들의 공동체)에 의해 교회가 세워짐을 뜻한다고 주장한다. R. T. France, Matthew: An Introduction and Commentary, Vol. 1, Tyndale New Testament Commentaries, (Downers Grove, IL: InterVarsity Press, 1985), 257. 한편, 카슨(D. A. Carson)은 베드로의 다른 진술에 근거하여(벧전 2:5-8) 예수님이 반석(Rock)이라는 해석을 제안하기도 한다. 이에 대해서는 D. A. Carson, The Expositor's Bible Commentary: Matthew~Mark (Revised Edition), (Grand Rapids, MI: Zondervan, 2010), 418-421을 참고하라.

139   교황직이 성경적이지 않음을 잘 설명하는 자료로 James Visscher, "The Death of the Pope", Clarion 22 (2005), 198-200; Leonardo De Chirico, "Where Did the Pope Come From?: The Rise of The Roman Pontiff", Disireing God, (April, 2018), https://www.desiringgod.org/articles/where-did-the-pope-come-from을 보라.

140   Leon Morris, The Gospel according to Matthew, The Pillar New Testament Commentary, (Grand Rapids, MI; Leicester, England: W.B. Eerdmans: Inter-Varsity Press, 1992), 576; Robert H. Mounce, Matthew, Understanding the Bible Commentary Series, (Grand Rapids, MI: Baker Books, 2011), 215.

141   던(James D. G. Dunn)은 이 구절의 정황상 베드로가 무슨 경위로 예루살렘을 떠나 안디옥에 왔는지는 알 수 없으나, 바울과 베드로의 동등성을 나타낸다고 주장한다. James D. G. Dunn, The Epistle to the Galatians, Black's New Testament Commentary, (London: Continuum, 1993), 116-117. 슈라이너(Thomas R. Schreiner)는 바울이 베드로보다 자신이 우월하다고 자화자찬하지도 않으며, 이 언급의 목적은 단순히 그의 복음에 관한 독립성과 권위만을 나타낸다고 주장한다. Thomas R. Schreiner, Galatians, Zondervan Exegetical Commentary on the New Testament, (Grand Rapids, MI: Zondervan, 2010), 138-139.

142　The Standing Committee of the Canadian Reformed Churches, Book of Praise, 634.

143　이 조항은 2003년 호주 자유개혁교회 총회에서 채택하고, 2018년까지의 후속 개정안까지 포함한 『호주자유개혁교회의 교회 질서』(Church Order of the Free Reformed Churches of Australia)에 나타난 내용이다. 이 자료는 호주자유개혁교회의 홈페이지인 https://frca.org.au/ . 에서 다운로드가 가능하다. 다음 주부터는 'FRCA, 항'으로 표기.

144　『제2치리서』는 2장에서 다음과 같이 진술한다. "그리고 모든 독재(tyranny)의 경우를 피하기 위해, 그분은 그들의 형제와 같은 상호합의를 통해, 각자 맡은 기능에 따라 힘의 동등함과 함께, 다스려야 한다고 하셨다." Church of Scotland, "The Second Book of Discipline", 70. 『도르트 교회 질서』(The Church Order of Dort)도 다음과 같이 진술한다. "교회는 어떤 방식으로든 다른 교회를 주관하지 말아야 하고, 목사도 다른 목사를 주관해선 안 되며, 장로나 집사도 다른 장로들이나 집사들을 주관하지 말아야 한다." De Ridder, ed., The Church Orders, 557.

145　조선예수교장로회 제4회 총회(1915년)는 교회정치작성위원회를 구성하여 교회 정치를 수정하는 중 제6회 총회(1917년)에서 동 위원회가 보고한 내용을 보면 "부목사"라는 명칭을 언급한다. 당시에는 헌법상 이를 규정하지 않았으나, 제37회 총회(1952년)부터 이 제도를 도입하기로 하고 각 노회에 수의하도록 했다. 예장 합동 총회의 경우 1955년 헌법부터 동사목사가 사라지고 부목사 호칭을 사용했고, 기장 총회는 1967년, 예장 고신은 1980년 판 교회 정치에서부터 동사목사가 사라지고 부목사 제도가 도입되었다. 성희찬, "부목사인가? 不목사인가?", 『교회의 직분자가 알아야 할 7가지』, 318-319.

146　예장 고신 교회 정치 1980년 판은 부목사를 다음과 같이 규정했다: "목사를 돕는 임시 목사인데 재임 중에는 당회원권이 있고, 당회장 유고 시에는 이를 대리할 수 있다." 그러나 갈수록 부목사의 입지는 점점 좁아졌다. 오늘날 한국 장로교회에서 당회원권을 갖는 부목사는 사실상 없다고 봐도 무방하다. 성희찬, "副목사인가? 不목사인가?", 319.

147　이성호 교수는 한국교회의 부목사가 맡은 직무가 강도사와 다를 바 없다는 점이나 개혁주의 신학상 직분의 동등성과도 전혀 맞지 않음을 지적하며 없어져야 할 제도로 강하게 주장한다. 이성호, "부목사 제도, 과연 필요한가?", 『교회의 직분자가 알아야 할 7가지』, (서울: 세움북스, 2017), 325-328. 또 이광호 목사는 부목사 제도가 계급적 성격을 띠었기에 마땅히 폐지되어야 하고, 강도사 제도도 과거 한국교회에 목사의 수가 부족하여 강도권을 임시로 부여한 임시직분으로 목사의 수가 충분한 지금은 폐지되어야 한다고 주장한다. 이광호, "직분에 관한 개혁주의적 이해: 한국교회 직분의 정체성과 관련하여" 「조직신학연구」 6 (2006): 192-225.

148　Church of Scotland, "The Second Book of Discipline", 84.

149　De Ridder, ed., The Church Orders, 549.

150　직분의 임기제에 관한 역사적 사례를 잘 정리한 글로 성희찬, "장로 임기제, 어떻게 봐야 하나?", 49-63을 참고하라. 그의 주장과 같이 필자도 임기제가 꼭 정답이라고 생각하지는 않는다. 다만, 직분의 동등성 회복을 위한 취지로 볼 때, 좋은 대안 중 하나로 보일 뿐이다.

151　Brannan, Historic Creeds and Confessions, Belgic Art XXXI.

152　Schaff, The Creeds of Christendom, Vol. 3, 377.

153　Schaff, The Creeds of Christendom, Vol. 3, 881.

154   성경 본문을 중심으로 교회 질서에 관한 설교를 준비하기에 참고할만한 유용한 저서로 권기현, 『장로들을 통해 찾아오시는 우리 하나님』 (경산: R&F, 2020); 강현복, 『에클레시아』 (경산: R&F, 2015)를 보라. 또 2022년 1월부터 "교회 질서를 회복하라"라는 주제로 연재되는 『월간 고신 생명나무』도 유용한 교회 질서에 관한 풍성한 성경적 내용을 다룬다.

155   오늘날 한국교회에서는 잘 시행되지 않지만, 본래 장로는 성도를 심방하면서 그 직무를 감당한다. 이에 관한 내용은 추후 4부 "직분의 직무"에서 자세히 다룰 것이다.

156   여기서 "택하여"는 앞서 다루었던 χειροτονήσαντες(케이로-토네-산테스)로 역시 직분의 투표를 암시하는 단어이다.

157   나이트 3세(George W. Knight III)는 에베소 교회 외에도 빌립보 교회(빌 1:1, 딤전 5:17), 그레데 섬의 교회(딛 1:5, 참조), 또 야고보가 지명한 장로들(약 5:14), 베드로의 편지(벧전 1:1, 5:1; 2-4), 또 데살로니가전서 5장과 히브리서 13장의 장로에 관한 모든 언급이 복수형으로 언급한다는 점을 토대로 신약 성경이 교회의 장로직을 복수로 가르친다는 점을 분명하게 지적한다. George W. Knight III, "Two Offices (Elders/Bishops and Deacons) and Two Orders of Elders (Preaching/Teaching Elders and Ruling Elders): A New Testament Study", Presbyterion, 6 (1985): 5-6.

158   토마스(Derek W. H. Thomas)는 사도들이 각 교회마다 장로들을 다수 임명하여, 어느 한 개인이 하나님의 교회에 지배적인 힘을 행사할 수 없도록 하였고, 이를 통해 단일 직분의 독재를 막도록 의도했다고 주장한다. Thomas, Acts, 396-397. 화이트(James R. White)도 장로를 복수로 세우는 행위가 명백히 사도들이 의도한 사도적 패턴이라고 주장한다. James R. White, "The Plural-Elder-Led Church: Sufficient as Established—The Plurality of Elders as Christ's Ordained Means of Church Governance", Perspectives on Church Government: Five Views of Church Polity, (Nashville, TN: Broadman & Holman Publishers, 2004), 269-270.

159   여기서 다루는 복수성의 모든 유익은 허순길, 『잘 다스리는 장로』 197-205를 참고했다.

160   필라델피아 제10 교회에서 목회했던 몽고메리 보이스(James Montgomery Boice)는 어떤 사람에게 "하나님은 세상을 이처럼 사랑하셔서 위원회를 보내지 않으셨습니다."라는 팻말을 받았었다고 한다. 직분의 복수성에 의해 위원회를 구성하는 치리 방식은 비효율적이고 시간이 오래 걸리기 때문이다. 보이스 자신도 회의를 없애고 빨리 처리하는 걸 가끔 생각한다고 말한다. 그러나 보이스는 잘못된 부분이나 불균형을 직분의 복수성이 바로 잡을 수 있으며, 이것이 그리스도께서 베푸신 선물이라는 걸 지적한다. James Montgomery Boice, Acts: An Expositional Commentary, (Grand Rapids, MI: Baker Books, 1997), 115.

161   국내의 목회자 탈진에 관한 기사와 논문은 이미 많이 발표되었다. 이에 관하여 참고할만한 논문으로 하재성, "목회자의 우울증과 탈진: '거룩한' 자기 착취의 성과", 『복음과 상담』 23 (2015): 315-341을 보라. 본 논문은 결론에서 목회자의 과잉 업무를 줄여야 한다는 점을 지적한다.

162   보이스(Boice)는 직분의 복수성을 나타내는 구절(행 6:1-4)에 근거하여 성령께서 한 사람에게 모든 은사를 주지 않았으며, 다양한 은사를 지닌 다양한 회중이 함께 교회를 세워가야 한다고 주장한다. Boice, Acts: An Expositional Commentary, 115.

163   Calvin, Institutes, 4. 6. 10.

164   Geerhardus Vos, Reformed Dogmatics, Vol. 5, ed. Richard B. Gaffin Jr., (Bellingham, WA: Lexham Press, 2016), 50-51.

165 예를 들어, Clinton E. Arnold, Ephesians, Zondervan Exegetical Commentary on the New Testament, (Grand Rapids, MI: Zondervan, 2010), 274-275; Andrew T. Lincoln, Ephesians, Word Biblical Commentary, (Dallas: Word, Incorporated, 1990), 251-252; William W. Klein, The Expositor's Bible Commentary: Ephesians-Philemon (Revised Edition), (Grand Rapids, MI: Zondervan, 2006), 114; Maxie D. Dunnam and Lloyd J. Ogilvie, Galatians / Ephesians / Philippians / Colossians / Philemon, The Preacher's Commentary Series, (Nashville, TN: Thomas Nelson Inc, 1982), 199-200.

166 피터슨(Peterson)은 사도들이 하나님 나라를 전파하고 가르치는 고유한 직무의 책임을 인식했기 때문에, 집사의 직분을 창설했다고 주장한다. Peterson, The Acts of the Apostles, 232. 또 마샬(Marshall)은 일곱 집사의 선출이 고유한 직무를 위해 일곱 사람으로 위원회를 구성하는 유대인의 관습과 일치한다고 지적한다. I. Howard Marshall, Acts: An Introduction and Commentary, Tyndale New Testament Commentaries, (Downers Grove, IL: InterVarsity Press, 1980), 134-135.

167 대표적으로 김은수, "개혁교회의 직분 제도와 정치질서 발전에 대한 역사적 고찰: 칼빈의 '제네바 교회법규서'(1541)로부터 '도르트 개혁교회 질서'(1619)까지", 「갱신과 부흥」 22 (2019): 159-216; 유해무, "목회적 관점에서 본 한국 장로교 정치 체제의 장단점: 타 교단이나 세계 교회와 비교하여", 「코람데오닷컴」 2017년 4월, http://www.kscoramdeo.com/news/articleView.html?idxno=11384 ; 황대우, "칼빈의 교회 직분론: 교회 건설을 위한 봉사와 질서", 「칼빈과 교회」 (부산: 개혁주의학술원, 2007): 173-193을 보라.

168 Acta ofte Handelinghen der versamelinghe der Nederlandtsche Kercken die onder't Cruys sitten, ende in Duytschlandt, ende Oost-Vriesslandt verstroyt zijn, gehouden tot Embden den 4 Octobris Anno 1571. in Kerkelijk Handbockje bevattende de Bepalingen der Nederlansche Synoden en andere sukken van beteekenis voor de regeering der kerken, edited by H. H. Kuyper (Kampen: Bos, 1905), 35; 김재윤, "개혁교회법이 한국교회에 가지는 의의: 엠덴총회(1571)에서 아브라함 카이퍼까지, 지역교회의 보편성을 중심으로", 「한국개혁신학」 35 (2012): 23에서 재인용.

169 Church of Scotland, "The Second Book of Discipline", 243.

170 The Standing Committee of the Canadian Reformed Churches, Book of Praise, 635; FRCA, 80.

171 Calvin, Institutes, 4. 3. 6.

172 이에 관한 진술은 딤전 1장에 관한 크리소스톰(Chrysostom)의 Homil. 15에서도 언급된다. Sundry Ministers, 「유스 디비눔」 272-3.

173 Sundry Ministers, 「유스 디비눔」 271.

174 이에 관한 내용은 앞선 미주 144번과 145번을 보라.

175 이에 관하여는 앞선 2부의 "장로교회 질서의 원리"에서 충분히 다루었다.

176 De Ridder, ed., The Church Orders, 557.

177 Calvin, Institutes, 4. 4. 5.

178   Church of Scotland, "The Second Book of Discipline", 87.

179   칼빈은 『교회법 초안』(Draft Ecclesiastical Ordinances, 1541)에서 구호하는 집사에 대해 목회자들은 "부족함이나 결핍이 없는지를 조사해야 한다. 그리고 영주에게 그것을 원활히 운영되도록 부탁해야 한다. 이 일을 위하여 목사회에서 몇 사람이 재정을 관리하는 집사와 함께 3개월마다 구호소를 방문하여 모든 것이 질서 있게 운영되는지를 확인하여야 한다."라고 명시한다. John Calvin, "Draft Ecclesiastical Ordinances", J. K. S. Reid, Calvin: Theological Treatises, (Louisville, KY; London: Westminster John Knox Press, 1954), 65-66.

180   개신교회의 정신이 자본주의 사회 발전에 지대한 영향을 끼쳤다는 테제를 제시하는 저서로 막스 베버, 『프로테스탄트 윤리와 자본주의 정신』 박문재 역 (서울: 현대지성, 2018)을 보라. 물론, 베버의 모든 주장에 완전히 동의하기는 힘들고, 여전히 많은 학자가 그를 비판한다. 그러나 그의 테제처럼 개신교회가 로마 가톨릭보다 근현대 사회를 발전하도록 영향을 주었다는 사실 자체는 부정할 수 없다.

181   최근 비혼주의(Singlism)를 옹호하는 엘리야킴 키슬레브, 『혼자 살아도 괜찮아: 행복한 싱글 라이프를 위한 안내서』 박선영 역 (서울: 비잉, 2020)가 국내에 번역되어 큰 인기를 끌었다. 물론 이 책은 비혼주의를 적극적으로 추천하는 저서까지는 아니더라도, 제목에서 알 수 있듯이 비혼에 대한 긍정적인 시각을 심겨주는 저서에 해당한다. 즉, 지금의 현대 한국 사회에서 비혼에 대한 긍정적 분위기가 계속 형성되는 건 분명한 사실이다.

182   이는 최근 TV 프로그램에서 사용된 신조어로 '프렌드'(Friend)와 '대디'(Daddy)의 합성어, 곧 친구 같은 아버지를 의미한다. 이와 관련된 기사로 강민수, "근엄한 아버지에서 프렌드로, 이 시대 아버지의 이유 있는 변신", 『주간기쁜소식』 (2016년 5월), http://www.igoodnews.or.kr/news/articleView.html?idxno=4844.

183   여기서 동등성은 어디까지나 '왕이신 그리스도 앞에서' 성도로서의 동등함을 의미할 뿐이며, 부모와 자식 간의 완전히 수평적이거나 친구와 같은 관계를 뜻하는 건 아니다.

184   마샬(Marshall)과 타우너(Towner)는 본 절에서 저자의 관심사가 교회를 섬기는 이에게 있음을 지적한다. I. Howard Marshall and Philip H. Towner, A Critical and Exegetical Commentary on the Pastoral Epistles, International Critical Commentary, (London; New York: T&T Clark International, 2004), 611. 즉 바울은 지금 직분 자체가 명예직이기보다 봉사직이며 고유한 직무로 섬기는 직분임을 분명하게 나타낸다.

185   20세기 이전에는 영지주의나 여성을 추종하는 종교를 제외하고 정통 교회 안에서 여성 목사/장로를 세웠다는 기록은 없다. David Feddes, "Women in Office - What Changed My Mind", The Outlook, 50 (2000), https://outlook.reformedfellowship.net/sermons/women-in-office-what-changed-my-mind/.

186   조르단(James B. Jordan)도 단순히 현대적 정황이 아니라, 교회사적 맥락에서 여성 목사 제도의 비합리성을 지적한다. 이에 대해서는 James B. Jordan, "Liturgical Man, Liturgical Women - part 1", Theopolis, April 3, 2018, https://theopolisinstitute.com/liturgical-man-liturgical-women-part-1/. 을 보라.

187   필자가 본 장에서 다룬 창세기 1-2장에 아담과 하와에 관한 자세한 해석으로는 Clarence Bouwman, "Deborah & Barak: Example for Women or Embarrassment for Men?", FRC Kelmscott, 1997, http://members.iinet.net.au/~jvd/articles/debbarak.htm; Jordan, "Liturgical Man, Liturgical Women - part 1-2"를 참고하라.

188   남녀가 문화명령을 동등하게 받았다는 뜻이며, 남성의 남성성과 여성의 여성성에 대한 구별조차 없다는 뜻은 아니다. 남녀는 동등하면서도 구별이 분명하게 존재한다. 보이스(Boice)의 말처럼, 남자는 여자보다 남자라는 점에서 절대적으로 우월하고, 여자는 남자보다 여자라는 점에서 절대적으로 우월하다. James Montgomery Boice, Genesis: An Expositional Commentary, (Grand Rapids, MI: Baker Books, 1998), 96.

189   이외에도 구약의 성소가 갖는 에덴동산의 상징성을 설명하는 내용으로 Noel Due, Created for Worship, (Fearn: Mentor, 2005), 41-42을 참고하라.

190   에덴동산의 아담이 태초의 성소를 섬기는 제사장이라는 견해는 이미 많은 저명한 학자들이 주장한다. 대표적으로 Gregory K. Beale, "The Graden Temple", Kerux: The Journal of Northwest Theological Seminary 18 (2003): 3-50. 국내 번역된 책 중에는 그레고리 빌ㆍ미첼 킴, 『성전으로 읽는 성경 이야기』, 채정태 역 (서울: 부흥과개혁사, 2016)을 보라.

191   James B. Jordan, "Liturgical Man, Liturgical Women - Part. 1".

192   Jordan, "Liturgical Man, Liturgical Women - part. 1".

193   스토트(Stott)는 본문의 남녀 관계에 관한 바울의 명령에서 가변적인 문화적 표현이 전혀 나타나지 않으며, 보편적 원칙만이 나타난다고 지적한다. John R. W. Stott, Guard the Truth: The Message of 1 Timothy & Titus, The Bible Speaks Today, (Downers Grove, IL: InterVarsity Press, 1996), 85-88. 그 외에도 대부분 학자는 본문을 그 시대와 문화에만 제한된 뜻으로 이해하지 않는다.

194   Francis Foulkes, Ephesians: An Introduction and Commentary, Tyndale New Testament Commentaries, (Downers Grove, IL: InterVarsity Press, 1989), 157-160.

195   Bouwman, "Deborah & Barak".

196   K. A. Mathews, Genesis 1-11:26, The New American Commentary, (Nashville: Broadman & Holman Publishers, 1996), 214.

197   매튜스(Mathews)는 하와의 실체가 아담과의 동등성을 나타내며, "한 몸"이라는 표현이 하나 됨과 상호의존을 나타낸다고 지적한다. Mathews, Genesis 1-11:26, 214-216.

198   종교개혁가 존 낙스(John Knox)는 메리 여왕의 왕위를 겨냥한 『여성들의 괴물 같은 통치에 대항하는 나팔의 첫 폭발』(The First Blast of the Trumpet Against the Monstrous Regiment of Women)이라는 저서를 쓰기도 했다. 그러나 그의 이 저서는 여성이 왕이라는 사실 자체를 염두에 두기보다, 개신교도를 핍박하는 그들의 종교 정책을 겨냥한 것이다. 그는 훗날 개신교에 옹호적인 엘리자베스 1세 시기에 이 저작에 대한 자신의 주장을 철회했다. 이에 관한 글로 강희현, "교회사 이야기: 존 낙스는 여왕을 혐오했는가?", 「코람데오닷컴」, (2019년 9월), http://www.kscoramdeo.com/news/articleView.html?idxno=15583을 보라.

199   교회 역사 속에서 개신교 신앙이 자리 잡은 국가에서 여성 인권은 언제나 신장했으며, 이는 지금도 마찬가지이다. 이와 관련된 최근 기사로 김유진, "기독교 박해국 90%, 여성 인권 침해 최악 수준", 「기독일보」, (2021년 3월). https://www.christiandaily.co.kr/news/101448#share .

200 성경에는 사사 드보라(삿 4:4), 여선지자 미리암, 훌다(왕상 22:14; 대하 34:22), 이사야의 아내(사 8:3), 안나(눅 2:35)가 등장한다. 드보라의 경우는 사사기 문맥상 바락의 부족한 지도력 때문에, 그녀가 사사직을 할 수 없이 감당하는 뉘앙스가 곳곳에 나타난다. 전쟁터에 드보라가 바락을 데려가는 모습이 대표적인 예이다. 또 미리암과 훌다, 안나의 경우는 성경이 여선지자로 진술하더라도, 성경은 그녀들을 예배에 직접 봉사하는 직분으로 묘사하지 않는다. 이에 관한 주해로 Cornelis van Dam, "Prophetesses, Then and Now", Clarion, 1-3 (2013): 91-93, 122-124, 146-148; Bouwman, "Deborah & Barak"을 참고하라.

201 흔히 창세기 2장에서 남녀가 "한 몸"을 이룬다는 개념을 생식이나 결혼제도라는 사회적 개념으로 주로 이해하지만, 2장의 맥락에서는 생식보다 예배적 개념이 더 강하다. 즉 남녀는 혼인을 통해 한 몸을 이루어 하나님을 예배하고 섬기도록 창조되었다. Jordan, "Liturgical Man, Liturgical Women - part 1"; John H. Sailhamer, The Expositor's Bible Commentary: Genesis-Leviticus (Revised Edition), Vol. 1, (Grand Rapids, MI: Zondervan, 2008), 82.

202 Matthew Henry, Matthew Henry's Commentary on the Whole Bible: Complete and Unabridged in One Volume, (Peabody: Hendrickson, 1994), 10.

203 현대 사회에서는 찾아보기 힘들지만, 과거의 교회들은 주로 이 표현이 일부다처제를 금하는 뜻이라고 주장했다. 그러나 어떤 식으로 이해했든지, 교회들은 이 본문이 직분자는 결혼해야 하며, 또 가정을 이루어야 한다는 뜻으로 이해했다. Guthrie, Pastoral Epistles: An Introduction and Commentary, 95.

204 비키(Beeke)는 청교도와 종교개혁가들이 가르친 결혼의 목적을 "(1) 자녀의 출산(The procreation of children), (2) 죄의 억제와 구제(The restraint and remedy of sin), (3) 상호 교제, 도움, 위로(mutual society, help, and comfort)"이다. Joel R. Beeke, Living for God's Glory: An Introduction to Calvinism, (Lake Mary, FL: Reformation Trust Publishing, 2008), 318-319. 오늘날 신자들 사이에 결혼의 목적을 단순히 (1)로만 이해하는 경우가 있으나, 신앙의 선조들은 (2)와 (3)과 같은 더 풍성한 의미로 이해했음을 기억해야 한다.

205 『제2치리서』는 6장에서 장로들의 직무를 "공적으로나 사적으로, 결합하여서 각자가 그들이 맡은 양떼를 성실하게 주시하여서, 그들의 생활 혹은 신앙이 부패하지 않게 하는 것이다."라고 규정한다. Church of Scotland, "The Second Book of Discipline", 79. 여기서 "결합하여"(conjunctly)라는 표현은 직분 간의 일체성을 암시한다.

206 이상규, 『교회개혁과 부흥 운동』, 178.

207 김중락, 『스코틀랜드 종교개혁사』, 196.

4부 직분의 직무

208 감독 제도(Episcopacy)의 지지자들은 이런 구분을 반대한다. 그러나 대부분 역사학자는 사도 시대부터 교회 안에 장로에 관한 두 종류의 구분이 존재했다고 주장한다. John Macpherson, Presbyterianism, eds. Marcus Dods and Alexander Whyte, Handbooks for Bible Classes, (Edinburgh: T. & T. Clark, n.d.), 40-41.

209　Vos, Reformed Dogmatics, Vol. 5, 59.

210　Van Dam, The Elder: Today's Ministry Rooted in All of Scripture, 117.

211　Westminster Assembly, The Westminster Confession of Faith, 518.

212　Van Dam, The Elder: Today's Ministry Rooted in All of Scripture, 200.

213　애초에 종교개혁자 칼빈(Calvin)은 교회를 주재하는 모든 치리자, 곧 장로들이 여기에 포함된다고 주장했다. Calvin Comm. on Jas. 5:14.

214　이에 관한 내용은 벌고프·코스터, 『장로 핸드북』 241-277을 보라.

215　Bouwman, Spiritual Order for the Church, 116.

216　벌고프, 『장로 핸드북』 334.

217　예를 들어, 고신총회의 헌법은 장로의 직무를 다음과 같이 열거한다. "(1) 목사와 협력하여 행정과 권징을 관리하는 일, (2) 교회의 영적 상태를 살피는 일, (3) 교인을 심방, 위로, 교훈하는 일, (4) 교인을 권면하는 일, (5) 교인들이 설교대로 신앙생활을 하는 여부를 살피는 일, (6) 언약의 자녀들을 양육하는 일, (7) 교인을 위해 기도하고 전도하는 일, (8) 목회에 필요한 제반사항을 목사에게 상의하고 돕는 일". 대한예수교장로회 고신총회, 『헌법』 280.

218　De Ridder, ed., The Church Orders, 550.

219　Church of Scotland, "The Second Book of Discipline", 79.

220　이들의 심방에 관한 지침 내용은 벌고프, 『장로 핸드북』 90-99; 데이비드 딕슨, 『장로와 그의 사역』 김태곤 역, (서울: 개혁된실천사, 2019), 35-44를 보라.

221　심방은 1564년 베젤 회합(The Convent of Wezel)에서 이미 장로의 직무로 포함되었을 만큼, 장로교회와 개혁교회의 역사에서 아주 오래된 전통이다. 이에 관한 내용과 심방에 관한 얇고 좋은 지침서로 P.G. Feenstra, 『영광스러운 가정 심방』 송동섭 역 (고양: 레포르만다, 2013)을 참고하라.

222　이에 대해서는 앞선 미주 121번을 보라.

223　네덜란드 개혁교회의 『장로임직 예식문』에 첫째부터 셋째까지 조항을 요약하면, 장로는 결국 말씀, 성례, 권징을 올바로 시행해야 함을 뜻한다. 이에 관한 내용은 김헌수·코넬리스 반 담·윈스터 후이징아, 『성경에서 가르치는 집사와 장로』 (서울: 성약, 2012), 281-286을 보라.

224　『제2치리서』는 개교회에 하나 혹은 그 이상의 회의가 있다고 규정한다. 여기서 '하나 이상의 회의'가 실상은 당회와 더불어 성경토론회를 의미한다. 장대선, 『스코틀랜드 장로교회의 제2치리서』 138.

225 벌고프(Berghoef)는 이에 대해 다음과 같이 지침한다. "(장로는) 목사가 과중한 책임을 맡았기 때문에 일을 성취하지 못하고 힘들어하면 장로는 그의 마음에 쉼을 주어야 한다." 벌고프, 『장로 핸드북』, 208.

226 『도르트 교회 질서』는 성례와 권징이 당회의 사역이며, 마태복음 18:15-17의 규칙을 반드시 지키라고 규정한다. De Ridder, ed., The Church Orders, 556.

227 『제2치리서』는 장로를 다음과 같이 규정한다. "성경에서 장로(Elder)라는 단어는 때때로 나이에 대한 호칭(name)이 거나 직무일 때도 있다. 어떤 직무를 일컬을 때는 때때로 장로라고 불리는 사람들뿐만 아니라 목사와 박사(신학 교수)를 포괄하는 폭넓은 의미로 이해한다." Church of Scotland, "The Second Book of Discipline", 78.

228 웨스트민스터 총회에서 승인한 『장로교회 정치 형태』는 "교수(Teacher)는 또한 목사일 뿐만 아니라 말씀의 종이다."라고 규정하여 신학 교수를 가르치는 장로의 범주에 명시적으로 포함한다. Westminster Assembly, The Westminster Confession of Faith, 512. 『제2치리서』도 "성경에서 장로라는 단어는…장로라고 불리는 사람들뿐만 아니라 목사와 박사를 포괄하는 폭넓은 의미로 사용된다."라고 규정한다. Church of Scotland, "The Second Book of Discipline", 78.

229 대표적인 예로 대한예수교장로회(고신) 『헌법』은 목사의 직무를 "(1) 교인을 위하여 기도하는 일, (2) 하나님의 말씀을 봉독하고 설교하는 일, (3) 찬송을 지도하는 일, (4) 성례를 거행하는 일, (5) 하나님의 사자로서 축복하는 일, (6) 교인을 교육하는 일, (7) 교인을 심방하는 일, (8) 장로와 협력하여 치리권을 행사하는 일"이라고 규정한다. 대한예수교장로회 고신 총회, 『헌법』, 270.

230 허순길, "개혁교회와 그 생활: 교회의 직분 II", 「월간 고신」, 31 (1984): 5-6.

231 헤페(Heppe)는 목사의 직무에 해당하는 기도가 '모든 회중의 필요를 기도로 하나님 앞에 제시하는 것', 곧 회중을 대표하는 기도로 이해한다. Heppe, Reformed Dogmatics, 677.

232 『장로교회의 정치 형태』도 이 구절을 근거로 말씀과 기도하는 일을 목사의 직무로 제시한다. Westminster Assembly, The Westminster Confession of Faith, 508. 딕슨(Dickson)도 목회자는 말씀과 기도에 전념해야 하기에 장로의 사역이 반드시 필요하다고 언급한다. 딕슨, 『장로와 그의 사역』, 10.

233 Berkhof, Systematic Theology, 585.

234 오늘날에도 하나님께서 일으키신 새로운 사도들이 있다고 주장하는 신사도 운동이 한국교회 안에도 많이 스며들어 혼란을 일으키고 있다. 대표적인 비판 논문으로 주강식, "빈야드와 신사도의 가짜 부흥 운동", 「갱신과 부흥」 10 (2012): 255-262을 보라.

235 디모데전후서나 디도서가 목회서신이라는 점을 고려할 때, 이 구절들은 일차적으로 목회자의 직무를 나타낸다고 볼 수 있다. 이에 관한 주해로는 Calvin, Comm, on 1 Tim. 2:1, 2 Tim 4:1-2, Tit. 2:1을 참고하라.

236 De Ridder, ed., The Church Orders, 549.

237 Westminster Assembly, The Westminster Confession of Faith, 507-511.

238　『도르트 교회 질서』에는 교리문답 설교에 관한 다음의 조항이 있다. "주일마다 일상적인 오후 설교에서 목사들은 네덜란드 교회들이 받아들이는 교리문답에 포함된 기독교 교리의 모든 것을 간단히 설명하여, 그 목적을 위해 만들어진 교리문답의 분할을 따라 해마다 완전하게 설교해야 한다."(68). De Ridder, ed., The Church Orders, 556.

239　Reid, Calvin: Theological Treatises, 58.

240　오랫동안 칼빈의 핵심 사상이 예정(Predestination)이라는 견해가 팽배했으나, 최근 많은 학자는 이를 반박하며, 또 일부는 애초에 칼빈에게 특정 교리만을 강조하려는 의도 자체가 없었음을 지적한다. 대표적으로 리처드 멀러, "칼빈은 칼빈주의자였는가?", 「생명과 말씀」 5 (2012), 13을 보라. 실제로 칼빈은 『기독교 강요』에서 예정에 많은 지면을 할애하지 않았고, 오히려 십계명 해설이나 기도를 훨씬 더 상세하게 서술한다. Calvin, Institutes, 2. 8; 3. 20. 또, 칼빈은 성찬에 있어서 교회의 치리가 잘 이루어지지 않아 도무지 방도가 없을 때, "알곡이 가라지와 완전히 최후의 날을 기다리고, 교회를 모든 추문으로부터 점점 건져주시길 기도하는 것 말고는 다른 해결책이 없다."라고 말하며, 기도의 중요성을 강조하기도 했다. John Calvin, "Short Treatise on The Holy Supper of our Lord Jesus Christ", Tracts Relating to the Reformation, Vol. 2, Trans. Henry Beveridge, (Edinburgh: Calvin Translation Society, 1849), 181.

241　De Ridder, ed., The Church Orders, 551.

242　박윤선 목사는 목사가 당회장을 맡는 이유를 다음과 같이 설명했다. "장로교 교리에 있어서 목사와 치리 장로는 사역상 동등(parity of elders)하지만, 목사가 받은 은사의 방면이 교훈하는 일이므로 아무래도 솔선적이고 지도적인 사역을 하게 된다. 그렇지만 이것은 계급적인 지위를 내포하지 않고 다만 받은 은사대로 순종하는 봉사행위일 뿐이다." 박윤선, 『헌법 주석: 정치, 예배 모범』 (서울: 영음사, 1997), 126.

243　De Ridder, ed., The Church Orders, 551. 현행 장로교회의 헌법들도 당회장을 목사가 맡아야 한다고 명시한다.

244　Church of Scotland, "The Second Book of Discipline", 80.

245　Martin Luther, Luther: Selected Political Writings, (Eugene, OR: Wipf and Stock Publishers, 1974), 39-40.

246　본래 칼빈은 『교회법 초안』에서 집사를 오늘날의 사회복지사와 같이 병자를 전문적으로 돌보는 직분으로 이해했고, 그에게 생활비를 공급하라고 규정했다. Reid, Calvin: Theological Treatises, 64-65. 오늘날 급여를 받으며 교회를 전문적으로 관리하는 "관리 집사"도 이런 맥락에서 이해할 수 있다.

247　천주교회는 사제들의 급여를 성직록이라고 부르며, 성스럽게 여겼고, 칼빈은 이를 맹렬하게 비난했다. Calvin, Institutes, 4. 5. 6. 오늘날 일부 교회들이 교역자의 생활비를 '성역비'라 부르는 경우가 있는데, 이런 표현은 별로 건전하지 못하다.

248　참 교회의 표지에 대한 간단한 설명으로 강희헌, 『슬기로운 신앙생활』 195를 참고하라.

249　De Ridder, ed., The Church Orders, 548-549.

250　목회자 생활비에 관한 좋은 글로 이광호, "교회와 목회자 생활비", 「복음과 상황」 3 (2003): 34-42; 허순길, 『말씀으로 개혁해 가는 교회』 (서울: 총회출판국, 1996), 139-142.

251   Westminster Assembly, The Westminster Confession of Faith, 536.

252   Philip Schaff, History of the Christian Church, Vol. 3, (Grand Rapids: Eerdmans, 1981), 545.

253   Thomas Manton, "Epistle to the Reader", Westminster Confession of Faith, 10.

254   Henry, "Family Religion," in Works, Vol. 1, 252: Joel R. Beeke and Mark Jones, A Puritan Theology: Doctrine for Life, (Grand Rapids, MI: Reformation Heritage Books, 2012), 874-875에서 재인용.

255   잠언이 이야기(narrative)의 성격을 갖는다는 레이하르트(Peter J. Leithart)의 연구에도 주목할만하다. 잠언에 언급된 수많은 "아들아"라는 표현들은 잠언을 자녀의 신앙 교육을 위한 지침서로 해석할 여지가 있다. 이에 간단한 연구로 Peter Leithart, "The Dramatic Structure of Proverbs", Theopolis. June 4, 2015, https://theopolisinstitute.com/the-dramatic-structure-of-proverbs/ 을 참고하라.

256   웨스트민스터 신앙고백서는 다음과 같이 진술한다. "믿음의 은혜는 선택자들이 영혼의 구원을 믿을 수 있도록 하는 것으로, 그들의 마음속에 있는 그리스도의 영의 사역이며, 통상적으로 말씀의 사역과 성례, 기도로 증가하며 강화된다."(14.1) Westminster Assembly, The Westminster Confession of Faith, 75.

257   하도례, "집사직의 범위와 중요성", 「교회 문제 연구」 2 (1981), 41: 김헌수·반 담·후이징아, 『성경에서 가르치는 집사와 장로』, 85-86에서 재인용.

258   피터슨(Peterson)은 교회의 급속한 성장에 의해 일어난 자연적 스트레스 이상의 문제였고, 그녀는 음식을 나눠주는 사랑과 관대함에서 차별을 느꼈다고 주장한다. Peterson, The Acts of the Apostles, 229-230. 한편, 폴힐(Polhill)은 의도된 것이 아니라, 단순한 부주의로 인한 실수라고 주장한다. Polhill, Acts, 178-180.

259   집사는 원어상 "디아코노스"(διάκονος)로 식탁을 섬기거나 감독한다는 의미이지만, 신약 성경의 용례로는 꼭 식탁이 아니더라도 '섬기다'는 의미로 훨씬 폭넓게 사용된다. 즉 신약 성경의 원어 용례를 고려할 때, 집사의 직무는 폭넓게 이해할 여지가 충분하다. Gerhard Kittel, Geoffrey W. Bromiley, Gerhard Friedrich eds, Theological Dictionary of the New Testament, Vol. 2, (Grand Rapids, MI: Eerdmans, 1964), 84-87.

260   De Ridder, ed., The Church Orders, 550.

261   Westminster Assembly, The Westminster Confession of Faith, 514.

262   『제2치리서』는 다음과 같이 말한다. "집사(Diakonos)라는 단어가 대체로 교회에서 영적인 기능과 사역적 직무를 맡은 모든 자를 포괄하는 것으로 이해된다. 그러나 지금 우리가 말하는 집사는 오직 신실한 자들의 구호금과 교회의 물품을 모으고 분배하는 자들이다." Church of Scotland, "The Second Book of Discipline", 86.

263   이외에도 개혁교회의 실제 생활에 관한 내용으로 허순길, 『개혁교회의 목회와 생활』 (서울: 총회출판국, 2011)을 보라.

264   Church of Scotland, "The Second Book of Discipline", 87.

265 『제2치리서』는 이어지는 9장, "교회의 재산과 그것들의 분배"(Of the Patrimony of the Kirk, and Distribution thereof)에서 이에 상세한 조항들을 제시한다. Church of Scotland, "The Second Book of Discipline", 87-89.

266 예를 들어, 대한예수교장로회(고신)의 『헌법』은 집사의 직무를 다음과 같이 규정한다. "집사는 당회의 지도를 아래 교회의 봉사와 교회의 서무, 회계와 구제에 관한 사무를 담당한다." 대한예수교장로회 고신총회, 『헌법』 283.

267 이에 자세한 내용은 제럴드 벌고프·레스터 데 코스터, 『집사 핸드북』 황영철 역 (서울: 개혁된실천사, 2020), 62-75를 참고하라.

268 역사적 장로교회와 개혁교회는 구제 헌금을 "무기명"으로 낸다. 이는 주의 말씀일 뿐 아니라 집사나 다른 직분자도 금액을 모르도록 하여, 설령 부지중에라도 구제의 영광을 사람에게 돌리지 않도록 하기 위함이다. 오늘날 '기부금 영수증' 때문에 기명 헌금이 꼭 해야 한다고 주장하는 이들이 있지만, 이 영수증은 연말에 자신이 기부한 금액을 양심적으로 보고 하도록 하면 된다.

269 토마스(Thomas)는 이 본문에 근거할 때 사유재산은 계속 유지되었으며, 자본주의와 자유시장 체제의 문제점을 지적하는 어떤 내용도 없다고 지적한다. 어디까지나 이들이 토지를 팔고 서로를 도운 건 자발적인 구제였다. Thomas, Acts, 116-117.

270 캐나다 개혁교회의 목사로 시무했던 후이징아는 집사가 심방할 때, 태도, 말, 시간 등 고려해야 할 중요 지침을 제시한다. 이에 관한 내용은 김헌수·반 담·후이징아, 『성경에서 가르치는 집사와 장로』 139-154를 보라.

에필로그

271 Church of Scotland, "The Second Book of Discipline", 105-106.

참고문헌

Ackroyd, Peter. Rebellion: The History of England from James I to the Glorious Revolution. New York: St. Martin's Press, 2014, [EBook].

Ames, William. Marrow of Divinity. Boston: United Church Press, 1968.

Arnold, Clinton E. Ephesians, Zondervan Exegetical Commentary on the New Testament. Grand Rapids, MI: Zondervan, 2010.

Barcley, William Bayless. A Study Commentary on 1 and 2 Timothy, EP Study Commentary. Darlington, England; Webster, NY: Evangelical Press, 2005.

Beale, Gregory K. "The Graden Temple." Kerux: The Journal of Northwest Theological Seminary 18 (2003): 3-50.

Beeke, Joel R. and Jones, Mark. A Puritan Theology: Doctrine for Life. Grand Rapids, MI: Reformation Heritage Books, 2012.

Beeke, Joel R. "Honoring & Exercising Authority." The Banner of Sovereign Grace Truth 20 (2012): 60-63.

_____. Living for God's Glory: An Introduction to Calvinism. Lake Mary, FL: Reformation Trust Publishing, 2008.

Berkhof, Louis. Systematic Theology. Grand Rapids, MI: Wm. B. Eerdmans publishing co., 1938.

Black, Jeremy. Robert Walpole and The Nature of Politics in Early Eighteenth Century Britain. New York: Macmillan Education, 1990.

Boice, James Montgomery. Acts: An Expositional Commentary. Grand Rapids, MI: Baker Books, 1997.

_____. Genesis: An Expositional Commentary. Grand Rapids, MI: Baker Books, 1998.

Bolt, John. A Free Church, A Holy Nation: Abraham Kuyper's American Public Theology. Grand Rapids, MI; Cambridge, U.K.: William B. Eerdmans Publishing Company, 2001.

Borgeaud, Charles. The Rise of Modern Democracy in Old and New England, Marrickville: Wentworth Press, 2016.

Bouwman, Clarence. "Deborah & Barak: Example for Women or Embarrassment for Men?" FRC Kelmscott, 1997, http://members.iinet.net.au/~jvd/articles/debbarak.htm.

_____. Spiritual Order for the Church. MI: Baker Book House.

Brannan, Rick. Historic Creeds and Confessions. Oak Harbor: Lexham Press, 1997.

Britannica, "parliamentary system", Encyclopedia Britannica, April 1, 2019. https://www.britannica.com/topic/parliamentary-system.

Brown, E. A. R., "feudalism", Encyclopedia Britannica, February 12, 2021. https://www.britannica.com/topic/feudalism.

Calvin, John. "Draft Ecclesiastical Ordinances." Reid, J. K. S. Calvin: Theological Treatises, 65-66. Louisville, KY; London: Westminster John Knox Press, 1954.

_____. "Short Treatise on The Holy Supper of our Lord Jesus Christ." Tracts Relating to the Reformation. Vol. 2, 163-198. Trans. Beveridge, Henry. Edinburgh: Calvin Translation Society, 1849.

_____. Commentary upon the Acts of the Apostles. Vol. 2. Grand Rapids: Wm. B. Eerdmans Publishing Co. 1950.

_____. Institutes of the Christian Religion. ed. by John T. McNeil. trans. Ford Lewis Battles. Philadelphia: The Westminster Press, 1960.

_____. Institutes of the Christian Religion. Vols. 1-2. ed. by John T. McNeil. trans. Ford Lewis Battles. Philadelphia: The Westminster Press, 1960.

Carson, D. A. The Expositor's Bible Commentary: Matthew-Mark (Revised Edition). Grand Rapids, MI: Zondervan, 2010.

Chirico, Leonardo De. "Where Did the Pope Come From?: The Rise of The Roman Pontiff." Disireing God. April, 2018. https://www.desiringgod.org/articles/where-did-the-pope-come-from.

Chrysostom, John. Saint Chrysostom: Homilies on Galatians, Ephesians, Philippians, Colossians, Thessalonians, Timothy, Titus, and Philemon. Vol. 13. New York: Christian Literature Company, 1889.

Church of Scotland. "The Second Book of Discipline". The Confessions of Faith and the Books of Discipline of the Church of Scotland. London: Baldwin and Cradock, 1831: 63-106.

Claydon, Tony. William III and the Godly Revolution. New York: Cambridge University Press, 1996.

Cook, George. The History of the Church of Scotland. Vol. 3. Edinburgh; London: Archibald Constable and Co.; Longman, Hurst, Rees, Orme, and Brown; George Ramsay and Company, 1815.

Cowan, Henry. John Knox: The Hero of the Scottish Reformation. New York; London: G. P. Putnam's Sons, 1905.

Cross, F. L. and Livingstone, Elizabeth A. Eds. The Oxford dictionary of the Christian Church. New York: Oxford
University Press, 2005.

De Ridder, Richard R. ed. The Church Orders of the Sixteenth Century Reformed Churches of the Netherlands
Together with Their Social, Political, and Ecclesiastical Context. Trans. Richard R. De Ridder with
the assistance of Peter H. Jonker and Rev. Leonard Verduin. Grand Rapids: Calvin Theological Seminary,
1987.

Due, Noel. Created for Worship. Fearn: Mentor, 2005.

Dunn, James D. G. The Epistle to the Galatians. Black's New Testament Commentary. London: Continuum,
1993.

Dunnam, Maxie D. and Ogilvie, Lloyd J. Galatians / Ephesians / Philippians / Colossians / Philemon. The
Preacher's Commentary Series. Nashville, TN: Thomas Nelson Inc, 1982.

Feddes, David. "Women in Office – What Changed My Mind." The Outlook 50 (2000): https://outlook.
reformedfellowship.net/sermons/women-in-office-what-changed-my-mind/.

Feenstra, P.G. 『영광스러운 가정심방』 송동섭 역. 고양: 레포르만다, 2013.

Foulkes, Francis. Ephesians: An Introduction and Commentary. Tyndale New Testament Commentaries.
Downers Grove, IL: InterVarsity Press, 1989.

France, R. T. Matthew: An Introduction and Commentary. Vol. 1. Tyndale New Testament Commentaries.
(Downers Grove, IL: InterVarsity Press, 1985.

Garland, Robert. Athenian Democracy: An Experiment for the Ages. Virginia: The Teaching Company, 2018.

Goldie, Mark · Wokler, Robert. The Cambridge History of Eighteenth-Century Political Thought. New York:
Cambridge University Press, 2008.

Guthrie, Donald. Pastoral Epistles: An Introduction and Commentary. Tyndale New Testament Commentaries.
Downers Grove, IL: InterVarsity Press, 1990.

Hanchard, Michael G. The Spectre of Race: How Discrimination Haunts Western Democracy. Princeton:
Princeton University Press, 2018.

Hanko, Herman C. "William III of Orange: Warrior of the Faith." Standard Bearer 72 (1996): 178-181.

Henry, Matthew. Matthew Henry's Commentary on the Whole Bible: Complete and Unabridged in One
Volume. Peabody: Hendrickson, 1994.

Heppe, Heinrich. Reformed Dogmatics. ed. Ernst Bizer. Eugene, OR: Wipf & Stock, 2007.

Hetherington, W. M. History of the Westminster Assembly of Divines. Edmonton: Still Waters Revival Books, 1993.

Hewison, J. King. The Covenanters A History of the Church in Scotland from the Reformation to the Revolution. Vol. 2. Glasgow: John Smith and Son, 1913.

Hodge, A. A. Outlines of Theology: Rewritten and Enlarged. New York: Hodder & Stoughton, 1878.

Horton, Michael S. Made in America: The Shaping of Modern American Evangelicalism. Eugene, OR: Wipf & Stock Publishers, 2006.

Jenkins, Simon. A Short History of England: The Glorious Story of A Rowdy Nation. New York: PublicAffair, 2011. [Ebook].

Jordan, James B. "Liturgical Man, Liturgical Women - part 1-2." Theopolis. April 3, 2018. https://theopolisinstitute. com/liturgical-man-liturgical-women-part-1/.

Kittel, Gerhard and Bromiley, Geoffrey W. and Friedrich, Gerhard eds, Theological Dictionary of the New Testament. Vol. 2. Grand Rapids, MI: Eerdmans, 1964.

Klein, William W. The Expositor's Bible Commentary: Ephesians-Philemon (Revised Edition). Grand Rapids, MI: Zondervan, 2006.

Knight III, George W. "Two Offices (Elders/Bishops and Deacons) and Two Orders of Elders (Preaching/ Teaching Elders and Ruling Elders): A New Testament Study." Presbyterion 6 (1985): 5-6.

Köstenberger, Andreas. The Expositor's Bible Commentary: Ephesians-Philemon (Revised Edition). Grand Rapids, MI: Zondervan, 2006.

Kumarasingham, Harshan "Exporting Executive Accountability?: Westminster Legacies of Executive Power." Parliamentary Affairs 66 (2013): 579-596.

Lea, Thomas D. and Griffin, Hayne P. 1, 2 Timothy, Titus. The New American Commentary. Nashville: Broadman & Holman Publishers, 1992.

Leithart, Peter. "The Dramatic Structure of Proverbs." Theopolis. June 4, 2015. https://theopolisinstitute.com/the-dramatic-structure-of-proverbs/.

Letham, Robert. The Westminster Assembly: Reading Its Theology in Historical Context. ed. Carl R. Trueman. The Westminster Assembly and the Reformed Faith. Phillipsburg, NJ: P&R Publishing, 2009.

Lincoln, Andrew T. Ephesians. Word Biblical Commentary. Dallas: Word, Incorporated, 1990.

Lossing, Benson Ed. Harper's Encyclopedia of United States History. Medford, MA: Perseus Digital Library.

Lucas, Sean Michael. What Is Church Government?. Basics of the Faith. Phillipsburg, NJ: P&R Publishing, 2009.

Luther, Martin. Luther: Selected Political Writings. Eugene, OR: Wipf and Stock Publishers, 1974.

Macpherson, John. Presbyterianism. eds. Dods, Marcus and Whyte, Alexander. Handbooks for Bible Classes. Edinburgh: T. & T. Clark, n.d.

Marshall, I. Howard and Towner, Philip H. A Critical and Exegetical Commentary on the Pastoral Epistles. International Critical Commentary. London; New York: T&T Clark International, 2004.

Marshall, I. Howard. Acts: An Introduction and Commentary. Tyndale New Testament Commentaries. Downers Grove, IL: InterVarsity Press, 1980.

Mathews, K. A. Genesis 1-11:26. The New American Commentary. Nashville: Broadman & Holman Publishers, 1996.

Morris, Leon. The Gospel according to Matthew. The Pillar New Testament Commentary. Grand Rapids, MI; Leicester, England: W.B. Eerdmans; Inter-Varsity Press, 1992.

Mounce, Robert H. Matthew. Understanding the Bible Commentary Series. Grand Rapids, MI: Baker Books, 2011.

Muller, Richard A. Dictionary of Latin and Greek Theological Terms: Drawn Principally from Protestant Scholastic Theology. Grand Rapids, MI: Baker Academic: A Division of Baker Publishing Group. 2017.

Pelikan, Jaroslav. Acts. Brazos Theological Commentary on the Bible. Grand Rapids, MI: Brazos Press, 2005.

Peterson, David G. The Acts of the Apostles. The Pillar New Testament Commentary. Grand Rapids, MI; Nottingham, England: William B. Eerdmans Publishing Company, 2009.

Polhill, John B. Acts. The New American Commentary. Nashville: Broadman & Holman Publishers, 1992.

Raath, Andries and Freitas, Shaun de. "Theologico-Political Federalism: The Office of Magistracy and the Legacy of Heinrich Bullinger (1504-1575)." Westminster Theological Journal 63 (2001): 285-304.

Ransome, Cyril. Elementary History of England. London: Rivington, Percival and CO, 1897.

Reymond, Robert L. A New Systematic Theology of the Christian Faith. Nashville: T. Nelson, 1998.

Rusten, Sharon. with Michael, E. The Complete Book of When & Where in the Bible and throughout History. Wheaton, IL: Tyndale House Publishers, 2005.

Sailhamer, John H. The Expositor's Bible Commentary: Genesis-Leviticus (Revised Edition). Vol. 1. Grand Rapids, MI: Zondervan, 2008.

Samons II, Loren J. What's Wrong with Democracy?: From Athenian Practice to American Worship. London: University of California Press, 2004.

Schaeffer, Francis A. How Should We Then Live?: The Rise and Decline of Western Thought and Culture. 50th L'Abri Anniversary Edition. Wheaton, IL: Crossway, 2005.

Schaff, Philip. History of the Christian Church. Vol. 3. Grand Rapids: Eerdmans, 1981.

_____ . The Creeds of Christendom, with a History and Critical Notes. Vols. 1-3. New York: Harper & Brothers, Publishers, 1878.

Schreiner, Thomas R. Galatians. Zondervan Exegetical Commentary on the New Testament. Grand Rapids, MI: Zondervan, 2010.

Seelye jr, James E. and Selby, Shawn. eds. Shaping North America: From Exploration to the American Revolution. Vol. 3. (Santa Barbara): ABC-CLIO.

Soanes, Catherine and Stevenson, Angus Eds. Concise Oxford English dictionary. New York: Oxford University Press, 2004.

Sproul, R. C. Does God Control Everything?. Orlando, FL: Reformation Trust, 2012.

Starkey, David. Crown and Country: A History of England through the Monarchy. London: Harper Collins Publishers, 2010.

Stevenson, Richard Taylor. John Calvin: The Statesman. Cincinnati; New York: Jennings and Graham; Eaton and Mains, 1907.

Stott, John R. W. Guard the Truth: The Message of 1 Timothy & Titus. The Bible Speaks Today. Downers Grove, IL: InterVarsity Press, 1996.

Sundry Ministers of CHRIST within the city of London. 『유스 디비늄』 장종원 역. 서울: 고백과 문답, 2018.

Tapsell, Grant. "Immortal Seven (act. 1688)", Oxford Dictionary of National Biography 4 (2007): https://www.oxforddnb.com/view/10.1093/ref:odnb/9780198614128.001.0001/odnb-9780198614128-e-95260.

The Standing Committee of the Canadian Reformed Churches. "Church Order." Book of Praise. Winnipeg: Premier Printing, 2010.

Thomas, Derek W. H. Acts. eds. Richard D. Phillips, Philip Graham Ryken, and Daniel M. Doriani. Reformed

Expository Commentary. Phillipsburg, NJ: P&R Publishing, 2011.

Trent, William Peterfield Ed. Cambridge History of American Literature, Colonial and Revolutionary Literature, Early National Literature, Part I, Cambridge History of American Literature. Medford, MA: Perseus Digital Library.

Trevelyan, G. M. England Under the Stuarts. London; New York: Taylor & Francis Group, 2002.

_____. The History of England. London; New York: Longmans, Green, 1945.

Vallance, Edward. The Glorious Revolution: 1688 Britain's Fight for Liberty. London: Abacus, 2007.

Van Dam, Cornelis. "Prophetesses, Then and Now." Clarion 1-3 (2013): 91-93, 122-124, 146-148.

_____. The Elder: Today's Ministry Rooted in All of Scripture. ed. Robert A. Peterson. Explorations in Biblical Theology. Phillipsburg, NJ: P&R Publishing, 2009.

Visscher, James. "The Death of the Pope." Clarion 22 (2005): 198-200.

Vos, Geerhardus. Reformed Dogmatics. Vol. 5. ed. Gaffin Jr., Richard B. Bellingham, WA: Lexham Press, 2016. Warfield, Benjamin B. The Works of Benjamin B. Warfield: The Westminster Assembly and Its Work. Vol. 6. Grand Rapids: Baker Book House Company, 2008.

Water, Mark. The New Encyclopedia of Christian Martyrs. Alresford, Hampshire: John Hunt Publishers Ltd, 2001.

Westminster Assembly, The Westminster Confession of Faith: Edinburgh Edition. Philadelphia: William S. Young, 1851.

White, James R. "The Plural-Elder-Led Church: Sufficient as Established—The Plurality of Elders as Christ's Ordained Means of Church Governance." Perspectives on Church Government: Five Views of Church Polity. Nashville, TN: Broadman & Holman Publishers, 2004.

White, R. J. A Short History Of England. New York: Cambridge University Press. 1967.

Williams, David J. Acts. Understanding the Bible Commentary Series. Grand Rapids, MI: Baker Books, 2011.

Wylie, James Aitken. The History Of Protestantism. Harrington: Delmarva Publications, 2013, [EBook].

강민수. "근엄한 아버지에서 프렌디로, 이 시대 아버지의 이유 있는 변신."「주간기쁜소식」 2016년, 5월. http://www.igoodnews.or.kr/news/articleView.html?idxno=4844.

강영안. "장로 임기제와 교회 갱신."「신앙과 학문」4 (1999): 7-22.

강현복. 『에클레시아』. 경산: R&F, 2015.

강희현. "교회사 이야기: 존 낙스는 여왕을 혐오했는가?" 「코람데오닷컴」. 2019년 9월. http://www.
    kscoramdeo.com/news/articleView.html?idxno=15583.

_____. 『슬기로운 신앙생활』. 서울: 리바이벌북스, 2021.

권기현. 『장로들을 통해 찾아오시는 우리 하나님』. 경산: R&F, 2020.

길레스피, 조지. 『교회 정치와 사역에 관한 111가지 명제들』. 서학량 역. 고양: 젠틀레인, 2021.

김유진. "기독교 박해국 90%, 여성 인권 침해. 최악 수준." 「기독일보」. 2021년 3월. https://www.christiandaily.
    co.kr/news/101448#share.

김은수. "개혁교회의 직분제도와 정치질서 발전에 대한 역사적 고찰: 칼빈의 '제네바 교회법규서'(1541)로부터
    '도르트 개혁교회 질서'(1619)까지." 「갱신과 부흥」 22 (2019): 159-216.

김재윤. "개혁교회법이 한국교회에 가지는 의의: 엠덴총회(1571)에서 아브라함 카이퍼까지, 지역교회의 보편
    성을 중심으로." 「한국개혁신학」 35 (2012): 8-46.

김중락. 『스코틀랜드 종교개혁사』. 안산: 흑곰북스, 2017.

김헌수·반 담, 코넬리스, ·후이징아, 윈스터. 『성경에서 가르치는 집사와 장로』. 서울: 성약, 2012.

대한예수교장로회 고신총회. 『헌법』. 서울: 총회출판국, 2005.

대한예수교장로회 총회. 『헌법』. 서울: 대한예수교장로회총회 출판부, 2010.

딕슨, 데이비드. 『장로와 그의 사역』. 김태곤 역. 서울: 개혁된실천사, 2019.

루카스, 숀 마이클. 『장로교회에 오신 것을 환영합니다』. 김찬영 역. 서울: 부흥과개혁사, 2014.

멀러, 리처드. "칼빈은 칼빈주의자였는가?" 「생명과 말씀」 5 (2012): 11-79.

박윤선. 『헌법 주석: 정치, 예배모범』. 서울: 영음사, 1997.

벌고프, 제랄드 · 코스터, 레스터 데. 『장로 핸드북』. 송광택 역. 서울: 개혁된실천사, 2020.

_____. 『집사 핸드북』. 황영철 역. 서울: 개혁된실천사, 2020.

베버, 막스. 『프로테스탄트 윤리와 자본주의 정신』. 박문재 역. 서울: 현대지성, 2018.

빌, 그레고리 & 킴, 미첼. 『성전으로 읽는 성경 이야기』. 채정태 역. 서울: 부흥과개혁사, 2016.

성희찬. "副牧師인가? 不牧師인가?" 『교회의 직분자가 알아야 할 7가지』. 318-323. 서울: 세움북스, 2017.

_____. "장로 임기제 어떻게 봐야 하나?" 『교회의 직분자가 알아야 할 7가지』. 49-60. 서울: 세움북스, 2017.

유해무. "목회적 관점에서 본 한국 장로교 정치 체제의 장단점: 타 교단이나 세계 교회와 비교하여." 「코람데오
    닷컴」. 2017년, 4월. http://www.kscoramdeo.com/news/articleView.html?idxno=11384.

이광호. "교회와 목회자 생활비." 「복음과 상황」 3 (2003): 34-42.

_____ . "직분에 관한 개혁주의적 이해: 한국교회 직분의 정체성과 관련하여." 「조직신학연구」 6 (2006): 192-225.

이상규. 『교회개혁과 부흥 운동』 서울: SFC, 2004.

_____ . "한국교회의 분열, 그 역사적 요인." 『오늘의 한국교회 무엇이 문제인가?』 103-118. 서울: 엠마오, 1986.

이성호. "부목사 제도, 과연 필요한가?" 『교회의 직분자가 알아야 할 7가지』 325-328. 서울: 세움북스, 2017.

이태훈. "가스총… 용역… 어느 교단의 막장 총회." 「조선일보」 2012년 9월. https://www.chosun.com/site/data/html_dir/2012/09/19/2012091900119.html.

장대선. 『(스코틀랜드 장로교회의) 제2치리서』 서울: 고백과 문답, 2019.

주강식. "빈야드와 신사도의 가짜 부흥 운동." 「갱신과 부흥」 10 (2012): 255-262.

키슬레브, 엘리야김. 『혼자 살아도 괜찮아: 행복한 싱글 라이프를 위한 안내서』 박선영 역. 서울: 비잉, 2020.

판 헨더렌, J. 펠레마, W. H. 『개혁교회 교의학』 신지철 역. 서울: 새물결플러스, 2018.

하재성. "목회자의 우울증과 탈진: '거룩한' 자기 착취의 성과." 「복음과 상담」 23 (2015): 315-341.

허순길. 『개혁교회 질서 해설: 도르트 교회 질서』 고양: 셈페르 레포르만다, 2017.

_____ . 『개혁교회의 목회와 생활』 서울: 총회출판국, 2011.

_____ . 『말씀으로 개혁해 가는 교회』 서울: 총회출판국, 1996.

_____ . 『잘 다스리는 장로』 서울: 도서출판 영문, 2007.

호튼, 마이클. 『(언약적 관점에서 본) 개혁주의 조직신학』 이용중 역. 서울: 부흥과개혁사, 2012.

황대우. "당회, 제직회, 공동의회." 『교회의 직분자가 알아야 할 7가지』 126-131. 서울: 세움북스, 2017.

_____ . "칼빈의 교회 직분론: 교회 건설을 위한 봉사와 질서." 「칼빈과 교회」 173-193. 부산: 개혁주의학술원, 2007.

카도쉬 아카데미는
다양한 성경적 프로그램 연구 / 개발 / 강사 양성 / 미디언 콘텐츠를 통해
성경적 가치관을 형성하고
하나님의 거룩한 영역이 세상 가운데 확장되도록 사역하고 있습니다.

홈페이지 http://kadosh.co.kr
유튜브 〈카도쉬TV〉
강의 문의 032-343-4882 / 010-2716-9447